인도

불교성지 순례기도문

종이거울 자주보기 - 유리거울은 내 몸을 비춰주고
종이거울은 내 마음을 비춰준다

도서출판 도피안사 '독서는 깨달음' 운동본부

常隨佛學 3

인도 불교성지 순례기도문
-죽어도 죽이지 아니하면-

지은이 · 無圓 김재영
펴낸이 · 김인현
펴낸곳 · 도서출판 도피안사

2002년 12월 15일 1판 1쇄 인쇄
2002년 12월 20일 1판 1쇄 발행

책임편집 · 이상옥
영업 · 법해 김대현, 인봉 전병구
관리 · 혜관 박성근
인쇄 및 제본 · 동양인쇄(주)

등록 · 2000년 8월 19일(제19-52호)
주소 · 경기도 안성시 죽산면 용설리 1178-1
전화 · 031-676-8700
팩시밀리 · 031-676-8704
E-mail · dopiansa@kornet.net

ⓒ 2002, 김재영

ISBN 89-90223-11-3 04220
          89-90223-10-5 (세트)

眞理生命은 깨달음(自覺覺他)에 의해서만 그 모습(覺行圓滿)이 드러나므로
도서출판 도피안사는 '독서는 깨달음을 얻는 또 하나의 길'이라는 믿음으로 책을 펴냅니다.

인도

불교 성지 수례기도문

無圓 김재영 지음

DOPIANSA
到彼岸社

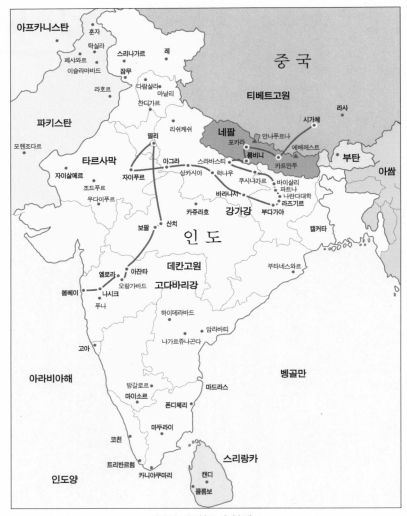

〈지도〉 인도불교 성지순례도

붓다 · 예수 · 간디가 함께 가는 길― '죽어도 죽이지 아니하면 죽지 않는 길' (본문 210 p. 참조)
(이 그림은 델리 간디 박물관 3층에 소장되어 있는 작품을 소재로 화가 이규경 선생이 새롭게 제작한 것임)

빔 라오 암베드까르 박사 ― 인도불교 중흥운동의 선구자, 인도 건국의 아버지(본문 부록1 참조)

인도로 가는 까닭은

1. 인도로 가는 까닭은, 첫째 기도하기 위함입니다.

룸비니에서 히말라야까지, 눈 푸르게 살아계시는 붓다 앞에 기도하면서 우리는 불사(不死)의 체온을 가슴 뜨겁게 체감하고 있습니다. 죽어도 죽이지 아니하면 죽지 아니하는 불멸(不滅)의 등불을 벅찬 감동으로 목격하고 있습니다. 기도하지 아니하는 성지순례, 그것은 거짓입니다. 붓다 앞에 꿇어앉아 눈물을 쏟아내며 우리 삶의 고통과 문제들을 고백하지 아니하는 성지순례, 그것은 한갓 관광일 뿐입니다.

여러분, 인도로 가거든 부디 기도하십시오. 잔디밭에 꿇어앉아 뜨거운 가슴으로 기도하십시오. 부처님은 그 기도 속에 오십니다.

이 책은 현장에서 직접 기도할 수 있도록 엮어져 있습니다. 1편의 '순례기도문'과 [부록 2]를 보고, 여러분 스스로 열렬히 기도할 수 있도록 엮어져 있습니다.

2. 인도로 가는 까닭은, 둘째 인도 동포들을 만나기 위함입니다.

성지순례는 2천여 년 전의 허물어진 유적·유물을 보기 위한 것이 아닙니다. 우리가 인도로 가는 것은 지금 살아 숨쉬는 인도 민중들을 만나려는 염원 때문입니다. 서천축(西天竺)과 동천축(東天竺), 인도와 코리아, 우리는 본래로 한 동포들이기 때문입니다. 뭄바이(봄베이) 역 광장에 시신처럼 널부러진 수많은 노숙자들, 자이푸르 시장에서 만난 아이들, 이방의 나그네와 손바닥을 부딪치며 '하이 하이ㅡ'를 외치는 하늘 아이들, 이들을 알지 못하면 불교를 알 수 없습니다. 경전 속에 갇혀 있는 불교, 토굴 속에 앉아 있기만 하는 불교, 그것은 이미 불교가 아닐지 모릅니다.

여러분, 인도로 가거든, 부디 인도 민중들 속으로 가십시오. 슬퍼하지도 말고 놀라지도 말고, 따뜻한 애정으로 그들 속으로 들어가십시오. 부처님은 바로 그들 속에 계십니다.

이 책은 인도 민중들과 만나는 법을 열어 보이고 있습니다. 2편 '인도 시편(詩篇)'은 인도와 인도인들에 대한 여러분의 포근한 사랑의 영감을 일깨울 것입니다.

3. 인도로 가는 까닭은, 셋째 인도불교의 부흥 현장을 보기 위함입니다.

놀랍게도, 인도에 불교가 살아 있습니다. 힘차게 살아나고 있습니다. 불교는 과거의 종교가 아닙니다. 수백만의 흰옷 입은 불교도들이 도처에서 목숨 바쳐 불교중흥의 깃발을 흔들고 있습니다. 그것은 우리들에게 구원을 청하는 긴급 신호일지 모릅니다. 우리는 이 부름에 응답하지 않으면 안 됩니다.

암베드까르 박사

빔라오 암베드까르 박사-

그는 인도불교 중흥의 새벽을 몰고 온 인도 역사상 가장 위대한 천민입니다. 그러나 우리는 그를 모르고 지내왔습니다.

여러분, 인도로 가거든, 부디 암베드까르 박사를 찾아보십시오. 그의 행적 속에 부처님이 계십니다.

이 책 〔부록 1〕-'암베드까르 박사의 생애와 개종운동'은 그의 전기(傳記)를 번역한 것입니다. 한국불교 중흥의 열정으로 잠 못 이루는 한국 불교도들에게, 암베드까르 박사의 삶은 새로운 희망으로 다가올 것입니다.

암베드까르 박사는 이렇게 말합니다.

"나는 힌두로 태어났지만, 결코 힌두로 죽지는 않을 것이다."

여러분, 붓다에게로 돌아오십시오.

이 땅의 친구 여러분, 부디 붓다에게로 돌아오십시오. 이제 그럴 때가 되지 않았습니까?

2002년 12월 10일 오후

죽산 도솔산 도피안사 玉川山房에서 無圓 김재영

차례

책머리에 / 인도로 가는 까닭은 · 7

1편 : 불교성지 순례기도문

2편 인도 시편(詩篇)

1편
불교성지 순례기도문

아기 부처님,
일곱 걸음 연꽃으로 어서 오소서

부처님, 아기 부처님
가을하늘 고운 달처럼 밝고 아름다운 아기 부처님.
저희 머나먼 동방, 빛나는 나라. 단군 나라 코리아
대한민국의 순결한 불자들
여기 룸비니 동산
만국기 펄럭이는 푸르른 잔디 위에
무릎 꿇고 엎드려
2천 6백여 년 전
임께서 강생하시던 그날의 찬란한 광경
우르러 뵈옵고 있습니다.

그날, 바이샤까 달[月] 보름날
아쇼까 꽃 화창한 봄날
마야부인께서 가만히 손길 내밀어

무우수(無憂樹) 가지 잡는 순간
문득 아기 부처님 강생하셨지요.
우리 부처님 이 땅으로 내려오셨지요.
하늘 신(天神) 브라마가 공손히 품에 안고
아홉 용(九龍)이 향수를 뿜어 말끔히 씻기시니
오호라, 장엄한 광명 솟아나고
천지 은은히 진동하는데
아기 부처님 성큼성큼 일곱 걸음 걸으시니
자국마다 송이송이 연꽃송이 솟아나고
손을 들어 하늘 땅 가리키며
아기 부처님, 사자후하셨지요.

"천상천하 유아독존(天上天下 唯我獨尊)
천상천하 유아독존(天上天下 唯我獨尊)

하늘과 땅 위에 나 홀로 존귀하니라.
온 세상 생령들 고통바다 헤매니
내 마땅히 건지리라.
그대들을 편안케 하리라."

대광명을 놓으사
삼천대천세계 두루 비추니
하늘에는 오색 꽃비
땅 위에는 감로(甘露, 不死)의 샘물

마른 나무에 새순들
메마른 땅에 푸르른 싹들 돋아나고
천당 길 활짝 열리고 지옥 문 부서지니
생로병사(生老病死) 긴긴 어둠 찰나에 깨어나고
늙고 병들고 죽어 가는 사람들
박차고 일어나 새 생명을 구가하고
아버지 숫도다나 왕 옥문을 크게 여니
갇힌 자들 모두 풀려 나와
목놓아 대해탈을 찬탄하며 눈물을 쏟아내고
얼쑤—

'만세 만세 만만세
우리 아기 부처님
만세 만세 만만세
우리 석가모니불—'

신(神)도 사람들도 두둥실 춤을 추고
노루 사슴들도 환희를 노래하며 초원을 내달리고—

부처님, 아기 부처님
가을 하늘 고운 달처럼 밝고 아름다운 아기 부처님.
저희들 오늘 그 터 그 자리에서
두 손 모아 원하옵나니
부처님, 다시 오소서.

아기 부처님, 저희들 곁으로 다시 강생하소서.
일곱 걸음 연꽃으로 다시 오소서.
저기 덩그렇게 솟아 있는 대성 석가사(大聖釋迦寺) 소식같이
놀람과 환희로 다시 오소서.
눈물과 감격으로 다시 오소서.

부처님 그리는 이들 여기 많습니다.
저마다 생로병사 깊은 병 앓으며
부처님 그리는 이들 여기 많습니다.
갖가지 사연으로 지치고 절망하며
두 손 모아 부처님 고대하는 이들 여기 많습니다.
욕심과 분노, 고집과 어리석음으로 속앓이하며
저마다 지옥에 갇혀 몸부림치며
오직 부처님 광명
목메 기다리는 중생들 여기 많습니다.

부처님, 아기 부처님
가을 하늘 고운 달처럼 맑고 아름다운 아기 부처님.
문득 저희 곁으로 다시 오소서.
이렇게 두 손 모아 갈망하오니
저희들 고통과 절망의 탄식 가운데
광명 찬란 눈부신 빛으로 어서 오소서.
늙고 병들고 죽어 가는 이 황량한 진흙 가슴속으로
송이송이 일곱 송이 연꽃 피우며

천진난만 아기 부처님 눈빛으로 어서 오소서.
저희들 병든 몸 일으켜 세우소서.
저희들 닫힌 맘 열으소서.
저희들 고통스런 삶 밝히소서.
메말라 황폐해 가는 이 강산에 오색 꽃비 내리소서.
증오와 피로 얼룩져 가는 이 지구촌 사람들
아홉 용의 향수로써 씻어 내리소서.
지옥 골 업보의 불길 감로로써 식히소서.

부처님, 아기 부처님
가을 하늘 고운 달처럼 맑고 아름다운 아기 부처님.
여기 동방의 빛나는 나라
단군 나라 코리아
한국의 순결한 불자들
엎드려 꽃 공양 올리옵고 원합니다.
부처님 다시 오소서.
태어나지도 못하고 갈갈이 찢겨 죽어 가는 태아들
태어나 엄마 품에 안겨보지도 못하고 버림받는 아이들
낯선 땅 이방으로 팔려 가는 아기들
갖가지 병으로 죽어 가는 아기들·아이들
굶주림으로 죽어 가는 아기들·아이들
나쁜 어른들 전쟁놀음으로
총 맞고 폭탄 맞고 죽어 가는 아기들·아이들─
부처님, 이들 곁으로 다시 오소서.

그때, 부처님 인행(因行)하실 때
진흙수렁에 몸을 던져 머리를 풀어 진흙을 덮듯이
굶주려 죽어 가는 호랑이 새끼들에 몸을 던지듯이
아기 밴 암사슴을 위하여 대신 목을 내놓듯이
아기 부처님, 그렇게 장한 원력으로 다시 오소서.
크나큰 구원으로 다시 오소서.
이 버림받고 죽어 가는 생명들 구원하소서.

부처님, 아기 부처님
저희들의 큰 광명 석가모니 부처님.

"천상천하 유아독존(天上天下唯我獨存)
천상천하 유아독존(天上天下唯我獨存)"

다시 한번 이렇게 사자후하소서.
다시 한번 생명의 존엄 일깨우소서.
다시 한번 생명의 축복 일깨우소서.
이 세상 모든 생명들이 본래로 존엄하고
이 세상 모든 생명들이 본래로 평등하고
이 세상 모든 생명들이 본래로 주인인 도리를 일깨우소서.
이 세상 모든 아기들이 모두모두 아기 부처님이고
이 세상 모든 아기들이 모두모두
아기 부처님같이 축복 받아야 하고
모두모두 아기 부처님같이 사랑 받아야 하고

모두모두 아기 부처님같이 존중받아야 하고
그 누구도 버림받지 말아야 하고
그 누구도 학대받지 말아야 하고
그 누구도 팔려가지 말아야 하는 도리를 일깨우소서.

부처님, 아기 부처님
가을 하늘 고운 달처럼 맑고 아름다운 아기 부처님.
우리들 곁으로 어서 오소서.
지치고 힘들어하는 우리들 곁으로 어서 오소서.
이 아기들 곁으로 어서 오소서.
이 버려지는 아기들 곁으로 어서 오소서.

〔현장 스케치〕 **아쇼까 왕의 돌기둥〔石柱〕**

　룸비니(Lumbini)는 인도 국경 근처 네팔 타라이(Tarai)의 지방 도시 바이라와 서쪽 약 18㎞ 지점에 위치한 조그만 농촌 마을의 평원이다. 오랫동안 '룸민디이'로 불려왔다.1)

　이 평원이 붓다 석가모니의 강생지로 확인된 것은 1986년 독일의 고고학자 뷜러 박사(Dr. Buhler)가 룸비니 츄리아 언덕에서 6.5m 높이의 아쇼까 왕 돌기둥을 발견하면서부터이다. 기원전 245년에 세워진 이 돌기둥에는 이렇게 기록되어 있다.

　"신(神)의 축복을 받는 피야다시(Piyadasi, Asoka) 왕은 즉위 20년에 몸소 이곳에 와서 예배하였다. 이곳은 석가모니가 탄생한 곳이기 때문이다. 이곳이 세존의 탄생지임을 알리기 위하여 왕은 석조의 부조(浮彫)와 석주를 세우기를 명하였다. 왕은 룸비니 마을의 세금을 감하여 수확의 8분의 1만 내게 하였다."2)

　돌기둥 옆에 마야(Maya) 부인을 기리는 흰색의 마야데비 사(Mayadevi 寺, 마야부인당)가 있고, 절 안에는 아기 붓다의 강생 장면을 연상시키는 아름다운 부조들이 2천 6백여 년 전의 감동을 불러일으키고 있다. 붓다는 기나긴 과거 전생에 죽어 가는 생명을 구하기 위하여 수많은

---

1) 中村 元・김지견 역, 『佛陀의 世界』(김영사, 1984), pp.122～123・180～184 ; 정각, 『인도와 네팔의 불교성지』(불광출판부, 1992), pp.173～179.
2) 中村 元・김지견 역, 앞의 책, p.180.

몸을 헌신하며 보살행을 행하고 마지막 생에 하늘나라 도솔천에 올라 인간 세상으로 내려왔기 때문에 붓다의 탄생을 '강생(降生)', 곧 '내려 오심'이라고 일컫는다. 붓다 석가모니의 생멸 연대는, 여러 학설이 있지만 세계불교도들의 합의에 따라 기원전 624년 강생, 기원전 544년 입멸로 확정되었다. 80평생의 삶이다. 강생일은 인도 달력으로 바이샤까(Vaisaka) 달 보름날이다. 지금도 동남아시아 불교국들은 음력 4월 보름을 붓다 강생일로 기념하고 있다.[3]

"천상천하 유아독존(天上天下 唯我獨尊).
하늘과 땅 위에 나 홀로 존귀하네."

아기 붓다는 룸비니 동산에 강생하며 동서남북 사방으로 일곱 걸음 걸으시고 이렇게 사자후하였다. 이것은 이 세상의 모든 생명들이 한결 같이 존엄 고귀한 이 세상의 주인으로서 존중돼야 한다는 진실을 선포함이다. 그래서 룸비니 동산에는 만국기가 휘날리고 있다.
지금 룸비니에는 한국의 대성 석가사(大聖釋迦寺)가 웅장한 모습으로 솟아 있다.

---

3) 拙稿, 『초기불교개척사』(도피안사, 2001), p.27.

석가족 용사들이여,
다시 한번 깃발을 휘날리소서

석가족들이여, 석가족 용사들이여
의(義)를 위하여 기꺼이 목숨 바치는 석가족 용사들이여.
세계의 영봉(靈峰) 히말라야의 정기 서린 곳
여기 당신들의 모국 가빌라
그대들의 자랑스런 도읍지
푸른 잡초 우거진 가빌라밧투
우리 동방의 순례자들
백두(白頭) 나라 코리아의 순례자들
여기 가빌라밧투, 그 황토빛 성터 위에 엎드려
그대들의 장한 넋을 그리며
두 손 모아 경배 올립니다.
히말라야와 백두, 그 고고한 백설의 마음을 드러내
순결한 정성으로 경배 올립니다.

석가족들이여, 석가족 용사들이여

의(義)를 위하여 기꺼이 목숨 바치는 석가족 용사들이여.
우리는 지금 묻고 있습니다.

"무엇 때문일까?
저 장엄한 히말라야가 거기 있는 것은 무엇 때문일까?
저 장엄한 히말라야가 겹전의 신비로 침묵하며
이 가빌라밧투, 석가족의 황량한 성터를
멀리 지켜보는 것은 무엇 때문일까?"

한 찰나
히말라야가 뇌성(雷聲)처럼 외칩니다.

"너희가 진정 평화를 아느냐?"

마차푸차레 봉(峯)이 불끈 솟아오르며 외칩니다.

"너희가 진정 평화의 법을 아느냐?
제 몸 죽어도 죽이지 아니하는 아힝사(ahimsa, 非暴力)의 담마를
정녕 너희가 보고 있느냐?"

가빌라의 낡은 주춧돌과 벽돌들 사이에서
파란 새싹들이 고운 머리를 내밀고 속삭이고 있습니다.

"순례자들이여

사랑하는 대한민국 동포들이여.
서로 죽이지 마시오.
부디 서로 해치지 마시오.
동방의 순례자들이여
가빌라를 보셔요.
여기 가빌라 땅의 역사를 보셔요.
무너져 내린 이 성터, 조각난 벽돌들을 보셔요.
그 사이에 파릇파릇 돋아나는 우리 어린 싹들을 보셔요.
우리는 가빌라의 혼이랍니다.
우리는 석가족의 넋이랍니다.
죽었어도 우리는 이렇게 살아난답니다.
죽어도 죽이지 아니하면
이렇게 살아난답니다.ー"

석가족들이여, 석가족 용사들이여
가빌라는 어린 왕자가 고뇌하던 곳이지요.
이레만에 어머니를 잃고
열두 살 어린 왕자로 염부수 아래서 아파하고
청년 고따마가 네 성문을 나가 무상(無常)을 절감하고
사랑하는 아내와 외아들 라훌라를 남겨두고
스물아홉 꽃다운 나이로
백마를 타고 성문을 넘던 곳이지요.

"내가 큰 깨달음 이루는 날

기어이 돌아와 그대들을 제도하리라. ─ "

이렇게 굳게 약속하며 출가를 결행하던 바로 그곳이지요.

큰 깨달음 이루고
붓다 되어 돌아와
그 백성들 위하여, 니그로다 망고동산에서
밤늦도록 담마를 설하며
등이 몹시 아파
사랑하는 제자 아난다 스님에게 설법을 맡기고
두 다리를 쪼그리고 누워 잠시 쉬던 곳이지요.
'로히니 강 사건' 때
물 때문에 서로 죽이려는
성난 백성들 사이를 몸소 막고 서서
이렇게 설하였지요.

"형제들아
물이 더 중요한가? 사람이 더 중요한가?
우리 진정 행복하게 살아가자.
증오 속에서도 증오 없이 ─ "

석가족들이여, 석가족 용사들이여
의(義)를 위하여 기꺼이 목숨을 바치는 석가족 용사들이여.
그러나 그대들의 모국 가빌라는

난폭한 침략자들에 의하여 무참히 유린되었지요.
꼬살라 왕 비두다바가 오랜 원한 갚으려
성난 군대를 몰고 와
뙤약볕 마른나무 밑에서
땀과 피눈물로 만류하는
붓다의 가르침을 뿌리치고
그대들 석가족 백성들을 살육하였지요.
성(城)은 파괴되어 황폐해지고
사그리아와 연못은 석가족들의 피로 물들었지요.
가빌라는 이렇게 소멸되고
지금 그 땅 위에는 황토빛 벽돌만 뒹굴어
옛 영화를 그리워하는데
붓다도 없고 불교도도 없는 폐허의 적막을
동방의 순례자들은 쓸쓸한 심정으로 바라보고 있습니다.

석가족들이여, 석가족 용사들이여
의(義)를 위하여 기꺼이 목숨을 바치는 석가족 용사들이여.
그러나 그대들은 평화를 증언하고 있습니다.
아힝사―비폭력
죽어도 죽이지 아니하는
붓다의 평화를 증언하고 있습니다.
그리고 죽어도 죽이지 아니하는 자는
결코 죽지 아니하는 불멸(不滅)의 도리를
백설의 광명으로 나투고 있습니다.

그 광명은 이제 이 땅에서
산 역사로 살아나고 있습니다.

도처에서 폐허의 황토 벽돌을 비집고 솟아오르는
푸르른 새싹들을 보고
동방의 순례자들은 알아차리고 있습니다.

"아, 붓다의 싹이 여기 이렇게 살아 있었구나.-"

그리고 고개 돌려
부처님께로 다시 돌아서는 백성들의 함성을 듣고 있습니다.
나가푸르에서, 상까시아에서, 가야 시에서, 델리에서
바야흐로 지금
사방에서 들려오는 대개종운동의 함성을 듣고 있습니다.
그대들 석가족들의 대개종운동의 함성들 듣고 있습니다.

"아, 이 땅에도 불교가 다시 살아나고 있구나.
석가족들이 다시 불교로 돌아오고 있구나.
석가족들이 죽지 않고 살아남아
수백만 석가족들이 붓다 석가모니에게로 돌아오고 있구나.-"

동방의 순례자들은 설레는 기쁨으로
이렇게 환호하고 있습니다.
이렇게 환호하며 눈물 흘리고 있습니다.

석가족들이여, 석가족 용사들이여
의(義)를 위하여 기꺼이 목숨을 바치는 석가족 용사들이여.
다시 한번 깃발을 올리소서.
2천 6백년 전 그날
가빌라 최후의 날
그대들이 올렸던 그 깃발,
아힝사의 깃발
불해(不害) · 불살생(不殺生)의 깃발
그대들의 그 깃발 다시 한번 휘날리소서.
죽어도 결코 죽이지 아니하는
의(義)의 깃발, 담마의 깃발
가빌라의 깃발, 붓다의 깃발
다시 한번 힘차게 펄럭이며 휘날리소서.
수많은 비두다바들, 살육자들이 난무하는
살벌한 이 땅, 이 지구촌
아직도 사람이 사람을 죽이는
이 가련한 원시인들, 지구촌 사람들 앞에
붓다의 깃발, 다시 한번 우렁차게 휘날리소서.
죽어도 결코 죽이지 아니하는 자는
실로 죽지 아니하는
만고불변(萬古不變)
붓다의 깃발, 다시 한번 휘날리소서.

석가족들이여, 석가족 용사들이여

의(義)를 위하여 기꺼이 목숨을 바치는 석가족 용사들이여.
지금 우리에게는 시간이 없습니다.
기다릴 시간이 별로 없습니다.
지금 이 순간에도
사람이 사람을 죽이고 있습니다.
정의를 위하노라며
평화를 위하노라며
사람들이 사람들을 죽이고 있습니다.
급하고 급합니다.
이 악순환의 꼬리 끊어내지 못하면
아무 희망이 없습니다.
우리도, 우리 아이들도
아무 희망이 없습니다.
정보화도, 세계화도 아무 희망이 없습니다.

"죽이지 말라.
죽어도 결코 죽이지 말라.
그래야 영원히 사느니라.
우리를 보아라.
우리 석가족들을 보아라.
우리는 죽어도 죽이지 아니하였기에
우리는 이렇게 살아 있노라.
비두다바, 잔인한 침략자의 후손들은 흔적 없어도
우리는 이렇게 무성하게 살아

다시 붓다에게로 돌아가고 있노라. -”

석가족이여, 석가족 용사들이여
다시 한번 이렇게
붓다의 깃발 휘날리소서.
비폭력의 깃발 휘날리소서.

〔현장 스케치〕 가빌라 성터, 석가족의 비극과 부활

　가빌라(Kapila)는 석가족(釋迦族, Sakiyas)의 나라이고 가빌라밧투(Kapila-vatthu)는 가빌라의 서울이다.[4] 가빌라는 네팔 남부 인도 국경 근접지역인 타우리하와(Taulihawa) 북쪽 약 3㎞ 지점에 위치한 틸라우라코트(Tilaurakot)로 추정된다.[5]

　1899년 인도 고고학자 무케르지(P. C. Mukerjee)가 이곳에 대한 발굴을 시작한 이래, 1966년부터 1972년까지 네팔 정부와 일본 법정대학의 공동 발굴이 집중적으로 전개되었다. 틸라우라코트 숲속에서 발굴된 가빌라 유적은 남북 500m∼ 동서 450m의 요새화된 장방형 성벽지로서, 서문 터와 동문 터 중앙지점에서 숫도다나 왕의 본궁 터로 추정되는 벽돌 건물이 발굴되었다.

　많은 학자들은 지금도 인도의 피프라바(Piprava) 지방을 가빌라 터로 주장하고 있다. 우리가 틸라우라코트를 가빌라 터로 '추정'한다는 용어를 쓴 것도 이러한 주장과 관련된다.

　틸라우라코트와 피프라바―

　어쩌면 이 세상에 2개의 가빌라가 있는지 모른다. 그리고 이 2개의 가빌라는 2천 6백여 년 전 석가족의 불행한 역사에서 비롯되고 있는 것이다. 기원전 7∼6세기 붓다 당시의 북동 인도는 정치・군사적 격동의 상황 속에 있었다. 16개국이 분열한 가운데, 꼬살라(Kosala)・마가다(Magadha)・밤싸(Vamsa) 등 강대 군주국들의 정복전쟁이 끊임없이 벌어지고 있었다. '가빌라의 비극'도 이런 강대국들의 침략 때문에 일어

---

　4) Kapila는 글자대로 발음하면 '까삘라'가 되지만, 오랜 관행대로 '가빌라'로 부른다.
　5) 中村 元・김지견 역, 앞의 책, pp.116∼119 ; 정각, 앞의 책, pp.180∼186.

어지고 있었다. '가빌라의 비극'도 이런 강대국들의 침략 때문에 일어난 불행이다.

　기원전 561년, 붓다의 연세 74세 때, 꼬살라의 왕 비두다바(Viduda-bha)가 개인적 원한을 갚기 위하여 가빌라를 침공해 왔다. 이때 붓다는 전쟁을 막고 모국 가빌라 동포들을 구하기 위하여 마른 나무 밑에서 땀을 흘리며 기다리다 비두다바 왕을 설득했으나 끝내 실패하고 말았다. 비두다바 군대는 석가족들을 잔인하게 살육하였다. 석가족들은 용맹스럽고 활을 잘 쏘는 종족이었으나, '아힝사(Ahimsa), 죽이지 말라'는 붓다의 가르침을 굳게 지키며 죽어갔다. 이때 살아남은 석가족들이 피프라바로 탈출하여 새로운 가빌라를 건설한 것이다. 이 석가족들이 지금 인도에서 불교개종운동을 활발히 전개하고 있다. 죽어도 죽이지 아니하면 결코 죽지 아니하는 붓다— 담마를 그들은 여실히 증거하고 있는 것이다.

고행자 고따마여,
우리를 일으켜 세우소서

고따마여, 고행자 고따마여
갈비뼈 앙상하게 깨달음 구하는 고행자 고따마여.
우리들이 여기 왔습니다.
동방의 코리아, 청정한 수행자들의 나라
그 수행자의 후예들이 이렇게 왔습니다.
고따마 당신께서 육년 고행하시던
고행의 땅 우루벨라 네란자라 강변 고행림으로 왔습니다.
숲속 흙바닥 위에 무릎 꿇고 앉아
그때, 당신께서 목숨 걸고 고행하시던
그 장엄한 광경을 바라보고 있습니다.

고따마여, 고행자 고따마여
갈비뼈 앙상하게 깨달음 구하는 고행자 고따마여.
당신께서는 그날, 출가의 밤
애마(愛馬) 칸타카에 높이 올라

가빌라 어둔 성벽 훌쩍 뛰어 넘으셨지요.
늙으신 아버지, 사랑하는 아내, 귀한 외아들
정든 백성들 다 남겨두고
캄캄한 무명(無明)의 성벽 훌쩍 뛰어 넘으셨지요.
그리고 눈물을 뿌리며 맹세했었지요.

'큰 깨달음 이루는 날 내 돌아오리.
돌아와 그대들 남김없이 구원하리.—'

그리고 또 이렇게 맹세했었지요.

'깨닫기 전에는 죽어도 내 돌아오지 않으리.—'

고따마여, 고행자 고따마여
갈비뼈 앙상하게 깨달음 구하는 고행자 고따마여.
당신께서는 이제 한갓 구도자
깨달음을 찾아 유행하는 거리의 사문
누더기 입고 걸식하며 떠도는 외로운 수행자
당신께서는 옛 선인(仙人)들의 나라 마가다로 향하여
남으로 남으로 내려왔었지요.
강가 강(갠지스 강)을 건너
남으로 남으로 내려왔었지요.

박가바 선인, 알라라·깔라마 선인, 웃타카·라마뿟따 선인

당신께서는 이들 이름난 스승들 찾아
몸소 고행을 익히고 선정을 닦아
스승들이 도달한 최고의 경지에 이미 이르렀지만
끝내 생사해탈 이루지 못하고
마침내 홀로 구도의 길을 찾아 나섰지요.
옛 선인들의 성지(聖地) 가야 성 남쪽
우루벨라 세나니가마 고행림으로 들어왔었지요.
네란자라 강이 유유히 흘러가는 곳
여기 이 아름다운 숲속으로 들어왔었지요.

고따마여, 고행자 고따마여
갈비뼈 앙상하게 깨달음 구하는 고행자 고따마여.
그때 당신께서는 이렇게 선언했었지요.

"나는 실로 고행자다, 최상의 고행자이다.
나는 누구보다 더한 가난한 고행자이다.ㅡ"

또 당신께서는 이렇게 회고했었지요.

"나는 다 헤어진 삼베옷을 입었고
무덤 사이에 버려진 누더기, 짐승 가죽, 풀옷을 입었고
나는 오로지 야채만을 먹었고
풀만 먹었고 떨어진 과일만 먹었다.
나는 무덤 사이 해골을 잠자리로 삼았다.ㅡ"

그때 당신께서는 이렇게 선언했었지요.

"나는 누구보다 더한 죽이기를 싫어하는 고행자이다. — "

그리고 이렇게 회고했었지요.

"나아가거나 물러서거나 조심조심하며
한방울의 물에도 불쌍히 여기는 마음을 내었다.
그 속에 들어 있는 미미한 벌레들일지라도
죽여서는 안 된다고 생각하였다. — "

고따마여, 고행자 고따마여
그때 당신께서는 또 이렇게 선언했었지요.

"나는 누구보다 더한 고독한 고행자이다. — "

그리고 이렇게 회고했었지요.

"나는 사람들을 피하여
숲에서 숲으로, 밀림에서 밀림으로
낮은 땅에서 낮은 땅으로, 높은 곳에서 높은 곳으로
옮겨 다니며 살았다.
나는 두려운 숲속으로 들어갔다.
아직 탐욕심을 버리지 못한 자로서 그 숲에 들어가면

거의 모두 두려워서 몸에 털이 일어선다고 했다.
나는 낮에는 노천에 있었고
밤에는 숲속에 있었다.
그때 내게 이런 생각이 떠올랐다.

'더운 날도 추운 날도
오로지 홀로 무서운 숲속에서
벌거숭이로 홀로 앉아 있구나.
말 없는 자는 소원을 이루고야 말리.'—"

고따마여, 고행자 고따마여
갈비뼈 앙상하게 깨달음 구하는 고행자 고따마여.
그때 당신께서는 여기 이 숲속에서
깨달음을 이루기 위하여
온갖 어려운 선정을 다 닦았었지요.
호흡이 끊어지는 선정을 닦아
마침내 의식이 전혀 움직이지 않는 삼매에 들어섰지요.
그러나 당신께서는 생사해탈의 깨달음을 얻을 수 없었지요.

이윽고 당신께서는 이렇게 선언했었지요.

"나는 이제 단식을 행하리라.
일찍이 그 누구도 경험하지 못한 단식을 행하리라.—"
그리고 당신께서는 이렇게 회고했었지요.

"나는 그때 하루 한 끼만 먹었다.
나는 그때 대추 한 알만 먹었다.
나는 그때 멥쌀 한 알만 먹었다.
이틀에 한 끼, 사흘에 한 끼를 먹었고
이레에 한 끼, 보름에 한 끼를 먹었다.
내 몸은 무척 수척해졌다.
내 사지는 마치 칼라 풀같이 말랐다.
내 볼기는 마치 낙타의 볼기 같고
내 척추는 마치 자리틀에 고드랫돌같이 돌고나고 하였고
뱃가죽이 등뼈에 달라붙어
뱃가죽을 만지면 등뼈가 잡혔다.
일어서려고 하면 머리를 땅에 처박고 넘어졌다.
그때 신들이 이렇게 외쳤다.

'고따마 왕자님이 지금 죽어가네. ─ '

다른 신들이 또 외쳤다.
'사문 고따마는 이미 죽었다.' ─ "

고따마여, 고행자 고따마여
갈비뼈 앙상하게 깨달음 구하는 고행자 고따마여.
생사 갈림길에 서서 죽음의 길목에 서서
당신께서는 문득 이렇게 선언했었지요.

"이것은 깨달음의 길 아니다.
이것은 생사해탈의 길이 정녕 아니로다.
나는 이제 일어서리라.
이 숲에서 나가리라.
이 고행림에서 벗어나리라. - "

고따마여, 고행자 고따마여
갈비뼈 앙상하게 깨달음 구하는 고행자 고따마여.
지금 우리 동방의 순례자들은
당신께서 고행하시던 그 숲속에서
당신의 고행상을 생각하며
눈물을 감출 수 없습니다.
이 눈물은 감사의 눈물입니다.
이 세상 사람들을 구원하기 위하여
우리들 죽어 가는 중생들을 구원하기 위하여
뼈마디가 부서지도록 고행 난행하시는 당신을 생각하며
저희들이 어찌 울지 않을 수 있으리까.
당신의 크신 은혜 생각하며
누군들 어찌 무심할 수 있으리까.

고따마여, 고행자 고따마여
갈비뼈 앙상하게 깨달음 구하는 고행자 고따마여.
이 눈물은 무엇보다 부끄러움의 눈물이랍니다.
거룩한 스승 앞에서 얼굴 들지 못하고

고개 숙이고 흘리는 부끄러움의 눈물이랍니다.
저희들도 명색이 불자이건만
부처님을 찾고 성불을 찾는 수행자이건만
온갖 세속락에 집착하여
발심수행 엄두도 내지 못하니
이 부끄러움을 어찌 감당하오리까?

고따마여, 고행자 고따마여
갈비뼈 앙상하게 깨달음 구하는 고행자 고따마여.
우리들은 먹을 것 다 찾아 먹고
남보다 더 잘 먹으려고 은밀히 감춰 먹고
배불리 먹다 못해 아까운 음식 마구 버리고
부푼 살 빼느라고 돈주고 별 짓 다하고
우리들은 입을 것 다 찾아 입고
온갖 사치하다 못해 멀쩡한 옷 마구 찢고 버리고
우리들은 안락한 주택에서 편히 살고
온갖 편의시설 다 갖추고 육신 모시기 왕처럼 하고
만날 사람 다 만나고 잡된 교제 다하고 잡된 놀이 다하고
그러면서 입으로만 '성불' 찾고 말로만 '보살행' 하고
입으로만 설법하고 깨달음은 꿈도 꾸지 못한 채
남의 일인 양 생각하고
부처님 앞에서 오로지 복(福) 빌기만 급급하니
우리가 어찌 불자라 하오리까?
수행자라 하오리까?

고따마여, 고행자 고따마여
갈비뼈 앙상하게 깨달음 구하는 고행자 고따마여.
우리를 일깨우소서.
잠에 빠져 갈 길 잃은 우리를 일으켜 세우소서.
세속락에 취하여 깨달음 잃어버린 우리들을 일으켜 세우소서.
우루벨라 이 고행림 속에서
수행자 고따마의 진면목 보게 하소서.
갈비뼈 앙상한 고따마의 고행상 보게 하소서.
그리고 이 안일에서 벌떡 일어나 외치게 하소서.

"저 고따마같이
나도 이제 고행의 길 가리라.
나도 이제 깨달음의 길 찾아
수행자의 길로 가리라. -"

고따마여, 고행자 고따마여
갈비뼈 앙상하게 깨달음 구하는 고행자 고따마여.
우리를 일으켜 세우소서.
엄한 꾸지람으로
우리들을 벌떡 일으켜 세우소서.
꿈에서 어서 깨어나게 일으켜 세우소서.

〔현장 스케치〕 **우루벨라 고행림, 최후의 도전**

   '설산 고행(雪山苦行) 6년'으로 일컬어지는 설산은 눈 덮인 히말라야 산이 아니라, 실제로는 보드가야에서 약 10㎞ 거리에 있는 네란자라(Neranjara) 강기슭의 작은 마을 우루벨라(Uruvela) 고행림(苦行林, Tapovana)이다.[6] 옛부터 '설산(雪山)'이라고 일컬어 온 것은 이곳에서의 고행이 대설산(大雪山) 히말라야를 오르는 것 같은 목숨 건 고통과 모험으로 인식되었기 때문일 것이다.

   지금 우루벨라 근처에는 네란자라 강이 흐르고 있고(건기에는 메마름), 성도 직전 고따마가 올랐던 전정각산(前正覺山, Prag-bodhigiri)이 거친 바위산 모습으로 우뚝 서 있으며, 그 산에 '머물러 달라'는 신(神)들의 요청으로 자신의 그림자를 두고 떠났다는 유영굴(遺影窟)이 있다. 북쪽으로 가야(Gaya, 伽倻) 근방에는 붓다가 '모든 것은 불타고 있다'라고 설했던 가야 산(Gayasirsa, 象頭山)이 보인다. 우루벨라 숲속에는 고행자 고따마에게 처음으로 우유죽을 공양 올렸던 촌장의 딸 수자타를 기리는 수자타 절(Sujata-kuti) 터와 정각자 붓다가 처음으로 찾아가 조복 받았던 힌두교 - 배화교도의 지도자 우루벨라 - 까샤빠(Uruvela-Kassapa)의 절터가 남아 있다.

   수행자 고따마(Samana Gotama)가 가빌라를 떠나 출가한 것은 기원전 595년, 청년 붓다의 나이 29세 때의 일이다. 출가 동기는, 사문유관(四

---

6) 中村 元·김지견 역, 앞의 책, pp.130~131 ; 정각, 앞의 책, pp.32~33·44~50.

門遊觀) 사건에서 보듯 깨달음을 통하여 죽음의 고통으로부터 벗어나려는 것, 곧 생사해탈(生死解脫)을 추구하려는 것이다. 그가 문제삼은 죽음의 고통은 단순히 한 개인의 철학적이며 관념적인 차원의 것이 아니라, 전쟁과 카스트의 폭력으로 시달리는 민중들의 삶의 현장과 긴밀히 관련되어 있는 사회적이며 민중적인 현장의 문제로 보인다.

갈비뼈가 앙상한 고행상(苦行像)에서 보듯, 이때 고따마의 고행은 인류사상 전무후무한 난행(難行)이었다. 가난하게, 외롭게, 두려움을 참고 견디며, 미미한 한 생명이라도 해치지 않으려고 애쓰며―마지막 단식 단계에서, 그의 사지는 칼라 풀같이 말라 비뚤어지고 죽음 직전까지 갔다. 이러한 고행은 인류가 물질적 쾌락주의, 감각적 본능으로부터 벗어나 진정 자유로울 수 있는가를 결정짓는 최후의 도전이며 모험이었다. 또 그것은 전통적인 고행과 선정(禪定)이 과연 해탈―깨달음의 정도가 될 수 있는가를 결정짓는 마지막 도전이며 실험인 것이다.

보리수여,
깨달음의 길을 열어 보이소서

보리수여, 보드가야 보리수여
거룩한 깨달음의 나무 보리수여.
우리들 동방의 수행자들, 박달나무 나라의 백성들
여기 보드가야 보리수 밑에 두 손 모으고 앉아
여기 광명 찬란한 마하보리 도량의 뒤뜰에 두 손 모으고 앉아
지극 정성으로 발원하오니
보리수여, 깨달음의 길 열어 보이소서.
그대가 목격한 깨달음의 바른 길 열어 보이소서.

보리수여, 보드가야 보리수여
거룩한 깨달음의 나무 보리수여.
그대는 본래 평범한 민중들의 벗 핍팔라 나무였었지요.
2천 6백여 년 전 납월 팔일 첫새벽
수행자 고따마가 그대 밑에 앉아

견명성 오도(見明星悟道)

마침내 큰 깨달음 이루던 날
무상정각(無上正覺), 삼보리(Sambodhi) 이루던 날
그대 그 공덕으로 새로 태어났었지요.
보리수, 크나큰 깨달음의 나무로 새로 태어났었지요.
붓다의 깨달음 목격하고 증명한 그 공적으로
보리수, 깨달음의 나무로 새로 태어났었지요.
그리고 오랜 세월 그대는 깨달음의 상징이었지요.
불상(佛像)이 없었던 그 소박한 시대
그대가 바로 붓다의 자리에 의연히 서 있었지요.
그대가 바로 붓다였었지요.
그대가 바로 깨달음의 길을 열어 보이는 스승이었지요.

보리수여, 보드가야 보리수여
거룩한 깨달음의 나무 보리수여.
더운 하늘을 가리고
시원한 그늘 드리워
나그네에게 안식을 베푸는 보리수여
그대가 목격하고 증명한 사실들을 말해주오.
납월 팔일, 거룩한 성도의 날
그대가 목격하고 증명한 깨달음의 길을 열어 보여주오.
깨달음의 청정수로 저희들의 목마름을 시원히 적셔주오.

보리수여, 보드가야 보리수여

그날, 납월 팔일 성도의 날
수행자 고따마는 고행을 박차고 일어나
네란자라 강 깨끗한 물 속에 들어가 목욕하고
성(聖) 처녀 수자타가 올리는 유미죽을 먹고 기운 차리고
보드가야 마을 핍팔라 나무 밑에 앉아
목동이 바치는 쿠샤 풀[吉祥草] 깔고 동향으로 앉아
금강보좌(金剛寶座)에 태연부동 크게 앉아
이렇게 맹세했었지요.

"큰 깨달음 이루기 전에는
내 일어나지 않으리.
죽어도 다시 일어나지 않으리.-"

대지가 은은히 진동하고 하늘땅이 흔들렸었지요.

보리수여, 보드가야 보리수여
바로 그때 악마의 왕 파피야스가 놀라고 분노하여
아름다운 마녀들과 사나운 마군들을 앞세워
수행자 고따마를 공격해 왔었지요.
그러나 어이하랴.
아름다운 마녀들은 추한 노파로 변색하고
사나운 칼과 창, 불화살과 철퇴가 연꽃 되어 흩날리니-
그때 고따마는 이렇게 선언했었지요.

"마왕이여, 너의 첫째 군대는 탐욕, 둘째 군대는 증오심,
셋째 군대는 기갈, 넷째 군대는 애착,
다섯째 군대는 게으름과 과도한 수면, 여섯째 군대는 공포,
일곱째 군대는 의심, 여덟째 군대는 겉치레와 고집-
마왕 파피야스여, 이것이 너의 군대
악마의 검은 공격군이니라.
용사가 아니면 이겨낼 수 없는 것,
용사는 이겨서 즐거움을 얻느니라.-"

마왕 파피야스는 공포에 떨며 도망치고 말았었지요.

보리수여, 보드가야 보리수여
거룩한 깨달음의 나무여.
마왕을 이긴 수행자 고따마, 승리자 고따마
그대 보리수 아래 금강보좌에 굳게 앉아
호흡을 고르게 하며 마음 집중하고
이윽고 흔들림 없는 삼매에 들어가
마음의 눈이 환히 열려오니
초저녁에 천안통(天眼通) 열려
모든 사물의 실상을 여실히 살펴보고
한밤에 숙명통(宿命通) 열려
자아의 실상을 여실히 살펴보고
새벽에 누진통(漏盡通) 열려
고집멸도의 사성제(四聖諦)를 여실히 살펴보고

48

마침내 모든 어둠 떨치고 벗어나니
오― 생사해탈 생사해탈, 성도(成道)하였지요.
수행자 고따마 성도하였지요.
인류 구원의 큰 길 활짝 열었지요.
번쩍 눈을 뜨니 동녘 하늘 큰 별이 불끈 솟아나고
견명성 오도 견명성 오도
대지가 은은히 진동하고
신(神)들이 일제히 환호하니
이제 정각자 붓다
이제 붓다 석가모니
낭랑한 음성으로 사자후하셨지요.

"윤회의 삶은 끝났다.
나는 청정한 삶을 실현하였노라.
해야 할 일들 이미 다해 마쳤으니
내게 더 이상 윤회의 삶은 없어라."7)

보리수여, 보드가야 보리수여
거룩한 깨달음의 나무여.
그대의 증언 듣고
이제사 우리는 깨닫습니다.
깨달음은 일상(日常)의 삶이라는 것

---

7) MN ⅰ. 250 ; MN, PTS 1, p.303.

큰 깨달음은 일상의 삶 속에서 이뤄진다는 것
이 놀라운 일상의 도리〔日常道理〕깨닫습니다.
머리만 굴리는 학문도 아니고
과도한 선정(禪定)도 아니고
맹목적인 고행(苦行)도 아니고
감각적인 쾌락(快樂)은 더더욱 아니고.
일상으로 돌아와 세속의 삶으로 돌아와
사람 만나고 밥 먹고 목욕하고 일하고
이렇게 평범한 체험의 현장에서
희로애락하고
생로병사하고
피땀 흘리며 헌신봉사하고
때때로 고요히 앉아 호흡 헤아리고
정신차려 마음 집중하고
내 마음의 움직임 있는 그대로 관찰하고
내 몸과 느낌, 생각과 안팎의 현상들
있는 그대로 관찰하고
제행이 무상〔諸行無常〕하고 텅 빈 것임을 관찰하고
모든 현상이 욕심과 집착으로
한때 생멸하는 것임을 관찰하고
내 스스로 만들어 낸 어둔 생각,
어둔 식〔無明識〕의 산물임을 관찰하고
문득 이 욕심 이 집착 텅 비우면
문득 한 생각 텅 비우면

즉시 대광명(大光明)이 솟아나는 모습을 관찰하고
이 몸 가득 천지의 생명 기운 넘쳐흐르는 모습 관찰하고
떨치고 일어나 피땀 흘리며 일하고
우리도 부처님같이 헌신 봉사하고
진흙수렁 속에 들어가 연꽃 피우고—
이렇게 열심히 치열하게 살아가는 것
바로 이것이 깨달음인 것을
바로 이것이 견성 해탈, 견성 열반인 것을—
이제 우리는 보았습니다.
동방의 샛별처럼 분명 보았습니다.

보리수여, 거룩한 깨달음의 나무여
그대의 잎 하나하나가 빛나고 있습니다.
금강보좌가 빛나고 있습니다.
붓다의 발자국이 빛나고 있습니다.
마하보리 사 높은 탑이 빛나고 있습니다.
만국기가 빛나고 있습니다.
만인의 눈빛이 빛나고 있습니다.
우리 순례자들의 얼굴이 활활 빛나고 있습니다.

보리수여, 보드가야 보리수여
거룩한 깨달음의 나무여.
이 깨달음의 길 증언하기 위하여
그대는 2천 6백여 년 세월 넘어

이교도의 칼날에 몇 번이나 잘려나가고
몇 번이나 죽어나가면서도
이렇게 푸르게
푸르르게 살아남아 왔군요.
살아남아
이렇게 우리를 맞이하고 있군요.
이렇게 세상 사람들을 맞이하고 있군요.

보리수여, 보드가야 보리수여
거룩한 깨달음의 나무여.
붓다의 혼이여
감사합니다, 감사합니다.
우리들의 경배를 받으소서.
이 환희와 눈물
우리들의 경배 받으소서.-

〔현장 스케치〕 **불교 세계의 중심 보드가야**

성도(成道)의 땅 보드가야(Bodhgaya)는 비하르 주(州) 가야 시(Gaya 市) 남쪽 약 11km 지점에 위치해 있는 작은 마을이다.[8] 동쪽으로 화로구 강의 한 지류인 네란자라 강을 건너면 우루벨라 고행림이 있고 전정각 산이 바라다 보인다.

보드가야는 가장 장엄하고 화려한 불교 성지촌(聖地村)으로 불교 세계의 중심을 이루고 있다. 그 중심부에는 마하보리 대탑(Maha-Bodhi Stupa)이 우뚝 서 있다. 대탑이라고 했지만 실제로는 스투파 모양의 사원이다. 그래서 정식 명칭으로는 마하보리 사(Maha-Bodhi Temple, 大菩提寺)이다. 높이 50m의 대탑 안에는 수행자 고따마가 대각(大覺)을 이룬 자리, 금강보좌(金剛寶座, Vajrasana)가 있다. 이 대탑은 기원전 250년경 아쇼까 왕에 의하여 건립된 것으로 전해지고 있다.

대탑 서쪽에 연접해서 깨달음의 나무 보리수가 하늘을 덮고 있고, 그 옆에 성도 후 붓다가 처음으로 내딛은 불족석(佛足石)이 붓다의 체온을 느끼게 한다. 대탑 주변에는 수많은 유적들이 고색 창연히 남아 있다. 대각을 이룬 후 일곱 이레 동안 법열을 누리며 경행했던 곳들, 연꽃대좌·라타나그라하(Ratnagraha) 사당·번얀(Bunyan) 나무·무찰린다(Mucalinda) 용왕 못·라자야타나(Rajayatana) 나무, 두 상인 따뿌싸(Tapussa)와 발리까(Bhalika)가 처음으로 공양 올린 샤크라(Sakra) 호수, 자취만 남아 있는 아쇼까 대왕의 석주 터…… 보드가야는 실로 찬란하고 거룩하다.

---

8) 中村 元·김지견 역, 앞의 책, pp.132~139 ; 정각, 앞의 책, pp.31~50.

고따마가 성도한 것은 기원전 589년, 납월(음력 섣달) 팔일(남방에서는 바이샤까 달 보름날), 35세 때 일이다. 그는 설산 고행을 단호히 포기하고 하산하여 네란자라 강에 들어가 목욕하고 수자타의 우유죽 공양을 받아 기력을 회복하여 여기 보리도량 핍팔라(Pippala) 나무—보리수 밑에서 최후로 용맹정진하고 4제 8정도를 관찰함으로써 마침내 견명성오도(見明星悟道)한다. 이로써 고따마는 선정·고행의 낡은 수행법을 벗어 던지고 4제 8정도라고 하는 보편타당한 생사해탈—깨달음의 정도를 인류사상 최초로 실현하고 만인 앞에 열어 보였다. 설산고행의 목숨 건 최후의 도전과 모험은 성공하고 인류는 감각—쾌락의 본능으로부터 자유로울 수 있게 된 것이다. 성도(成道)한 것이다. 만류 앞에 해탈의 길이 열린 것이다.

원(原) 보리수는 이교도들에 의하여 절단되고, 현재의 나무는 기원전 3세기경 아쇼까 대왕의 딸 상가미따(Sanghamita)가 그 묘목을 스리랑카로 옮겨 심은 것을 다시 이식해 온 것이다.

사슴들이여,
우리도 그대들같이 목숨 버려 법바퀴 굴리리

여기 바라나시 사르나트
천 마리 사슴들이 평화로이 풀을 뜯던 사슴동산
난폭한 왕이 사냥 나와 뭇 사슴들을 마구 살육할 때
차례를 정하여 왕의 먹이가 되던 용기의 사슴동산
니그로다 황금사슴 왕, 세끼 밴 암사슴을 대신하여
왕의 도살장에 제 목을 내밀던 자비의 사슴동산

다메크 스투파
그 사슴동산에 우뚝 선 거대한 초전법륜 탑 다메크 스투파
2천 6백년 전 붓다께서 다섯 수행자들에게
처음으로 담마를 설하던 다메크 스투파
그 스투파 앞 잔디밭에 무릎 꿇고 앉아
우리들은 그때의 붓다를 생각하고 있습니다.
다섯 수행자들을 생각하고 있습니다.
다섯 수행자들 옆에서 담마를 듣고 있는 모자(母子),

성스러운 어머니와 어린 아들을 생각하고 있습니다.9)
차례를 정하여 당당히 먹이가 되던
사슴들의 용기를 생각하고 있습니다.
새끼 밴 암사슴을 위하여
스스로 목을 내밀던 니르로다 황금사슴
그의 크나큰 연민과 자비를 생각하고 있습니다.
그러면서 우리들은 굳게 발원합니다.

"그대 사슴들이여, 사르나트 사슴들이여
용기와 자비의 사슴들이여.
우리들도 당당하리다.
그대들같이
죽음의 공포 속에서도 당당하리다.
그대 사슴들이여
우리들도 목숨 바치리다.
그대들같이
우리들도 불행한 이웃을 위하여 이 목숨 바치리다.
그대들같이
이 몸 던져 법륜을 굴리리다.
진리의 바퀴, 담마의 바퀴 굴리리다.
그대 사슴들이여, 사르나트 사슴들이여
용기와 자비의 사슴들이여.

---

9) 사르나트 박물관 안에 있는 초전법륜상에는 젊은 붓다 앞에 다섯 수행자와 한 모자(母子)가 나란히 앉아 법을 듣고 있다.

그대들은 아직도 분명히 기억하고 있지요.
보드가야에서 크게 깨달으신 붓다

"내 이제 불사(不死)의 문을 여노라.
귀 있는 자들은 들어라.
그대들의 낡은 믿음 버려라. - "

이렇게 선포하시고
함께 수행하던 친구들, 다섯 수행자들 찾아
2백 킬로, 5백 리 머나먼 열사의 길을 걸어
바라나시 사르나트
여기 사슴동산으로 달려왔었지요.

그대 사슴들이여, 사르나트 사슴들이여
용기와 자비의 사슴들이여.
그대들은 아직도 분명히 기억하고 있지요.
그때 붓다께서는 다섯 수행자들 앞에서
이렇게 사자후하셨지요.

"수행자들아
나는 중도(中道)를 깨달았다.
쾌락과 고행, 이 양극단을 떠나 중도를 깨달았다.
중도란 무엇인가?
곧 8정도가 그것이니라.

4제 8정도가 곧 중도이니라.
여래는 이 8정도에 의하여 큰 깨달음을 이루었나니
수행자들아, 그대들도 이 8정도들 따라 행하면
나와 같이 큰 깨달음을 이루리라. -"

그대 사슴들이여, 사르나트 사슴들이여
용기와 자비의 사슴들이여.
그대들은 아직도 분명히 기억하고 있지요.

"아 깨달았다, 나는 깨달았다.
욕심 집착 버리면 바로 깨달음이로다.
욕심 집착 버리면 바로 생사해탈이로다. -"

수행자 까운디냐가 이렇게 외치며
덩실덩실 춤추었지요.
다섯 수행자가 차례로 깨달아
환희하며 덩실덩실 춤추었지요.
바라나시 큰 상인의 외아들 야사스가
붓다 만나 즉시에 깨달아 환호하고
야사스의 친구들, 쉰네 명의 양갓집 청년들
즉시에 깨달아 환호하고
야사스의 아버지가 처음으로 붓다의 우바새가 되고
야사스의 어머니가 처음으로 붓다의 우바이가 되고
이렇게 모두 깨달아 덩실덩실 춤추었지요.

그대 사슴들이여, 사르나트 사슴들이여
용기와 자비의 사슴들이여.
그대들은 아직도 분명히 기억하고 있지요.
깨달음은 중도에 의하여 이루어지고
중도(中道)는 곧 8정도(八正道)이고
8정도는 곧 용기와 헌신
끝없는 자비인 것을ー
그대들은 아직도 분명히 기억하고 있지요.
이 몸 던져 동포를 살리고
법바퀴 굴려 전도 전법하는 것
이것이 바로 8정도
깨달음의 정도(正道)인 것을ー

그대 사슴들이여
지금 이 땅의 불자들은 생각만 하고 앉아 있답니다.
'깨달음이 뭔가?' 이렇게 행각하고
'중도가 뭔가?' 이렇게 생각하고
'4제 8정도가 뭔가?' 이렇게 생각하고
'이 뭣고?' 이렇게 생각하고,
아침부터 밤늦도록 생각하고 또 생각하고
오로지 한소식 하기만을 생각하며 기다리고 있답니다.

그대 사슴들이여
붓다가 이 사슴동산을

최초 설법의 땅으로 정한 것은 무엇 때문일까요?
여기서 중도, 곧 8정도를 설한 것은 무엇 때문일까요?

"이 세상 사람들아
깨달음은 그렇게 행동하는 것이니라.
깨달음은 그렇게 살아가는 것이니라.
중도는 두려움으로 굴하지 않고
선정과 쾌락에 집착하지 않고
의(義)를 위하여, 담마를 위하여
용기 있게 행동하는 것이니라.
8정도는 이 몸 바치는 것이니라.
새끼 밴 암사슴 위하여
내 목을 대신 내미는 것이니라.
이렇게 욕심 버릴 때, 이것이 깨달음이니라.
이렇게 집착 버릴 때, 이것이 생사해탈이니라.
이것이 아라한의 길, 성자의 길
이것이 붓다의 길이니라.
이것이 전법륜의 길
법바퀴 굴리는 길이니라.—"

이 깊은 뜻 일깨우기 위하여
붓다는 지금 여기 사슴동산에서
첫 법바퀴 굴리고 있는 것은 아닐까요?
초전법륜(初轉法輪)

장한 모습 나투고 있는 것은 아닐까요?

그대 사슴들이여, 사르나트 사슴들이여
용기와 헌신의 사슴들이여.
이제 우리 불자들
두려움 없이 나아가겠습니다.
아쇼까 대왕 돌기둥 위에서 포효하는
사방 사자(四方獅子)들같이
떨치고 일어나
죽음의 공포 놓아버리고
당당히 나아가겠습니다.
이제 우리 동방의 불자들
선정과 은둔의 집착 놓아버리고
가벼운 걸음으로 정진하겠습니다.

이제 우리 불자들
이웃을 위하여 이 몸 기꺼이 던지겠습니다.
기꺼이 함께 나누겠습니다.
피 한 줌 기꺼이 나누겠습니다.
장기 하나 기꺼이 나누겠습니다.
죽어 가는 동포의 손잡고
두려움, 외로움 함께 나누겠습니다.
버림받은 불쌍한 생명들 내 자식으로 키우겠습니다.
힘써 번 귀한 재물 정성껏 함께 나누겠습니다.

무엇보다 담마를 함께 나누겠습니다.
부처님 정법
신명을 다하여 전하고 전하겠습니다.
전도전법으로 내 삶의 목표로 삼겠습니다.
자식들부터, 어버이부터
남편부터, 아내부터, 친구부터, 동료들부터
북한 동포들부터, 해외 동포들부터, 외국 근로자들부터
부처님께 인도하겠습니다.
아시아 동포들, 유럽 동포들, 아프리카 동포들, 아메리카 동포들
세계 인류들, 모두모두 우리 동포들
이 동포들부터 인도하겠습니다.

그대 사슴들이여
바라나시 사르나트의 사슴들이여.
우리들 결심 붙잡아 주오.
그대 사방사자들이여
아쇼까의 돌기둥 위에서 포효하는 사방사자들이여
우리들 용기 지켜주오.
이 성스러운 자리, 다메크 스투파 앞에서
무릎 꿇고 문득 일으킨 이 맹세, 이 결심
물러서지 않게 붙잡아 주오, 굳게 지켜주오.

그대 사슴들이여
그대 사방사자들이여.—

[현장 스케치] 헌신과 전법의 사슴동산

　초전법륜지(初轉法輪地) 사르나트(Sarnath)는 바라나시(Varanasi, Benares) 북쪽 약 8㎞ 지점에 있는 평화로운 마을이다. 'Sarnath'란 지명은 'Saran-ganatha(Lord of King)', 곧 '사슴 왕'에서 유래한다. 그래서 이곳을 '미가다야(Migadaya)', '사슴동산〔鹿野苑〕'으로 일컬어지기도 한다.10) '사슴동산'은 먼 전생 붓다가 사슴왕으로 태어났을 때 새끼 밴 암사슴을 대신하여 왕의 푸줏간에 자기 목을 내민 헌신 봉사의 보살행에서 연유하고 있다.

　사르나트 중심부에는 44㎞ 높이의 다메크－스투파(Dhamekh-Stupa), 곧 전법륜탑(轉法輪塔)이 우람하게 솟아 있다. 사슴동산 서쪽에는 기원전 250년 아쇼까 대왕이 세운 석주가 남아 있다. 본래 이 석주는 높이 15m, 직경 71cm의 장대한 것이었으나, 1194년 이슬람의 쿠트 우드 딘(Qut－ud－Din) 장군에 의하여 파괴되고 현재 높이 2m의 기단부와 석주 위에 안치됐던 사자상(獅子像)만 남아 있다. 4마리의 사자가 사방을 향하여 포효하는 이 사자상은 인도 공화국의 국기 문양으로 휘날리고 있다. 석주 남쪽 30m 지점에 또 하나의 대탑 다르마라자까－스투파(Dharmarajaka-Stupa) 터가 있다. 아쇼까 대왕이 세운 이 탑은 1794년 바라나시의 지방관 자갓 싱(Jagat Singh)에 의하여 무참히 파괴되고, 여기에 봉안된 붓다의 진신사리는 갠지스 강에 버려졌다.

　기원전 589년, 보드가야에서 큰 깨달음을 실현한 35세의 청년 붓다

---

10) 中村 元・김지견 역, 앞의 책, pp.210~214 ; 정각, 앞의 책, pp.52~62.

석가모니는 고행림의 동지인 다섯 고행자들을 찾아 200㎞(18요자나, 1요자나 약 12㎞)가 넘는 열사의 길을 이레 동안 여행하여 찾아왔다. 붓다는 다섯 고행자들에게 처음으로 담마(Dhamma) — 법을 설하였다.

"수행자들아, 나는 고행과 쾌락의 양극단을 떠나 중도(中道)를 깨달았다.
중도란 무엇인가? 곧 4제 8정도이다."

이 설법 끝에 다섯 수행자가 차례로 눈을 떠 담마를 깨달았다. 곧 이어 바라나시 부호의 아들 야사스(Yasas)와 그의 친구들인 54명의 청년들이 담마를 깨달았다. 붓다는 이들 예순 명의 수행자들에게 분부(附囑)하였다.

"수행자들아, 이제 전법하러 떠나가라.
많은 사람들의 선(善)과 행복을 위하여.
세상에 대한 자비심으로. — "11)

---

11) SN 4. 1. 5(text. ⅰ .105-106

인도 동포들이여,
이제 붓다에게로 돌아오시오

라즈기르, 마가다의 수도 왕사성
2천 6백여 년 전 불교가 꽃피었던 라자가하
깔란다 장자가 땅을 바치고
빔비사라 왕이 건물을 지어 올린 벨루바나, 대숲 절
최초의 절 죽림정사(竹林精舍)—
이제 여기는 절도 없고
절을 청소하던 눈 푸른 대중들도 없는 황폐한 공간
여기저기 작은 대나무 숲들만 역사의 흔적을 간직한 적막한 절터
그 절터에 서서
순례자들은 말없이 눈물만 흘리고 있습니다.
절터 밖 광장을 분주히 오가는 사람들
시골 장터 사람들의 무심한 얼굴들 바라보면서
소리 없이 눈물만 흘리고 있습니다.

인도여, 인도 백성들이여
서천축(西天竺) 동포들이여.
그대들은 왜 이리 무심합니까?
'붓다', 그 이름을 잊었단 말입니까?
인도의 크나큰 별
'붓다', 그 이름을 잊었단 말입니까?
아시아의 빛
'붓다', 그 이름을 잊었단 말입니까?
세계 인류의 구원, 영구평화의 등불
'붓다', 그 이름을 벌써 잊었단 말입니까?

인도여, 인도 백성들이여
서천축 동포들이여.
그대들이 어찌 잊을 수 있단 말입니까?

"수행자들아, 법을 전하러 떠나가라.
많은 사람들의 이익과 행복을 위하여 –"

사슴동산에서 이렇게 선포하고
붓다 스스로 우루벨라로 돌아와
불을 섬기던 까샤빠 3형제의 무리들 속으로 뛰어들어
목숨 걸고 경쟁하여 이들을 건지고
이들 천 명의 까샤빠 무리 거느리고
마가다의 수도 라자가하로 향하여

대로를 따라 당당히 나아가시던
그 장엄한 붓다의 대행진 —
그대들이 어찌 그날의 행진을 잊을 수 있단 말입니까?

인도여, 인도 백성들이여
그대들이 어찌 잊을 수 있단 말입니까?
붓다와 천 명의 성중(聖衆)들이
라자가하 근교 라티 숲에 이르렀을 때
빔비사라 왕과 12만 명의 시민들이 몰려나와
거사, 장자, 관리들, 장군들, 브라민들,
상인들, 농민들, 수공업자들, 노동자들, 주부들, 청년들, 청소년들,
장애인들, 노비들, 하인들, 창녀들, 깡패들, 도둑들, 불가촉천민들,
남녀노소, 갑남을녀 — 모두모두 몰려나와
라티 숲 넓은 터를 나뭇잎처럼 빽빽이 메우고
"만세만세 우리 부처님 만세"
환호하며 춤추던 그 장엄한 광경
그대들이 어찌 그날의 광경을 잊을 수 있단 말입니까?

인도여, 인도 백성들이여
그대들이 어찌 잊을 수 있단 말입니까?

"그대들의 귀한 것들을 함께 나누라.
5계를 지켜 깨끗하게 살아라.
그리하면 그대들 하늘나라에 태어나리라."

이렇게 설하시는 붓다-담마 듣고
빔비사라 왕이 즉시에 눈을 뜨고
12만 명의 시민들이 즉시에 눈을 뜨고
붓다 앞에 엎드려 저마다 두 손 모으고

"거룩하셔라 세존이시여, 거룩하셔라 세존이시여.
저는 이제 붓다(Buddha, 佛)께 귀의합니다.
저는 이제 담마(Dhamma, 法)에 귀의합니다.
저는 이제 상가(Sangha, 僧)에 귀의합니다.
세존이시여, 저를 우바새로, 우바이로 받아들여 주소서.
오늘부터 목숨이 다하는 날까지 귀의하겠습니다."

이렇게 삼귀의를 맹세하던 그 성스러운 광경
그대들이 어찌 그날의 광경을 잊을 수 있단 말입니까?

인도여, 인도 백성들이여
서천축 동포들이여.
그러나 우리는 믿습니다.
아니 보고 있습니다. 듣고 있습니다.
인도 대륙에 붓다가 다시 오고 있는
눈부신 새벽 광경을 보고 있습니다.

"붓다여, 붓다여-"

닫힌 가슴을 열고 이렇게 부르고 있는
그대들 백성들의 목소리를 듣고 있습니다.
바야흐로 지금 여기서
나가푸르에서, 델리에서, 상까시아에서, 가야 시에서
2천 6백여 년 전 라자가하의 대행진이
도처에서 시작되고 있는 광경을 보고 있습니다.
대전향의 물결을 보고 있습니다.
대개종의 함성을 듣고 있습니다.

인도여, 인도 백성들이여
서천축 동포들이여.
그렇습니다, 이제 때가 된 것입니다.
그대들이 붓다에게로 다시 돌아올 시간이 된 것입니다.
오랜 세월 가슴에 묻어두었던
붓다의 자비와 대평등으로
그 빛으로 돌아올 때가 된 것입니다.
붓다의 자비와 대평등 아니면
불가촉천민도 한 점 차별 없이 안아들이는
붓다의 자비와 대평등의 빛 아니면
인도가 인도일 수 없다는 깨달음으로
돌아올 때가 된 것입니다.

인도여, 인도 백성들이여
서천축 동포들이여.

부디 힘내시오.
물러서지 마시오.
그대들 곁에는 우리가 있다오.
우리 코리아의 불자들
대한민국의 불자들
동천축(東天竺) 동포들이 있다오.
세계의 불자들
불자 동포들이 함께 있다오.
인도여, 인도 동포들이여
부디 힘내시오, 분발하시오.
크나큰 승리가 그대들 목전에 있습니다.

〔현장 스케치〕 꿈을 간직한 작은 대나무 숲들

　라즈기리(Rajgiri)는 비하르 주의 파트나 동남쪽 102km, 가야 시 북방
60km 지점에 있다. 초기불전에 나오는 라자가하(Rajagaha, Skt. Rajagraha),
곧 마가다(Magadha) 국의 수도 왕사성(王舍城)이 여기다.[12] 라즈기리는
꼬살라와 더불어 초기 전법운동의 중심지로서 붓다의 충실한 후원자
인 빔비사라(Bimbisara) 왕과 의사 지바까(Jivaka) 등이 이곳 출신이다. 라
즈기리 북쪽 2km 지점에는 왕의 아들 아자따삿뚜(Ajatasattu)가 새로 건
립한 신성(新城) 터가 있다.

　깔란다까(Kalandaka) 장자가 부지를 기증하고 빔비사라 왕이 건립하
여 승단에 기증한 최초의 불교사원 대숲 절〔Veluvana, 竹林精舍〕 빈터에
는 여기저기 작은 대나무 숲들이 아직도 식지 않은 전법륜의 꿈을 간
직한 채 순례자들을 맞고 있다. 팔공덕수(八功德水)가 출렁이던 깔란다
까 연못에는 여전히 공덕의 물이 무상(無常)의 담마를 일깨우고 있다.

　절터 남쪽 바이바라(Vaibhara) 언덕에는 붓다의 상수제자 마하까샤빠
(Maha-Kassapa, 摩訶迦葉) 장로의 수행처로 알려진 돌집(Pippala Stone House)
이 있고, 언덕 산을 오르면 붓다 입멸 후 최초 결집이 이뤄진 칠엽굴(七
葉窟) 터가 남아 있다. 언덕 동쪽에는 붓다와 그 제자들이 자주 찾았던
온천 터가 남아 있다. 초기 경전에 의하면, 붓다는 노년에 이르러 신경
통 등 여러 질환이 많아 의사 지바까의 치료를 받았고 또 온천욕도 자
주 하였다. 대숲 절에서 신왕사성으로 가는 오른쪽 도로변에 아자따삿

---

12) 中村 元・김지견 역, 앞의 책, pp.226~227 ; 정각, 앞의 책, pp.82~95.

뚜 왕의 스투파가 있고, 이 스투파 옆 비푸라(Vipula) 언덕에는 온천 터와 데바닷따(Devadatta)의 석실, 그리고 바까리 비구가 자결한 곳으로 일컬어지는 피로 얼룩진 바위가 있다.

　기원전 589년 말~588년 초, 청년 붓다는 인류사상 최초의 대전도 행진을 전개하였다. 바라나시 사슴동산에서 우루벨라로 다시 돌아와, 명성을 떨치던 배화교의 지도자 까샤빠(Kassapa) 3형제와 그 천 명의 무리를 찾아간다. 여기서 목숨을 건 치열한 경쟁 끝에 이들을 조복 받고 불교로 개종시키는 데 성공한다. 청년 붓다는 천 명의 대중들을 이끌고 라즈기리, 마가다국의 수도로 향하여 당당히 행진해 간다. 이 소식을 듣고 빔비사라 왕과 12만 명의 시민들이 달려나와 붓다를 맞이하고 그 담마를 듣고 즉시에 눈을 뜨고 삼보에 귀의하며 '붓다 만세'를 환호한다. 인류사상 최초의 대개종운동이 시작된 것이다. 지금 인도에서 새로운 개종운동이 벌어지고 있다. 붓다의 꿈은 이렇게 이루어지고 있는 것이다.

신령스런 독수리여,
순수 무구한 삶을 보이소서

라즈기리 동녘 차타 언덕 남쪽
빔비사라 왕의 돌계단을 허위허위 찾아올라
문득 만나는 돌산 봉우리
2천 6백여 년 전 붓다께서 뭇 대중들에게
법을 설하던 그 땅, 기사굴산(Gradhra-kuta), 영산회상(靈山會上)

신령스런 독수리여
하늘 날아오르는 푸른 독수리여.
저희 동방 코리아의 믿음 깊은 불자들
그대들 깃을 접은 바위, 독수리봉 바위에서
무릎 꿇고 두 손 모아
정결한 공양 갖추어 올리오니
드높은 하늘 눈〔天眼〕으로 굽어살피고
붓다에게, 거룩한 스승에게

우리 제자들의 간절한 사룀, 이렇게 전해주오.
'붓다여, 거룩한 스승이여
저희에게 청정한 삶을 열어 보이소서.
맑고 향기로운 삶의 길 열어 보이소서.
그때 뿐나 여인에게 하셨듯이
순수 무구한 삶의 길 열어 보이소서.
순수 무구한 깨달음의 삶 열어 보이소서.
저희들 흐린 마음 가운데
영산(靈山)의 푸르른 정기 솟아나게 하소서.
영감(靈感)의 강물 굽이쳐 흐르게 하소서.—'

신령스런 독수리여
하늘 나르는 푸른 독수리여.
우리 불자들은 마음의 눈으로 보고 있답니다.
그때 스승께서는 바위굴에서 머무셨지요.
독수리 접은 날개 같은 거친 바위굴에서 머무셨지요.
사랑하는 제자 아난다 스님도 바위굴에서 머물렀고
목갈라나 스님도 바위굴에서 머물렀고
수행자들이 모두 거칠고 험한 바위굴에서 머물렀지요.
새벽에 일어나 바위굴에 앉아 4념처를 닦으며
고요히 삼매에 들어

'제행무상(諸行無常)
제행은 무상하고 텅 빈 것이다.'

이렇게 여실히 관(觀)하였지요
텅 빈 가운데 대광명을 발하고
진흙수렁 속에 들어
헌신 봉사, 중생의 고통을 구하였지요.

신령스런 독수리여
하늘 나르는 푸른 독수리여
우리 불자들은 마음의 눈으로 보고 있답니다.
싱그러운 아침 일출이 동쪽 하늘에 빛날 때
스승께서는 탁발(托鉢) 길로 나섰지요.
가사 걸치고, 발우 들고
라자가하 성(城) 안으로 들어가
일곱 집을 차례대로 밥을 빌고
담마를 설하여 그들에게 축복을 내리셨지요.

"그대도 이미 깨달아 있느니
부지런히 정진하여 깨달음을 드러내라.—"

이렇게 위없는 법(法)의 축복을 내리셨지요.
밥을 얻지 못할 때라도
고요한 마음 빈 발우로
독수리봉 바위굴로 돌아오셨지요.

신령스런 독수리여

우리 불자들은 마음의 눈으로 보고 있답니다.
어느 날 아침 탁발 길에서
스승께서 뿐나 여인과 만나던 광경 보고 있답니다.
어느 집 미천한 노비 뿐나 여인
밤새 땀 흘리며 쌀 방아를 찧고 날이 밝아 지치고 허기진 몸으로
거친 쌀겨를 모아 검은 빵 하나 만들었지요.
아침 끼니를 때우려고 강변으로 나가고 있었지요.
그때 뿐나 여인은 성(城)으로 들어오는 스승을 보고
이렇게 생각했었답니다.

'이 거친 빵이라도
부처님께 공양 올리고 싶구나.—'

여인은 부끄러움을 무릅쓰고
스승 앞에 나아가 말하였지요.

"부처님
저의 이 거친 빵을 받으소서.
제게는 이것밖에 공양 올릴 게 없답니다.
부처님
이 공양 받으시고 제게 축복을 내려 주소서.—"

신령스런 독수리여
우리 불자들 마음의 눈으로 보고 있답니다.

스승께서는 발우를 내밀어 여인의 빵 받으시고
길옆에 앉아 만족하게 드시고
여인을 위하여 담마를 설하셨지요.

"뿐나여, 들어라.
항상 깨어 있어 마음을 살펴보는 사람들
밤낮으로 땀 흘려 수고로이 일하는 사람들
깨달음을 위하여 노력하는 사람들
그대들은 모두 어둔 집착을 벗어나리라.―"

신령스런 독수리여
우리 불자들 마음의 눈으로 보고 있답니다.
이 설법 끝나자마자
뿐나 여인이 눈을 떴지요.
어둔 집착 벗어나 깨달음의 길로 들어섰지요.
성자(聖者)의 길로 들어섰지요.
주변에서 이 광경을 지켜보던 시민들도
마음의 눈뜨고 축복을 받았었지요.
가슴속 푸르른 정기를 발하였지요.

신령스런 독수리여
하늘 나르는 푸른 독수리여.
우리도 부처님같이 살고 싶답니다.
우리 제자들도 스승같이 살고 싶답니다.

바위굴 수행자들같이 살고 싶답니다.
청정하게, 순수무구하게
하늘 높이 비상하는 그대 독수리같이 유유하게
날개를 저으며 나르는 한 마리 학같이 고고하게
빈 마음으로 빈 몸으로 살고 싶답니다.
평화롭게, 함께 나누며
저 뿐나 여인같이 힘써 노동하며
한 끼니의 빵이라도 함께 나누며
그렇게 그렇게 살고 싶답니다.

신령스런 독수리여
하늘 나르는 푸른 독수리여
푸르른 정기가 우리를 감싸고 돕니다.
영축산(靈鷲山) 싱그런 영감이
우리 속에 물결쳐 흐릅니다.
한 줄기 감응의 눈물이 거친 바위를 적시고 있습니다.

푸른 독수리여
붓다여
거룩한 스승이여
뿐나 여인이여—

[현장 스케치] 깨끗한 삶 – 의식주의 원형

그라드라꾸따(Gradhra-kuta), 곧 독수리봉(靈鷲山 – 영취산, 영축산)은 라즈기리 동쪽 차타(Chatha) 언덕의 남단에 위치해 있다. 원어를 따라서 기사굴산(耆闍崛山)으로도 일컬어진다. 산 정상부의 바위 모양이 독수리를 닮은 데서 연유한 명칭이다.[13] 붓다가 상주 설법한 영산회상(靈山會上)이 바로 여기다. 그래서 대승불교에서는『법화경』등 대승경전을 설한 곳으로 설명하고 있다.

라즈기리에서 동쪽으로 나오면 의사 지바까의 집 터 – 망고동산이 있고, 산에 이르러서는 '빔비사라 왕의 길'로 일컬어지는 계단을 오르게 된다. 독수리봉 정상에 이르면서 자연 석굴이 많이 보인다. 바위들이 겹쳐져 작은 공간이 생긴 것이다. 붓다도 이런 석굴에 머물렀고, 제자들도 이런 바위굴에 머물며 수행하였다. 아난다 굴 · 목갈라나 굴 등이 아직 남아 있다.

붓다와 제자들, 초기 수행자들은 이렇게 바위굴에 머물며 아침마다 걸식 – 탁발하며 검소하게 살았다. 그들은 '사의지(四依止)'라는 엄격한 의식주의 기준에 근거하여 법답게 살아간 것이다. 사의지 – 의식주의 네 가지 기준은 다음과 같은 것이다.

① 수행자들은 숲속에서 살아간다. 한곳에 오래 머물지 않는다.
② 수행자들은 하루 한 끼 탁발해서 먹는다. 가능한 한 채식한다.
③ 수행자들은 그들 스스로 모은 누더기로 옷을 만들어 입는다.

---

13) 中村 元 · 김지견 역, 앞의 책, pp.146~147 ; 정각, 앞의 책, pp.94~99.

④ 수행자들은 소의 배설물을 발효시켜 만든 간소한 약만 쓴다.

물론 붓다는 극단적 고행주의(苦行主義)를 거부하고 중도(中道), 곧 8정도라는 새로운 삶의 길을 확립하였다. '데바닷따의 교권 도전사건'에서 보듯, 어떤 경우, 어떤 명목으로도 강제나 획일주의를 인정하지 않는다. 그럼에도 불구하고, '검소하게 단순하게 덜 소비하면서 함께 나누면서 —', 이것은 붓다가 확립한 8정도의 근본 삶의 방식이다. 이러한 의식주의 삶을 우리는 '발우공양 방식'이라고 규정해도 좋을 것이다. 그리고 이 발우공양 방식은 인류가 자본주의 — 시장경제의 해독으로부터 벗어날 수 있는 출구로 보인다.

어느 날 아침, 붓다가 라자가하 거리에서 탁발하고 있을 때, 뿐나(Punna)라는 한 미천한 여인이 자기가 먹을 거친 빵을 공양 올렸다. 붓다는 거리에 앉아 이 빵을 드시고 그에게 담마를 설하였다. 뿐나는 즉시 견성하고 성자(聖者)의 길로 들어섰다. 그리고 주변의 많은 시민들이 축복을 받았다. 깨달음은 이렇게 이루어지는 것이다.[14]

---

14) Dhp-Com 17.6 ; 拙稿, 『붓다의 대중견성운동』, pp.351～354.

수닷따 장자여,
우리도 이제 그들 곁으로 가리이다

한적한 마을 사밧티
꼬살라 국의 화려했던 옛 서울 사밧티 성
적막한 원림(園林) 제따바나(Jetavana)
숲속의 빈 터, 고독한 사람들 돕는 절〔祇樹給孤獨園〕
모든 불교도들의 마음의 고향 기원정사(祇園精舍)
거룩한 스승 붓다께서 머무시던 간다꾸띠(Gandhakuti)
작고 초라한 승방(僧房) 터 앞에 무릎 꿇고 앉아 부릅니다.
수닷따 장자여
아나타삔디까, 외로운 사람들 돕는 급고독 장자여
우리들이 왔습니다.
동방의 순례자들이 여기 당신 곁으로 왔습니다.
그대의 고독한 사업에 동참하러
우리들이 이렇게 달려왔습니다.

수닷따 장자여
아나타삔디까, 외로운 사람들 돕는 급고독 장자여
그대는 타고나기를
고독하고 가난한 사람들의 친구였지요.
장사하여 번 큰 재산 아낌없이 다 기울여
고독하고 가난한 사람들에게 의식주를 공급했었지요.

"장자여, 그대는 한결같이 가난한 사람들을 돕고 있는가?"

어느 때 붓다께서 이렇게 물었었지요.
그때 그대는 이와 같이 대답한 것을
우리는 아직 기억하고 있답니다.

"세존이시여
'새와 물고기, 짐승들에게도 먹을 것을 함께 나누고 싶다.─'
저는 이렇게 생각하곤 한답니다."

수닷따 장자여,
아나타삔디까, 외로운 사람들 돕는 급고독 장자여
그대가 황금돈을 깔아 세운 이 제따바나, 빈 숲절
여기, 뭇 사람들이 다 모여들었지요.
외롭고 가난하고 병들고 버림받은
뭇 중생들이 모두 모여들었지요.
어느 때 붓다께서 한 똥꾼 만나던 일

우리는 알고 있답니다.
니이다이는 사밧티 거리의 천한 똥꾼
어느 날 붓다와 마주쳐
길을 비키려다 그만 나뒹굴고
똥물이 튀어 붓다의 몸을 적셔 악취가 진동하고
놀라고 송구한 니이다이
땅에 엎드려 울며 사죄했었지요.

"부처님, 저의 허물을 용서하소서.
부디 저의 허물을 용서하소서.-"

"니이다이야, 내 손을 잡아라.
나와 함께 가자.
내가 그대를 청정하게 하리라.-"

"부처님, 제가 어찌 부처님 손을 잡으리까?
저는 불가촉천민
누구 손도 잡을 수 없습니다."

"니이다이야, 나는 걸식자
거리에서 밥을 비느니
천민 중의 천민이니라."

이렇게 붓다께서 니이다이를 손잡아 이끌고

여기 기원정사로 와서 깨끗이 씻기고
이와 같이 출가시켰지요.
성중(聖衆)으로 받아들였지요.

"어서 오라, 비구여.-"

수닷따 장자여
언젠가 붓다께서 한 미친 여인을 만나셨던 날
우리는 또 알고 있답니다.
사밧티 큰 상인의 딸 빠따차라 여인
남편 잃고 두 자식 잃고
부모와 형제마저 태풍으로 모두 잃고
실성하여 옷을 벗고 사밧티 거리를 헤맬 때
붓다께서 그를 보고 고요히 이르시니

"누이여, 부끄럽지 아니한가.-"

이 한 말씀
미친 여인이 그제야 정신차려 울며 고하니

"부처님, 저를 구원하소서.-"

붓다께서 여인의 몸을 가리고 이끌어
여기 숲절로 와서

이렇게 출가시켰지요.
성중(聖衆)으로 받아들였지요.
"어서 오라, 비구니여.ㅡ"

수닷따 장자여,
여기 기원정사, 고요한 숲절로 모여들던 수많은 사람들
외롭고 가난하고 병들고 버림받은 사람들
우리는 모두 알고 있답니다.
아흔아홉 사람을 살해한 노상강도 앙굴리마라
아난다 스님 보고 사랑으로 눈먼 마팅가 천민의 딸 바르기제
5백 명의 도적들
전염병에 걸린 사람들
기근으로 죽어 가는 거리의 민중들ㅡ

수닷따 장자여
그대 불교도들은 재산을 기울여 이들을 받아들이고
붓다와 출가 대중들은 거리로 나가 탁발하여
이 형제들을 먹이고
밤새워 치유하고 위로하고
성중(聖衆)으로 차별 없이 가르치고
마침내 그 모든 형제들이 견성하였지요.
법의 눈 밝게 뜨고 성자(聖者)가 되었지요.
그런 까닭에 여기 기원정사
고요한 제따 숲절 동산은 요람이 되었지요.

대중견성의 요람
수천 수만 사람들이 함께 눈뜨는
만인견성의 요람이 되었지요.

수닷따 장자여
아나타삔디까, 외로운 사람들 돕는 급고독 장자여
이제 그 짐 벗어 우리에게 주오.
붓다여, 성중들이여
이제 그 짐 벗어 우리에게 물려주오.
우리가 그 짐 지리이다.
외롭고 가난하고 병들고 버림받은 사람들
우리가 그들과 함께 가리이다.
우리가 그들을 힘써 벌어 먹이고
밤새워 치유하고 위로하리이다.
그리고 성중(聖衆)의 길 함께 가리이다.
만인 견성의 큰 길
인류견성의 큰 길 함께 가리이다.

수닷따 장자여
아나타삔디까, 고독한 사람들 돕는 급고독 장자여
그 짐 우리에게 다 맡기고
하늘 눈으로 지켜보소서.
붓다여, 사부대중이여
하늘 눈으로 우리를 지켜보소서.

〔현장 스케치〕 가람, 만인이 함께 만나는 열린 숲

사밧티(Savatthi, 舍衛城)는 고라크푸르에서 곤다로 향하는 북동선 열차 노선의 발람푸르 역에서 서쪽으로 18km 지점에 위치해 있다. 사밧티는 붓다 당시 마가다와 더불어 쌍벽을 이루던 북동 인도의 강대국 꼬살라 국의 수도로서 라자가하와 더불어 초기불교운동의 중심축이 되었다. 『금강경』 첫머리에 등장하는 사위대성(舍衛大城)이 바로 여기다.[15]

사밧티는 실로 불교의 요람으로 평가된다. 45년의 안거 가운데, 붓다는 24~25회를 여기 사밧티의 제따 숲절(Jetavana, 祈園精舍)에서 보냈다. 대부분의 초기불전들이 여기 제따 숲절에서 설해지고 있는 것도 이 때문이다. 사밧티에는 제따 숲절을 비롯하여, 비사카(Visakha) 부인의 동원 녹자모 강당(東園鹿子母 講堂, Pubbarama), 빠세나디(Pasenadi) 왕의 숲절(Rajakarama), 수닷따(Sudatta) 장자의 집터(Kachchi-Kuti), 앙굴리마라 스투파(Paki-Kuti) 등 수많은 불적들이 있다. 제따 숲절 터에는 붓다의 수행처인 간다-꾸띠(Ganda-Kuti, 香室)와 꼬삼비-꾸띠(Kosambi-Kuti), 아난다의 보리수, 수많은 승방 터가 남아 있다. 현장법사가 보았던 2개의 석주는 발견되지 않았다.

붓다의 사밧티 전법운동에는 이곳 출신의 자산가이며 상인인 수닷따 장자의 역할이 결정적이다. 기원전 586년경(전법 4년경), 수닷따 장자는 라자가하로 장사하러 갔다가 붓다를 친견하고 크게 발심하여 붓

15) 中村 元·김지견 역, 앞의 책, pp.228·230~231 ; 정각, 앞의 책, pp.64~69.

다 일행을 사밧티로 초청하였다. 이때 붓다 거주처를 마련하기 위하여, 수닷따 장자가 제따(Jeta) 태자의 동산에 금화를 깔고 이 땅을 매입한 것은 불교사의 고전적 사건으로 널리 회자되고 있다. 그는 또 가난하고 외로운 사람들에게 베풀기를 좋아하여 '아나타삔디까(Anathapindika) 장자', 곧 '급고독(給孤獨) 장자'로 일컬어지기도 하였다.

'수닷따 장자 사건'은 초기불교운동－전법운동이 대상·상인·은행가 등 자산가 그룹들에 의하여 주도되고 있었다는 사실을 입증하는 것이다. 거사(居士, Gahapati)·장자(長者, Stehi)가 이들 자산가들을 일컫는 칭호이다. 불교운동은 자산가들·관료 등 지식인들을 비롯하여 다양한 시민 그룹들－기술자·노동자·농민·자영업자 등 진보적인 하층민, 빈민·노비·장애인·창녀·도적·깡패·아웃－카스트(Out-Cast, 카스트 체제 밖의 천민)들과의 연대에 의하여 추진된 것이다. 가람－절은 실로 이들 다양한 시민들이 함께 만나 시민적 문제들을 함께 해결하고 헌신적 사랑을 함께 나누는 열린 공간, 활짝 열린 숲이었던 것이다. '숲절'이란 바로 이런 곳이다.

성자(聖者) 쿠주따라라여,
우리도 법을 위해 이 몸 버리리

칸푸르 근교 황량한 들판
그 옛날 번창했던 밤싸 국의 수도 꼬삼비
사람들의 기억 속에서 아득히 사라져 버린 망각의 들판
아쇼까 왕의 돌기둥[石柱]은 부러진 채 옛 역사를 증언하고
외로운 안내판이 홀로
여기가 고시따라마(Ghositarama) 숲절 터인 걸 일러주고—

쿠주따라(Khujjutara) 여인이여
성자(聖者) 쿠주따라여.
우리 동방 코리아의 순례자들
고난 속에 나라 지키고 불법(佛法) 지켜온 난행 고행의 순례자들
우리는 지금 이 숲절 터에 서서
2천 6백여 년 전 그대 성중(聖衆)들의
거룩한 순교사(殉敎史)를 보고 있습니다.

활활 타오르는 불길 속에 고요히 죽어 가는
그대 성중들의 불사(不死) 불멸(不滅)
장엄한 수행을 목격하고 있습니다.

성자 쿠주따라여
불길 속에서 담마를 증거하는 성자 쿠주따라여.
그대는 꼬삼비 궁중의 하녀
사마와띠 왕비의 꽃 당번 하녀였지요.
어느 날 고시따라마 숲절로 가서
붓다의 담마를 경청하고
그대는 즉시에 견성하고 성자가 되고
궁중으로 돌아와
사마와띠 왕비와 5백 궁녀들을 앞에 놓고
그들의 스승이 되어
그들의 법사(法師)가 되어
담마를 설하고
붓다를 대신하여 법을 설하고
즉시에 왕비와 5백 궁녀들이 깨달음의 길로 들어서
성자가 되었지요.
5백 성중(聖衆)이 되었지요.

성자 쿠주따라여
불길 속에서 담마를 증거하는 성자 쿠주따라여
꼬삼비의 5백 성중이여.

붓다께서 아침마다 탁발하실 때
그대들은 담벼락에 구멍을 내고
지나가는 붓다를 향하여 손 모으고
간절한 그리움으로 두 손 모으고

"거룩하셔라 세존이시여, 거룩하셔라 세존이시여.
저희들은 목숨 바쳐 붓다께 귀의합니다.
저희들을 우바이로 받아들여 주소서.—"

이렇게 맹세하고
눈물 뿌리며 맹세하고—

성자 쿠주따라여
5백 성중(聖衆)이여.
그대들은 그 맹세대로 살았지요.
목숨 바쳐 붓다—담마 지켰지요.
사악한 외도들의 무리가 붓다를 시샘하고
왕비를 시샘하고
궁중에 불을 질러 불길 속에 갇히고
그 불길 속에 그대들은 결가부좌로 굳게 앉아

"제행은 무상〔諸行無常〕하고 텅 빈 것이다.
이 몸은 무상하고 텅 빈 것이다.
욕심 집착 텅 비우면 대광명이 솟아난다.—"

이렇게 마음 집중하고
사념처(四念處)에 마음 집중하고
태연부동(泰然不動) 고요히 불사(不死)를 보이고
적적부동(寂寂不動) 그윽히 불멸(不滅)을 보이고
미소하며 삼보 헌신(三寶獻身) 보이고-

의로운 순교자 쿠주따라여
의로운 삼보 헌신 5백 성중이여.
붓다의 길은 난행 고행의 길
전법의 길은 수많은 대중들이 몸 바쳐 개척하는 헌신의 길
물러섬 없이 대결하고 극복하는 불퇴전(不退轉)의 행로

데바닷따의 바위에 맞아 피를 흘리시는 붓다
야만의 땅에 가서 법을 펴고 죽음 당하는 부루나 비구
외도들의 칼에 갈갈이 찢겨 숲속에 버려지는 목갈라나 비구
데바닷따에게 저항하다 숨지는 웁빨라반나(蓮華色女) 비구니
까시인·꼬살라인·밧지인·말라인·체타인·밤싸인·꾸루인
빤찰라인·맛차인·수라세나인·마가다인…
삼보를 위하여 목숨을 던지는 수십 수백 수천 수만의 민중들
붓다의 길은 끝없는 헌신의 길
순교라는 생각조차 넘어서는 나 버림의 행로-

성자 쿠주따라여
5백 성중이여.

그대들의 거룩한 죽음 앞에서
우리들은 부끄럽습니다.
삼보를 위하여
내 귀한 것을 던질 생각조차 내지 못하는
이 뿌리 깊은 비겁함이 부끄럽습니다.
오로지 복 받기만을 빌고 또 비는
이 완고한 이기심이 부끄럽습니다.

성자 쿠주따라여
5백 성중이여.
불길 속에 고요한 그대들을 보고
이제 우리들도 불끈 주먹을 쥡니다.
용기를 발하여 벌떡 일어섭니다.
그리고 하늘 우러러 맹세합니다.

"저희들도 몸 던지겠습니다.
저희들도 이 목숨 기꺼이 던지겠습니다.
붓다를 따르기 위하여 두려워하지 않겠습니다.
붓다-담마를 전하기 위하여 물러서지 않겠습니다.
붓다-담마를 우리 삶으로 실증하기 위하여
두려워서 결코 물러서지 않겠습니다.
순교한다는 생각조차 내지 않겠습니다.

성자 쿠주따라여

불길 속에서 담마를 증거하는 성자 쿠주따라여.

5백 성중이여.

맹세코 종교 바꾸지 않겠습니다.

취직하기 위하여, 결혼하기 위하여

입학하기 위하여, 출세하기 위하여

붓다-담마, 거룩한 깨달음의 길 바꾸지 않겠습니다.

종교 쓰는 칸에 '무교(無敎)'라고 쓰지 않겠습니다.

저희가 사랑하는 불교 공격받을 때 침묵하지 않겠습니다.

스님들이 끌려가고 핍박받을 때 비겁하게 침묵하지 않겠습니다.

불상이 훼손되고 사찰이 파괴될 때 비겁하게 침묵하지 않겠습니다.

차별 대우받고 멸시받을 때 비겁하게 침묵하지 않겠습니다.

착하고 약한 백성들 압제받을 때 비겁하게 침묵하지 않겠습니다.

정의가 짓밟히고 자유가 침탈 당할 때 비겁하게 침묵하지 않겠습니다.

조국이 침략당하고 선량한 나라들이 유린당할 때 비겁하게 침묵하지 않겠습니다.

전쟁터의 코끼리같이

사방에서 날아오는 화살에 맞서며 나가는 것을

우리들의 임무로 삼겠습니다.

핍박과 모욕을 참고 견디며 결코 물러서지 않는 것을

우리들의 명예로운 임무로 삼겠습니다."

쿠주따라여

5백 성중이여.
이 쓸쓸한 고시따라마 숲절 터에 서서
우리는 그때의 대중들을 그리워합니다.
불길 같은 그대들의 열정을 그리워합니다.
죽음 앞에 고요한 그대들의 미소를 그리워합니다.

성자 쿠주따라여
5백 성중들이여—

순교를 넘어서는 성중(聖衆)들의 땅

꼬삼비(Kosambi)는 칸푸르(Kanpur)와 바라나시의 중간 지점, 강가 강과 아무르 강이 합류하는 지점에 위치하고 있다. 삼대 강대국의 하나인 밤싸(Vamsa) 국의 수도로서, 일찍 교역이 발달하였고 서인도로 가는 교통의 요충이기도 하다. 현재 지명은 코삼(Kosam)이다.16)

꼬삼비 옛터에는 성터와 그 안에 많은 유적이 있고, 고시따(Ghosita) 장자가 기증한 고시따라마(Ghositarama) 절터가 있다. 지금 거루와(Gruhwa-Gisembad) 마을 부근에 발굴하다 만 유적 터가 황량하게 방치되어 있고, 부러진 아쇼까 대왕의 석주가 외롭게 나그네를 맞이하고 있다. 이 마을 강변에는 아난다 비구가 배를 타고 건너 온 나루터가 있고, 사람들과 소들이 함께 어울려 목욕을 즐기고 있다.

기원전 581년, 전법 9년, 꼬삼비를 처음 방문한 붓다는 우데나(Udena) 왕의 지지를 얻는 데는 실패했지만, 여기서도 고시따 장자를 비롯한 자산가 그룹의 후원을 얻어 전법운동의 중심지를 확립할 수 있었다. 그러나 이 꼬삼비는 붓다에게 아픈 상처를 남겨준 곳으로 기억되기도 한다. 사소한 계율문제로 승단이 분열하고 분쟁에 휩싸였다. 붓다는 유명한 '디기따(Dighita, 長壽王) 왕과 디가부(Dighavu) 왕자의 고사'를 들어 훈계하였다. 그러나 비구들은 듣지 않고 마침내 시민들 앞에서 폭력을 휘두르는 불행한 사태가 일어났다. 이에 실망하여 붓다는 꼬삼비를 떠나가고 분노한 시민들은 비구들에 대하여 공양거부운동을 전개

---

16) 中村 元·김지견 역, 앞의 책, p.154.

하였다.17)

　‘쿠주따라 여인과 5백 궁녀 견성 – 순교사건’은 꼬삼비에서 일어난 불교사의 일대 사건이다. 쿠주따라(Khujjutara)는 사마와띠(Samavati) 왕비의 꽃 당번 하인으로서 천민의 몸이다. 그는 고시따라마로 가서 붓다의 설법을 듣고 즉시 견성하여 성자(聖者, Ariya)가 되었다. 그는 궁중으로 돌아와서 왕비와 5백 궁녀 앞에서 담마를 설하였다. 그 결과 왕비와 궁녀들도 즉시 견성하고 성중(聖衆)의 길로 들어섰다. 그러나 사악한 후궁 마간디야(Magandya)는 외도들과 결탁하여 왕궁에 불을 질렀다. 이때 쿠주따라와 사마와띠 왕비, 5백 궁녀는 불길 속에서 붓다 – 담마를 생각하고 삼매에 들어 고요히 죽음을 맞이함으로써 불사(不死)의 경지를 실증하였다. 쿠주따라 여인은 초기불교사의 빛나는 여성 재가법사로 인정된다.18)

---

17) 최봉수 역, 『마하박가』(시공사, 1999), pp.290~308.
18) 거해 역, 『법구경 1』(고려원, 1992), pp.97~113.

불모(佛母) 마야부인이여,
이 가난한 사람들을 어찌 잊으리까

상까시아
하늘 문 열리는 하강(下降)의 땅 상까시아
2천 6백여 년 전 왕들과 장자 거사들, 시민들, 사부대중들이
환호하며 붓다를 영접하던 축복의 땅 상까시아
칠보로 눈부시게 빛나던 삼계보도(三階寶道)의 땅 상까시아

이제 여기 빈 숲만 우거지고
그때의 장엄했던 가람은 터조차 비어 있고
아쇼까 왕의 석주는 부러져 뒹굴고
허물어져 내린 흙 언덕 위의 초라한 흔적들
오두막 절을 짓고 이 터를 지키는 스리랑카 스님
가난한 작은 불상 앞에 절을 올리며
흙바닥에 서서 절을 올리며
순례자들은 울고 있습니다.

설레는 가슴으로 달려온 동방의 순례자들
허망한 마음으로 울고 있습니다.
황당한 심정으로 마냥 쓸쓸해 울고 있습니다.
우리 부처님, 어찌 이리 되셨습니까?

마야부인이여
자애로운 불모(佛母) 마야부인이여.
당신께서도 이 상까시아를 보고 계시지요?
이 빈 숲을 보고 계시지요?
그때 아드님 고따마 붓다
사밧티 망고나무 숲에서
천불(千佛) 모습 나투시고
어머님 그리워
마야부인 절절히 그리워
문득 몸을 숨겨 하늘나라 도리천(忉利天)으로 오르고
어머니를 위하여,
하늘 신(神)들, 천인(天人)들 위하여
석 달 동안 마음 다하여 담마 설하고
모자(母子)의 정 그윽이 나누고
스승 그리워 찾아온 아누룻타 비구의 간청 듣고
사랑하는 어머니 작별하고
이 상까시아 빈 숲으로 내려오고
삼계보도(三階寶道)
세 갈래 찬란한 보배 길로 내려오고―

마야부인이여
자애로운 불모(佛母) 마야부인이여.
당신께서는 알고 계시지요?
아드님 고따마 붓다
이 상까시아 빈 숲으로 내려온 속내를
이미 알고 계시지요?
기원전 624년 바이샤까 달 보름날, 강생(降生)의 날
화려 번창한 가빌라밧투 버려두고
풍족하고 근심 없는 데바다하 성(城) 버려두고
룸비니 숲 길
가난한 백성들의 땅 룸비니 빈 숲길에서
아드님 붓다,
아기 부처님 내려오신 깊은 속마음
당신께서는 이미 다 알고 계시지요?
지금도 이제도
그 아드님 고따마 붓다
이 상까시아 빈 숲 가난한 사람들
그 가운데로 내려오는 줄 이미 알고 계시지요?

마야부인이여
저희들도 알고 있답니다.
이것이 어머니의 마음인 줄 다 알고 있답니다.
못난 자식들 더 안쓰러워하고
못 사는 자식들 더 가슴 아파하고

병들고 실패한 자식들 더 잊지 못하고
그래서 아드님 룸비니 빈 숲 길가에서 낳으시고
그래서 아드님 상까시아 가난한 사람들의 빈 숲으로 가게 하시고
이것이 어머니 마음이고
이것이 마야부인 당신의 마음이고
이것이 세상 모든 어머니들 마음인 줄
저희들도 이미 다 알고 있답니다.

마야부인이여
당신께서는 지금도 우리들에게 일깨우고 계시지요.

"모심 불심(母心佛心)
어머니 마음이 곧 부처님 마음
사랑하는 코리아의 순례자들이여
옛부터 효성 지극하고
어머니 사랑 간절한 코리아의 순례자들이여
이 빈 숲에서 그대들의 붓다를 찾아라.
황량하고 궁핍한 이 상까시아 빈 숲에서
그대들의 붓다를 찾아라.
영양실조에 걸려 누렇게 뜬 저 아이들 속에서
그대들의 붓다를 맞이하라."

마야부인이여
자애로운 불모(佛母) 마야부인이여.

당신께서는 또 저희들에게 일깨우고 계시지요.

"사랑하는 코리아의 순례자들이여
허물어진 저 흙더미 속에서
삼계보도(三階寶道)를 찾아라.
불상 하나 남아 있지 않은 적막한 저 흙더미 속에서
하늘 계단을 찾아라.
그대들의 부처님 내려오는 칠보의 하늘 계단을 찾아라.

옛부터 나누기 좋아하는 착한 코리아의 순례자들이여
저 아이들 속에서 삼계보도를 찾아라.
연필 하나 과자 하나 얻으려고 아우성치는
저 가련한 아이들 속에서 하늘 계단을 찾아라.
그대들의 부처님 내려오는 칠보의 하늘계단을 찾아라.

사랑하는 코리아의 순례자들이여
저 아이들이 곧 그대들의 부처님이니라.
저 때묻은 아이들이
그대들이 큰 돈 들여 먼 길 돌아 만나러 온
그대들의 부처님이니라."

상까시아,
무너져 내린 황량한 상까시아 빈 숲
마야부인의 음성 듣고

102

도리천에서 울려오는 불모(佛母) 마야부인 음성 듣고
오늘 우리는 우리들의 부처님을 찾았습니다.
부처님 내려오시는 삼계보도(三階寶道)를 찾았습니다.

삼계보도(三階寶道)
그것은 모심(母心)입니다.
그것은 불쌍한 자식 잊지 못하는 마음
어머니 마음입니다.
보살의 마음입니다.

상까시아여
불모 마야부인이여.

[현장 스케치] 삼계보도(三階寶道)로 오시는 붓다

상까시아(Sankasya)는 델리 동남쪽 파크나(Pakna) 역으로부터 11km 지점에 위치해 있다. 현재는 상카사(Sankasa)라는 숲속에 묻혀 있다. 붓다 8대 영지(靈地) 가운데 하나이다.[19]

어느 때 붓다가 사밧티 제따바나 숲절에 머물고 있을 때, 경쟁적 이교도들과 더불어 신통—이적을 겨루었다. 이때 붓다는 수많은 신통을 보였는데, 그 절정이 천불화현(千佛化現)이다. 천불이 나타나 사밧티 하늘에서 동시에 광명을 발하여 뭇 외도들을 조복시킨 것이다. 이 '사밧티의 천불화현 사건'은 불교사의 유명한 사건으로서, 마투라·간다라·바르푸트·산치 등의 부조(浮彫)에 묘사되고 있다. 절에서 천불을 봉안하는 것도 이 사건과 관련 깊다.

천불화현 직후, 붓다는 몸을 감추고 어머니 마야부인을 찾아 도리천(忉利天)으로 올라갔다. 생후 이레만에 어머니를 잃고 외롭게 자란 고따마의 그리움이 붓다를 하늘나라 마야부인을 찾아가게 한 동기였을까. 붓다는 도리천에서 어머니와 신(神)들, 하늘 사람〔天人〕들을 위하여 담마를 설하고 있었다.

그때 사밧티에서는 수많은 사람들이 붓다를 그리며 돌아오기를 갈망하고 있었다. 이에 천안 제일의 상수제자 아누룻타(Anurutha, 阿那律) 장로가 도리천으로 올라가 붓다에게 민중들의 염원을 사뢰고 돌아가시기를 간청하였다. 붓다는 이 청을 받아들여 어머니에게 작별을 고하

---

19) 中村 元·김지견 역, 앞의 책, p.163 ; 정각, 앞의 책, pp.76~81.

고 이 땅으로 내려온다. 그곳이 바로 상까시아다.

붓다가 상까시아로 내려오던 날, 수많은 민중들이 모여 환영하는 가운데, 땅 위로부터 세 갈래 보석 길―삼계보도(三階寶道)가 솟아올라 하늘까지 닿았다. 붓다는 수많은 신과 하늘 사람들에 둘러싸여 가운데 길―칠보(七寶) 계단으로 내려왔다. 이로부터 붓다의 중생구제는 다시 시작되었다. 일의일발(一衣一鉢)로 유행하며 담마를 설하고 고통을 치유하였다.

상까시아 성지는 그 신비한 내력에도 불구하고, 지금 황량한 숲속에 방치된 채 거의 망각되고 있다. 찾는 이도 없고, 가난한 현지민들만이 무심히 이 땅 위에 살고 있다. 불교 사원은 흔적조차 찾기 어렵고, 절터에는 힌두교 사원이 들어서 있다. 아쇼까 왕의 돌기둥도 깨어지고 머리 부분―사자상만 간신히 보전되고 있다. 언덕 위에는 스리랑카 스님이 외로이 지키고 있고, 언덕 밑 사당에는 삼계보도의 모조품이 있어 순례객들의 가슴을 아프게 한다.

11 강가 강(Ganga 江, Gangis) 모래 언덕

강가 강이여,
이제 우리는 죽음이 두렵지 않다오

강가 강 기슭
찬 어둠을 뚫고
바라나시의 갠지스 강 기슭으로 모여드는 사람들
왁자지껄 난장판을 벌이고 있는 장사꾼들
서둘러 유등(流燈)을 사는 순례자들
나무배를 타는 이방의 나그네들
뿌연 새벽같이 흐린 물위로
갖가지 소원으로 만선(滿船)이 된 배는 흐르고
등불도 흐르고
염불소리 독경소리도 흐르고
낯익은 사람들의 미소도 흐르고

웃통을 벗고 목욕하는 남정네들
머리 위로 물을 끼얹는 여인네들

탁한 물을 연거푸 마시는 사람들
시바 신(神)에게 정화(淨化)를 비는 힌두교도들
강변에서 시신을 태우는 검은 연기
멍－하니 바라보고 선 가족들
주문을 외는 브라만 승려들
죽은 자는 말없이 재〔灰〕가 되어 뿌려지고
유골은 물고기인 듯
강가 강 물결 위로 여기저기 떠돌고
삶도 떠돌고
죽음도 떠돌고－

강가 강이여
시바 신의 강가 강이여.
우리 동방의 순례자들 그대에게 묻노니
이것이 정화(淨化)입니까?
이것이 해탈(解脫)입니까?
이것이 그대가 약속하는 천상의 길입니까?

강가 강이여
시바 신의 강가 강이여.
그대는 일찍 약속하였지요.
강가 강물로 목욕하면 악업(惡業)을 벗고 정화된다고
강가의 성수(聖水)를 마시면 죽어 해탈한다고
육신의 허물을 벗고 천상으로 간다고－

그대 강가 강이여
시바 신의 정수리에서 흘러내린 강가 강이여.
갠지스여, 항하(恒河)여
우리 동방의 순례자들 그대에게 다시 묻노니
그렇다면 물고기는 다 정화되나요?
거북과 개구리, 물뱀, 악어들도 다 정화되나요?
다 천상으로 가나요?
양(羊)과 돼지를 잡는 도살꾼도 천상으로 가나요?
사냥꾼과 어부들, 도둑들, 살육자들―
그들도 모두 악업(惡業)을 씻고 하늘나라로 가나요?
그대들의 천상은 그런 곳인가요?

강가 강이여, 갠지스여
강가의 시바 신이여.
이제 우리 순례자들의 얘기 들어보시려오.
잠시 우리들 나그네의 말 들어보시려오.
우리는 청정한 삶으로 씻고 있다오.
깨끗한 삶으로 우리들의 악업을 정화하고 있다오.
게으르지 않게 열심히 일하고
가정에서 직장에서 땀 흘리며 열심히 일하고
정직하게 벌어서 정직하게 쓰고
적게 먹고
검소하게 입고
작은 집에서 살고

아껴 모은 내 귀한 것들-
빵 한 조각, 피 한 방울 이웃 친구와 함께 나누고
병들고 외로운 사람들 손잡고 밤새워 도란도란 얘기하고
살아 있는 생명 해치지 아니하고
풀 한 포기라도 함부로 뽑지 아니하고
훔치지 아니하고
남의 여인 남의 남자 욕심내지 아니하고
거짓말하지 아니하고
좋은 목적 위해서라도 거짓말하지 아니하고
초하루 보름 절에 나가 엎드려 지난 허물 드러내고

앉으나 서나
때때로 고요히 호흡을 헤아리며
이렇게 통찰 삼매 들어 관(觀)하고

'제행은 무상[諸行無常]하고 텅 빈 것이다.
물처럼 바람처럼 흘러가는 것이다.
욕심 집착 텅 비우면
대광명(大光明)이 솟아난다.
이 몸 가득 천지의 생명 기운이 솟아난다.
우리도 부처님같이 헌신 봉사하리.
진흙 속에 들어가 연꽃 피우리.-'

강가 강이여, 갠지스여

강가 강의 시바 신이여.
이렇게 열심히 하루하루 살아갈 때
이 작은 삶들이 하나 둘 모여
맑고 깨끗한 샘이 되고 강이 되고
무지(無知, 無明)가 씻겨가고
욕심 집착이 씻겨가고
거짓 조작된 식(識)의 덩어리가 씻겨가고
'이것이 나(自我)다'라는 거짓 조작된 존재의식이 씻겨가고
생로병사(生老病死)의 허위의식이 씻겨가고―

그래서 우리는 벗어난다오.
죽음의 허위의식에서 벗어난다오.
묶임을 풀고 벗어나 대로를 활보한다오.
콧노래를 부르며
어깨동무하고 당당하게
서로 사랑하며 미워하며
미워하며 사랑하며
그렇게 늙어간다오.
그렇게 병들고 죽어간다오.
하늘의 백로처럼 자유롭게
훨훨 날개를 펴고 자유롭게―

강가 강이여, 갠지스여
강가 강의 시바 신이여.

이것이 우리들의 해탈이라오.
이것이 우리들의 생사해탈이라오.
우리들의 강가 강은 이렇게 흘러간다오.
우리들의 갠지스는 이렇게 흘러간다오.
우리들의 붓다 강은 이렇게 흘러간다오.

강가 강이여
시바 신이여, 인도 백성들이여.
여기 강가 강 모래언덕
아침 햇빛이 찬란히 빛나고 있다오.

〔현장 스케치〕 **진정한 정화(淨化)를 위하여**

강가 강(Ganga 江)은 갠지스(Ganges)의 원래 이름이다. 중국의 역경가들은 항하(恒河)라고 번역하였다. 경전에 자주 나오는 '항하사수(恒河沙數)'란 말은 '강가 강의 모래만큼 헤아릴 수 없이 많다'라는 의미이다.[20]

힌두 설화에 의하면, 바기라타(Bhagiratha)라는 선인(仙人, 수행자)이 고행을 잘하여 천신을 만족하게 한 뒤, 천신에게 청하여 천계(天界)에 흐르는 강물을 땅으로 흘러내리도록 하였다. 그때 강물이 한꺼번에 쏟아져 홍수가 나게 되니까, 시바 신이 강물을 정수리로 받아서 7갈래로 흘러내리게 하였다. 이 7갈래가 인도 대륙을 흐르는 대하(大河)들인데, 강가・고다바리(Godavari)・아무르(Amur) 강 등이다. 또 전하는 바에 의하면, 티베트의 카일라스(Kailas)－수미산(須彌山)의 만년설이 흘러내려 만들어진 마나사로바(Manasarova) 호수가 흘러내려 강가・인더스(Indus) 등 4대하(四大河)가 되었다고 한다. 20세기에 들어서 스웨덴의 탐험가 스벤 헤딩(S. Hedding, 1865～1952) 등의 지리적 탐사에 의하여 이 오랜 전설이 사실로 입증되었다.[21]

강가 강은 인도 문명의 원천이며 신앙적 삶의 젖줄로 인정된다. 힌두교에서 이 강의 의미는 절대적이다. 강가 강은 시바 신의 강이다. 힌두인들은 이 강에 와서 그 물을 마시고 그 물에 목욕하는 것을 가장 신성한 의식으로 믿고 있고 이 강을 찾는 것이 평생의 소원이다. 강가

---

20) 中村 元・김지견 역, 앞의 책, p.54.
21) 김규현, 『티베트의 신비와 명상』(도피안사, 2000), pp.270～275.

강은 힌두인들의 정화(淨化)의 강인 것이다. 이 물에 목욕함으로써 평생의 악업이 정화되고 죽어서 천상으로 간다고 믿고 있다. 그래서 간디를 비롯한 인도의 지도자들도 그 유골을 화장하여 이 강물에 뿌렸다. 지금도 강가 강 언덕에는 여기저기 화장터에서 검은 연기가 솟아나고 강물에는 인골이 물고기처럼 떠다닌다. 그 물에 목욕하고 그 물을 마시려고 수많은 사람들이 몰려들고 있다.

불교에서도 강가 강은 중요하다. 보드가야·바라나시·라자가하·사밧티·꼬삼비·베살리 등 초기불교의 중심 도시들이 이 강에 연하여 있다. 이 강을 통하여 불교가 사방으로 확산되어 간 것이다. 그러나 불교도는 이 강물의 정화를 믿지 않는다. 그렇다면 개구리·거북·악어도 천계에 태어날 수 있지 않겠는가?[22] 불교도들은 오로지 선업(善業)으로서 악업(惡業)을 정화시킬 수 있다고 믿고 있다. 청정한 삶을 통하여 진정한 정화와 해탈을 실현한다고 믿고 있는 것이다.

---

22) Thig 236-251.

돌사자여,
우리도 여든 살 낡은 수레같이 살으리

베살리, 베살리
그리운 고향, 우리들 마음의 고향
붓다께서 그토록 사랑하셨던 마음의 고향.
폐허 가운데 우뚝 선 아쇼까 왕의 돌기둥
부처님 떠나가신 북녘을 향하여 눈물짓는 돌사자
여기가 중각(重閣) 강당 터일까?
마하바나(Mahavana), 큰 숲절〔大林精舍〕터일까?
붓다께 꿀을 바치던 원숭이 왕도 간 곳 없고
곁에 뫼시던 아난다 비구도 간 곳 없고─

베살리여, 베살리여
우리가 이렇게 왔소.
코리아의 순수한 불자들
불멸의 등불을 찾아서 우리가 이렇게 왔소.

저기 아쇼까 왕의 돌기둥
돌사자가 우리를 맞이하는구려.
사자갈기를 세우고 우리를 맞이하며 외치는구려.

"어서 오시오, 코리아 불자들이여.
내가 그대들에게
붓다의 유언을 전하려 하오.
붓다 석가모니의 유언 전하려 하오.
오늘을 위하여 나 여기 이렇게 있었다오.
눈비 맞으며 낡아가며 이렇게 기다렸다오.

코리아 불자들이여
정성스런 코리아 불자들이여.
모두 무릎 꿇고 두 손 가슴에 모으시오.
2천 6백 년 전 붓다의 유언 들으시오.
내 돌가슴에 묻어온 붓다의 유언 들으시오.

그때 붓다께서 베살리서 마지막 안거 보내시고
죽을 병 들어 신음하다 가까스로 일어나
근심하던 제자 아난다 스님에게 말씀하셨다오.

'아난다야, 나는 이제 여든 살, 늙고 쇠하였구나.
마치 낡은 수레가 가죽끈에 묶여 간신히 굴러가듯
나 또한 가죽끈에 묶여 간신히 굴러가고 있느니라.

아난다야, 그대들은 자기 자신을 등불 삼고
자기 자신에게 귀의하라.
그 밖의 무엇에도 귀의하지 말라.
아난다야, 그대들은 담마[法]를 등불 삼고
담마에 귀의하라.
그 밖의 무엇에도 귀의하지 말라.

아난다야, 자기 자신을 등불 삼고
담마를 등불 삼는 것이 어떤 것인가?
마음 집중하여 이 몸을 몸으로 관찰하라.
그리하여 욕심에서 벗어나라.
이 느낌을 느낌으로 관찰하라.
그리하여 욕심에서 벗어나라.
이 생각을 생각으로 관찰하라.
그리하여 욕심에서 벗어나라.
이 안팎의 현상을 현상으로 관찰하라.
그리하여 욕심에서 벗어나라.
내가 입멸한 뒤에도
이렇게 열심히 수행하는 사람들은
위없는 경지에 이르게 될 것이다.'

신심 깊은 코리아 불자들이여
이것이 붓다 석가모니 유언이오.
그대들 오거든 전하라 내게 신신 당부하셨다오.

코리아 불자들이여
부디 이 법문 잊지 마시오.
베살리의 대법문 잊지 마시오.
명심불망, 이것이 구원의 등불이라오.
자등명(自燈明) 법등명(法燈明)
이것이 구원의 등불이라오.
그대들에게 전등(傳燈)하노니
이 등불 삼가 받으시오.

벗이여, 도반들이여
우리 한번 외워보세, 큰 소리로 한번 외워보세.

'아난다야, 나는 이제 여든 살, 늙고 쇠하였구나.
마치 낡은 수레가 가죽끈에 묶여 간신히 굴러가듯
나 또한 가죽끈에 묶여 간신히 굴러가고 있느니라.-'

장하오, 코리아 불자들이여
장하오, 코리아 불자들이여-"

돌사자여, 베살리 돌사자여
우리 부처님 어찌 저리 되셨소?
불꽃처럼 빛나고 하늘의 달처럼 밝으며
구름을 헤치고 비치는 가을 태양처럼 빛나시던 부처님
어찌하여 낡은 수레같이 허물어지셨소?

"벗이여, 도반들이여
코리아 불자들이여.
연민 때문에
작고 외로운 생명들에 대한 다함 없는 연민 때문에
우리 부처님 저렇게 허물어지셨다오.
베살리 성(城) 시민들이 기근과 전염병으로 다 죽어갈 때
우리 부처님 몸소 거리를 돌며 물 뿌리며

'그대 신(神)들이여, 삼보에 귀의하라, 그리고 행복하라.
이 백성들 해치지 말라, 부디 이 착한 시민들 해치지 말라.—'

이렇게 이레 동안 밤낮 없이 정성 기울여 구원하고
사랑하는 제자 띳사 스님 악성 피부병 걸려 죽어갈 때
부처님 손수 피고름 묻히며 간병하고
악취 풍기는 가사 빨아 입히시고
제자 머리맡에 앉아 손을 잡고 말씀하셨다오.

'띳사야, 마음 집중하여 보아라.
몸을 다만 몸으로 보아라.
죽음을 다만 죽음으로 보아라.
제행은 본래 이와 같이 무상한 것이니라.
이렇게 보면, 그대 고요함을 얻으리라.—'

이렇게 이렇게 45년

118

중생 사랑 45년
연민의 고행 45년
아침마다 밥을 빌며 법을 전하기 45년 ─
그래서 부처님 저리 되셨다오.
낡은 수레같이 허물어지셨다오."

돌사자여, 베살리 돌사자여
부처님 그리워 북녘으로 앉은 돌사자여.
이제 우리 코리아 불자들도 북녘 향하여 두 손 모아 맹세한다오.

"우리도 부처님같이 살리라.
우리도 부처님같이
병들어 아파하는 이웃들 손잡고 밤새 보살피고
외로운 사람 곁에 앉아 친구 되고
나보다 부족한 사람들 무시하지 아니하고
남의 약점 잡아 공격하지 아니하고
때때로 정신 집중하여
몸을 몸으로 보고 생각을 생각으로 보고
삶을 삶으로 보고 죽음을 죽음으로 보고
이렇게 이렇게
우리도 부처님같이 살리라. ─ "

돌사자여, 베살리 돌사자여
여든 살의 노(老)붓다 마지막 작별 고하고 떠나던 날

수많은 시민들, 백성들, 남녀노소들
울며 소리치며 끝끝내 부처님 뒤따르던 그 선량한 사람들
그들 위해 세웠던 돌비석
그 빈자리 옆으로 강가 강이 흘러가는구려.
갠지스 강 물결만 여여히 흘러가는구려.ㅡ

마음의 고향
베살리여ㅡ
돌사자여ㅡ
낡은 수레같이 굴러가는 붓다여ㅡ

[현장 스케치] 빈 절터 외로운 돌사자

베살리(Vesali, Skt. Vaisali)는 파트나 역에서 내려 강가 강을 건너 북북
서 방향으로 약 30㎞ 지점, 간다키 강줄기에 있는 바살라 마을로 비정
되고 있다.[23]

마하바나(Mahavana, 大林精舍) 터로 추정되는 곳에서 붓다의 사리탑과
아쇼카 대왕의 돌기둥이 발굴되었고, 이 돌기둥에는 가장 잘 보전된
돌사자 상이 북녘을 향하여 앉아서 붓다가 걸어간 마지막 유행 ─ 열반
의 슬픔을 외로이 증언하고 있다. 돌기둥 남쪽에 연못이 있는데, 이 연
못은 붓다 당시 '원숭이 왕이 꿀을 따서 붓다에게 공양했던 사건(猿候
奉蜜)'의 그 원숭이 연못으로 추정된다. 발굴 결과, 돌기둥이 있는 여기
가 중각강당(重閣講堂, Kuttagarasala) 절터로 밝혀지고 있다.

베살리는 붓다가 가장 사랑했던 마음의 고향이다. 붓다가 이 도시를
마음에 두었던 것은 이 도시가 당시 북동 인도의 살벌한 전제군주 국
가들 틈에서 자유와 진취적 기백을 존중했던 릿차비(Licchavi) 공화국의
수도이기 때문으로 보인다. 이 공화국의 주인은 밧지(Vajji) 족으로서,
그들은 릿차비 공화국과 비데하(Videha) 공화국(수도 Mithila)으로 구성된
밧지 연맹을 형성하고 있었다. 베살리는 강가 강 유역의 주요 교역항
으로서 일찍이 도시경제가 발달하였다. 따라서 도시의 분위기는 자유
롭고 개방적이며, 시민들은 토론과 공의(公議)를 좋아하였고, 시민들은
비판적이고 도전적이었다. 대승불교의 선구자인 유마힐(維摩詰, Vimala-

---

23) 中村 元·김지견 역, 앞의 책, p.154·pp.234~238 ; 정각, 앞의 책, pp.101~111.

kirti)이 이 도시 출신인 것도 이런 분위기와 관련 깊다.

붓다가 베살리를 최초로 공식 방문한 것은 기원전 585년 전법 5년, 기근과 전염병(콜레라)으로 위기에 빠진 밧지족들의 요청을 받은 때이다. 이때 붓다는 유명한 '보배의 경(寶經 – Ratna-Sutta, Suttanipata 222-238)'을 외우며 밤낮 이레동안 도시를 돌며 정화하여 백성들을 구제하였다.

붓다가 이 도시를 마지막으로 방문한 것은 기원전 545년 전법 45년, 구시나가라 방향으로 마지막 유행을 떠나던 때이다. 팔순의 노(老)붓다는 베살리 근교 벨루바(Veluva) 마을에서 마지막 안거를 지내게 된다. 여기서 노(老)붓다가 중병에 걸려 사경을 헤매다가 가까스로 회복하자, 시봉 아난다 비구가 기뻐하며, "세존께서 승단에 대하여 아무 말씀(유언)도 없이 돌아가시지는 않을 것이라고 저는 알고 있었습니다" 이렇게 말하였다. 이때 붓다는 유명한 '벨루바의 대법문' – '자등명 법등명의 법문'을 설하였다.

사라나무여,
붓다의 죽음을 일깨워 주오

지금 우리 동방의 순례자들 숨을 죽이고
떨리는 손길로 붓다 앞에 꽃 공양 올리고
북녘을 향하여 누워 계신 붓다 앞에 무릎 꿇고 엎드려
부처님과 마지막 작별 서러워하며
두 손 모으고 있습니다.
무엇을 빌어볼 염도 내지 못하고
슬픈 침묵으로 숨을 죽이고 있습니다.

사라(Sala, 沙羅) 나무여
열반당 앞에 우뚝 서 하늘 푸르게 빛나는 사라나무여
푸르른 사라나무 숲이여.
대를 이어 간직해 온 그날의 소식 일깨워 주오.
전법 46년, 기원전 544년 2월 보름날
크나큰 열반의 날

그대들이 보았던 죽음의 소식 일깨워 주오.
붓다의 죽음 소식 일깨워 주오.
그 소식 보려고 달려왔다오.
하늘 땅 돌고 돌아 이렇게 달려왔다오.

신심 깊은 코리아 순례자들아
들으시오, 귀 기울여 들으시오.
우리 그날의 광경 일깨워 보이겠소.
그대들 마음 정결한 순례자들 앞에 열어 보이겠소.
이와 같이 보고 이와 같이 받들어 살지니—

베살리에서 백성들 돌려보내고
작별을 서러워하는 사랑하는 사람들 돌려보내고
붓다께서는 북녘 길 재촉하여
말라족의 빠바 마을에 이르고
그날 아침, 대장장이 춘다의 집에 가 공양 받고
그들을 위하여 담마의 축복 내리고
그러나 음식 잘못 드시고 중독되어
붉은 피를 쏟으며 중태에 빠지시고—

코리아의 순례자들이여
그대들은 보고 있습니까?
우리 붓다께서 걸음 멈추지 않고

"아난다야, 이제 우리 구시나가라로 가자.ㅡ"
이렇게 분부하고
피를 쏟으며 한 발 한 발 걸으시고
땀을 쏟으며 한 발 한 발 나아가시고
길가 나무 밑에 앉아 강물로 목을 적시고
몇 걸음 가다 멈춰 쉬고
몇 걸음 가다 멈춰 쉬고
이렇게 스물다섯 번을 쉬고 걷고 쉬고 걷고

마음 순결한 코리아의 순례자들이여
그대들은 보고 있습니까?
우리 붓다께서 까꿋타 강에서 마지막으로 목욕하시고
망고나무 숲에 앉아 쉬시며
두려움과 후회로 울고 있는 춘다를 위하여 축복을 전하시니

"춘다여, 이것은 그대의 공덕이로다.
이것은 그대의 선행이로다.
이 공양의 공덕으로 그대는 장수를 누리리라.
얼굴이 아름다워지리라.
행복하리라, 명성을 얻으리라.
하늘나라에 태어나리라.
왕이 되리라.ㅡ"

아, 하늘이여, 땅이여

그대 코리아 친구들이여.
이런 분 보셨는가?
자기 죽게 만든 자를 위하여
이렇게 축복 내리는 거룩한 사람
세상 어디서 또 보았는가?
역사 어디서 또 보았는가?
아, 붓다여
당신은 어찌 이러실 수 있습니까?
은혜와 원수 앞에
어찌 이리 평등할 수 있습니까?

신심 깊은 코리아의 순례자들이여
그대들은 보고 있습니까?
우리 붓다께서 히란야바띠 강을 건너
비틀거리며 사라나무 숲 언덕으로 올라
두 그루 사라나무 사이에 자리를 마련하고
머리를 북녘으로 두고
그리운 고향 가빌라를 향하여 북녘으로 두고
오른쪽 옆구리를 땅에 대고
두 발 포개 사자처럼 누우시니
한 쌍의 사라나무가 꽃을 피워 그 몸 위에 흩날리고—

아난다 비구가 눈물을 삼키며 고하는데

"스승이시여
스승께서는 부디 이렇게 작고 궁핍한 흙벽 집 마을
숲속의 외진 마을에서 열반에 들지 마옵소서.
참빠나 라자가하 · 사밧티
사케다 · 꼬삼비 · 바라나시 같은
큰 도시들이 있지 않습니까?"

"아난다야
이 구시나가라를 작고 궁핍한 흙벽 집
숲속의 외진 마을이라고 부르지 말라.
이 구시나가라는 나와 인연 깊은 곳이니라.
이 백성들은 내가 사랑하는 사람들이니라. - "

가난하고 외로운 사람들 사랑하는 코리아의 순례자들이여
그대들은 보고 있습니까?
소식 듣고 달려온 구시나가라 사람들, 말라족 백성들
남편과 부인, 아들딸, 노비와 천민들
붓다 앞에 쓰러져 울며
슬픈 목소리로 울부짖으니

"세존께서는 어찌 이리도 빨리 열반에 드시는고.
세상의 눈이 어찌 이리도 빨리 사라지시는고. - "

호흡이 잦아드는 순간

너무 늦게 찾아온 늙은 편력행자 수밧다
다시 깨어나 그의 손잡고 고구정녕 이르시니

"수밧다야, 법(法)과 계율[律]을 설한다 해도
그 가운데 8정도가 없으면 붓다의 담마가 아니니라.—"

수행하기 좋아하는 코리아의 순례자들이여
그대들은 보고 있습니까?
바이샤까 달[月] 보름달이 기우는 마지막 새벽
붓다께서 최후의 담마 설하시도다.

"제행은 무상한 것
그대 수행자들아
부디 게으르지 말고
힘써 정진하라.
그대들의 수행을 완성하라."

우리 붓다
우리 부처님
이윽고 깊고 고요한 삼매에 드시도다.

하늘에는 보름달이 푸르고
대지는 은은히 진동하고
사라나무 숲을 가득 메운 사람들도 울고

아난다 비구도 울고
대장장이 춘다도 울고
하늘의 신(神)들도 울고
나도 울고
그대도 울고
순례자들도 울고
무심한 나그네들도 울고
철없는 아이들도 울고
뜨거운 눈물로 사라나무 숲도 하얗게 변하고
흰 학(鶴)같이 하얀 숲〔鶴樹, 鶴林〕으로 변하고―

벗이여, 순례자들이여
어서 일어서시오.
일어나 저 부처님 맞으시오.
소리 높이 석가모니불 정근하며 저 부처님 맞으시오.
지금 우리 부처님 그대 앞에 와 계시오.
삼매에서 일어나
고요한 미소로 그대 앞에 와 계시오.
(목탁 울리고 회사하며 '석가모니불' 정근)
나무 영산불멸 학수쌍존 시아본사 석가모니불……

[현장 스케치] 노(老)붓다의 죽음과 헌신

    열반의 땅 구시나가라[24]는 우타르-프라데쉬 주(州)의 고라크푸르
(Gorakpur) 동쪽 55km 지점에 있는 까시아(Kasia)로 밝혀지고 있다.[25]

    12세기 전후 이슬람군의 침략으로 이 열반의 땅은 유린되고 파괴되
고 방치된 채 오랜 세월 폐허로 망각되어 왔다. 1838년 동인도회사의
직원 부차난(Buchanan)이 이곳을 방문한 이래 세상에 알려지고 발굴이
시작되었다. 현재의 열반당 뒤쪽 아쇼까 스투파 내부에서 이곳이 '열
반당(Parinibanna-caitya)'이라는 동판(銅板) 명문이 발굴됨으로써 여기가
붓다의 입멸지로 확정되었다.

    현재 열반당 앞뜰에는 붓다의 죽음을 지켜본 사라(Sala, 沙羅) 나무 숲
이 푸르르고, 내부에는 붓다의 와불 열반상(臥佛涅槃像)이 안치되어 있
다. 이 열반상은 5세기 마하비하라의 하리발라(Haribala)라는 비구가 기
부금을 대고 딘(Din)이라는 장인이 조성한 것으로, 길이 6.1m, 모래와
진흙을 짓이겨 조성한 것이다. 발굴 당시 파손되어 있던 것을 칼라일
(A.C.I. Carlyle)이 복원하였다. 열반상 앞 기단에는 세 사람이 붓다의 죽
음을 슬퍼하고 있는데, 중앙이 하리발라 비구, 왼쪽이 꼬살라 국의 말
리까(Malika) 왕비, 오른쪽이 아난다 비구이다. 열반당 뒤쪽에 아쇼까
대왕이 세운 열반 스투파가 있고, 그 동쪽 1.5km 지점에 붓다의 유해
를 다비한 라마바르 총(Ramabhar-tila, 塚)이 있다.

---

24) 붓다 입멸지는 빠알리어로 Kusinara-꾸시나라, 산스끄리뜨어로는 Kusinagara-쿠시나가라
    로 표기한다. 여기서는 우리나라의 오랜 관행에 좇아 구시나가라로 한다.
25) 中村 元·김지견 역, 앞의 책, pp.238~240 ; 정각, 앞의 책, pp.112~123 ; 拙稿,『룸비
    니에서 구시나가라까지』(불광출판부, 1999), pp.303~334.

붓다 석가모니의 입멸 과정은 『초기열반경(*Mahaparinibbna*)』에 비교적 자세히 기록되어 있다. 기원전 545년 전법 45년, 팔순의 노(老)붓다는 늙고 병들고 지친 몸을 이끌고 라자가하의 독수리봉을 떠나 마지막 유행 길에 나선다. 베살리를 떠난 붓다는 여러 마을을 거쳐 말라족(Mallas, 族)의 빠바(Pava) 마을에 도착하고, 이튿날 대장장이 춘다(Cunda, 純陀)의 초청으로 그 집에 가 마지막 공양을 들게 된다. 이때 수까라-맛다바 (Sukara-Maddava, 연한 돼지고기)를 들고 심한 중독에 걸린다. 기원전 544년, 전법 46년 2월 15일-이날이 붓다가 돌아가신 날, 대열반의 날이다. 붓다는 혈변을 쏟는 중태에도 불구하고 대중들을 이끌고 구시나가라 언덕으로 향하여 한 발 한 발 나아간다. 흙벽돌 집에 사는 작고 가난한 사람들을 찾아서-죽음의 순간까지, 아니 죽은 뼛골-뼛가루(사리)까지 작고 가난한 사람들을 위하여 바치는 것이야말로 바로 열반이기 때문에-

나가(Naga)여,
용신(龍神)이여, 붓다 사리 천년만년 지켜주오

여기 허허로운 자라이 강 둔덕
물길로 둘러싸인 라마그라마
2천 6백여 년 전 데바다하 성(城)
불모(佛母) 마야부인의 고향, 꼴리족(族)의 땅
돌기둥도 없고 돌사자도 없고
절터도 없고
화려한 장식도 없고
풀 속에 둥그런 무덤 하나
나무 두 그루 외로운 그림자—

나가(Naga)여, 용신(龍神)이여
불사리(佛舍利) 수호신이여.
붓다의 사리탑 지키느라 얼마나 고생 많았소.
누구의 훼손도 용납하지 않고

원형(原形) 그대로 온전히 수호하여
오늘 우리들에게 안겨 주니
우리로 하여금 그 앞에 엎드려 경배 올리게 하니
나가여, 용신이여
불사리 수호신이여.
우리들의 절 받으시오.
5대 적멸보궁(寂滅寶宮) 드높이 받드는
우리 코리아 순례자들의 감사의 절 받으시오.

나가여, 용신이여
불사리 수호신이여.
그대는 보고 있지요.
그때, 전법 46년 기원전 544년 바이샤까 달 보름날 밤
팔순의 노(老)붓다 구시나가라 언덕에서
크나큰 열반에 드시고
사람들과 신(神)들
노루·사슴들·새들
나무와 꽃들이 흘린 뜨거운 눈물로
사라나무 숲이 하얗게 변하고
말라족 백성들이 통곡하며
붓다의 유해를 받들어 모시던 그 장엄한 광경을
그대는 보고 있지요.

나가여, 용신이여

불사리 수호신이여.
그대는 기억하고 있지요.
붓다의 간곡한 유언—

"나의 장례는 재가대중들에게 맡겨라.—"

그대는 그 장엄한 광경
보고 있지요.
붓다의 유언에 따라
말라족 백성들 남녀노소가 한데 어울려
붓다의 몸을 다비하고
오색 찬란한 수많은 불사리(佛舍利)를 수습하여
마을 가운데 모시고
갖가지 꽃과 향(香)을 바치고
악기와 노래, 춤으로 공양 올리고—

나가여, 용신이여
불사리 수호신이여.
그대는 그 장엄한 광경
보고 있지요.
마가다·베살리·가빌라밧투·라마그라마 등
여덟 나라 대표들이 모여 평화롭게 의논하고
불사리 8등분하여 모셔가고
저마다 자기 땅 네거리에 거대한 스투파 만들고

갖가지 꽃과 향을 올리고
갖가지 악기 연주하고
노래하고 춤추며
부처님께 경배·존중·숭배·공양 올리고

나가여, 용신이여
불사리 수호신이여.
그대는 그 장엄한 광경
보고 있지요.
수많은 사람들, 남녀노소들, 빈부귀천들
손에 손잡고 몰려와
불사리 앞에, 스투파 앞에
꽃과 향 받들어 올리고

"붓다여, 붓다여
거룩하신 붓다여.
저희 공양 받으시고 감응하소서.
저희들 외로운 사연 들어주소서.
저희들 가슴 아픈 사연 다 들어주소서.-"

눈물 뿌리며
오체투지(五體投地)로 예배 올리고

나가여, 용신이여

불사리 수호신이여.
그대는 그 장엄한 광경
보고 있지요.
기원전 3세기, 아쇼까 대왕이 인도 대륙 통일하고
8개의 불사리탑 헐어 8만 4천 사리탑 세울 때
7개 사리탑은 다 열었어도
오직 이 라마그라마 사리탑만은 열지 못하고
그대 용신의 완강한 거부로 끝내 열지 못하고
아쇼까 왕 빈 손으로 돌아가고
그래서 이 라마그라마 사리탑만 홀로
원형을 지켜오고.

나가여, 용신이여
불사리 수호신이여.
부디 굳게 지키소서.
이 라마그라마 불사리탑 굳게 지키소서.
천년만년 제 모습 그대로 굳게 지키소서.
수많은 이슬람들이 몰려오더라도
수많은 장사꾼, 도굴꾼들이 몰려오더라도
총과 칼과 위세로 몰려오더라도
돈과 미소와 구실로 몰려오더라도
끝끝내 굳게 지키소서.
천년만년
원형 그대로 굳게 지키소서.

나가여, 용신이여
불사리 수호신이여.
우리들도 굳게 지키리다.
저마다 가슴속에 부처님 진신사리 모셔 안고
자등명(自燈明) 법등명(法燈明)의 진신사리 모셔 안고
꽃과 향으로, 노래와 춤으로
경배 · 존중 · 숭배 · 공양 올리며
오체투지로 공양 올리며
굳게 지키리이다.
목숨 다하여 굳게 지키리이다.
수많은 이슬람 침략자들이 몰려와도
수많은 외도 침략자들이 몰려와도
총과 칼과 위세로 몰려와도
돈과 미소와 구실로 몰려와도
목숨 다하여 굳게 지키리이다.
기쁜 죽음으로 굳게 지키리이다.
천년만년 굳게 지키리이다.

나가여, 용신이여
두 그루 외로운 나무여
부처님 원형 사리여.
우리 순례자들을 지켜보소서.
우리 순례자들의 오늘 이 맹세 지켜보소서.

〔현장 스케치〕 하나뿐인 원형(原形)의 붓다 사리탑

　라마그라마(Ramagrama)는 현재 네팔 나왈파시(Nawalpasi)의 중앙에 위치한 파라시(Parasi) 북동쪽 3.2㎞ 지점에 있다. 이 지방을 흐르는 자라이(Jharai) 강 둔덕에 해당된다. 지금은 나무 두 그루만 외롭게 붓다의 사리를 지키고 있지만, 붓다 당시 이곳은 마야부인의 모국 꼴리족(Kolis)의 수도였다. 사리탑이라고 하지만 실제는 흙무덤이다.26)

　오래 망각되었던 이 붓다의 사리 무덤은 1898년 호웨이(Hoey)에 의해서 자라이 강 둔덕의 우자이니―나가르(Ujaini-Nagar)에서 발견되었다. 그 후 고고학적 탐사의 결과, 이 사리탑은 높이 약 9m 지름 21m로 여러 층의 벽돌로 축조되었음이 밝혀졌고, 붓다 입멸 직후 꼴리족들에 의해서 건립된 바로 그 사리탑으로 규명되었다.

　기원전 544년 바이샤까 달 보름날 돌아가신 붓다의 유해는 거의 전적으로 말라족의 민중들―재가대중들에 의하여 주관되었다. 이것은 "여래의 장례는 열성적인 재가대중들에게 맡겨라. 출가대중들은 간여하지 말라"27)는 붓다의 유교에 의한 것이지만, 다른 한편으로는 붓다와 민중들과의 친밀성, 일체성이라는 점에서도 주목된다.

　말라족 백성들은 붓다의 유해를 모시고 갖가지 꽃다발과 향으로 공양 올리고 갖가지 악기를 연주하며 노래와 춤으로 찬탄하였다. 그들은 법답게 다비(茶毘, Jhapeti)하고 수많은 사리(舍利, Salira)를 수습하였다. 이 사리는 마가다·꼬살라·가빌라밧투·꼴리족…… 등 8개국의 대표

---

26) 中村 元·김지견 역, 앞의 책, pp.239~240 ; 정각, 앞의 책, pp.192~196.

27) DN 16,5,10(text. ⅱ, 143) ; 拙稿, 『초기불교 개척사』, p.492.

들에 의하여 평화적으로 8등분되고, 그들은 각기 자기 나라로 돌아가 장엄한 사리탑-스투파(Stupa)를 건립하였다. 기원전 3세기 인도 대륙을 통일하고 붓다-담마에 귀의한 아쇼까 대왕이 8개 불사리탑을 해체하여 그 속의 불사리로 전 대륙에 8만 4천 개의 사리탑을 조성하였다. 이때 7개의 사리탑은 순조롭게 해체되었으나 라마그라마의 이 사리탑은 나가(Naga), 곧 용신(龍神)들의 완강한 거부로 끝내 실패하고 말았다. 그래서 이 라마그라마 사리탑은 유일하게 원형(原形)을 보전하고 있는 것이다.

불사리-스투파에 대한 민중들의 열정적 신앙은 실로 놀라운 것이었다. 그들은 불탑 앞에 등불을 밝히고 긴 장대를 세우고 휘장을 두르고, 꽃과 향, 금·은·동·보석을 올려 붓다를 경배·존중·숭배·공양하였다. 뒷날 재가법사들이 머물면서 참배 순례자들에게 붓다-담마를 해설하게 되고, 이러한 재가 중심의 불탑신앙이 대승불교운동의 한 연원이 되기도 하였다.

나시크 석불(石佛)님,
우리 기도 감응하소서

뭄바이에서 기차 타고 달려와
나시크 마을 황량한 뒷산
판두레나 산 석굴에 올라
우리들 동방의 코리아
고요한 기도의 나라 순례자들
무릎 꿇고 엎드려 기도 올립니다.
나시크 석불(石佛)님 앞에 기도 올립니다.
경주 석굴암 그 자비로운 대불(大佛) 대하듯
친숙하고 사모하는 맘으로 기도 올립니다.

자비로운 석불님
영험 깊으신 나시크 석불님.
산으로 오르는 마을 어디서
우리는 '고다바리 호텔'을 보았습니다.

자비로운 석불님
영험 깊으신 나시크 석불님.
그럼 여기가 고다바리 강 언덕입니까?
『숫타니파타』 마지막 품,
'도피안(到彼岸)'에 나오는 고다바리 강
열여섯 수행자들이 붓다 찾아 멀고 먼 길 떠나던
데칸 남로의 그 고다바리 강 언덕입니까?

자비로운 석불님
나시크 석불님.
우리는 지금 바라보고 있습니다.
저기서 이 나시크 거리를 감고 돌아 동쪽으로 흐르는
고다바리 강의 물길을 바라보고 있습니다.
충격과 환희로 두근거리는 가슴으로
그 물길 바라보고 있습니다.
2천 6백여 년 기나긴 세월
온갖 풍상 다 겪고서도 유유히 변함없이
흐르고 또 흘러 우리를 맞이하는
불멸(不滅)의 강 고다바리 강을 바라보고 있습니다.
기도의 강 고다바리 강을 바라보고 있습니다.
감격으로
눈물로 바라보고 있습니다.

자비로운 석불님

나시크 석불님.
우리는 바라보고 있습니다.
아지타·띳사메티야·뿐나카·멧타구……
그리고 뼁기야 등 열여섯 수행자들이 붓다 찾아
고다바리 강 언덕을 출발하여
북으로 북으로
5천㎞ 멀고도 험한 구도의 길 떠나는 모습 바라보고 있습니다.
황량한 고원, 험준한 산맥, 두려운 벌판, 폭류하는 강물—
목숨 걸고 북행하는 모습 바라보고 있습니다.
꼬삼비로, 사케타로, 사밧티로
다시 가빌라밧투로, 구시나가라로, 베살리로
마침내 라자가하로
부처님 찾아 허위단심으로
고행의 길 가는 모습
가슴 조이며 바라보고 있습니다.

자비로운 석불님
나시크 석불님.
우리들은 또 보고 있습니다.
큰 바위와 나무가 우거진 곳에 계시는 붓다를 향하여
목마른 자가 물을 찾듯
장사꾼이 이익을 구하듯
더위에 지친 사람들이 시원한 그늘을 찾듯
열여섯 구도자들이 스승께 달려가는 모습을 보고 있습니다.

빛나는 저 태양같이
보름밤의 저 달같이.
거룩한 스승, 부처님 우러러보고
스승의 담마 듣고
기쁘고 감격하여 눈물 흘리며
양털가죽 옷을 벗어 오른쪽 어깨에 걸치고
스승의 발에 엎드려 예배 올리는 모습을 보고 있습니다.
우리도 눈물 머금고 기쁨으로 바라보고 있습니다.

자비하신 석불님
영험 깊으신 나시크 석불님.
우리는 보고 있습니다.
다시 돌아온 수행자 삥기야를 보고 있습니다.
세상 사람들에게 담마를 전하기 위하여
지친 몸을 이끌고 그 멀고도 험한 5천㎞ 길을 다시 걸어
고다바리 강 언덕으로 돌아온
노(老)수행자 삥기야(Pingiya)를 보고 있습니다.
스승이 그리워서
떠나온 스승 붓다가 그립고 그리워서
잠 못 이루며 기도하는 모습을 보고 있습니다.

지금 노(老)수행자 삥기야
죽음을 목전에 둔 노(老)삥기야는 이렇게 기도하고 있습니다.

"나는 마음의 눈으로 밤낮없이
스승을 보고 있습니다.
스승에게 예배 올리며 밤을 새우고 있습니다.
단 한순간이라도
저는 스승을 떠나 살 수 없습니다.
해를 따라 도는 해바라기처럼
스승께서 어디로 가시든지
제 마음은 스승과 함께 있습니다.
저는 이제 늙고 병들었습니다.
제 몸은 스승 곁으로 갈 수 없습니다.
그러나 제 마음은 언제나 스승과 함께 있습니다.ㅡ"

자비로운 석불님
영험 깊으신 나시크 석불님.
아, 홀연 스승께서 몸을 나투십니다.
노(老)삥기야 앞에 붓다께서 문득 몸을 보이십니다.
그를 위하여 설하십니다.

"사랑하는 제자 삥기야여
바깔리 · 바드라붓다 · 알라비ㅡ고따마같이
그대도 깨어나시오.
믿음으로 깨어나시오.
삥기야여
그대는 이제 열반의 저 언덕으로 갈 때가 되었느니ㅡ"

144

노(老)삥기야가 대답합니다.
기쁨으로 눈물 흘리며 대답합니다.

"스승이시여, 고따마시여
당신의 담마를 듣고
제 마음은 지금 한없는 기쁨에 젖어 있습니다.
당신께서는 제 마음의 어둠을 걷어 내셨습니다.
그 어느 것으로도 견줄 수 없고
그 누구로도 빼앗을 수 없고
그 어떤 것으로도 흔들리지 않는 경지를 향하여
저는 지금 다가가고 있습니다.
열반―
저 불사(不死)의 땅으로 가는 저에게
이제 어떤 의혹도 의심도 없습니다.
제 마음이 이렇게 확신에 차 있다는 것을
스승이시여, 고따마시여
당신께서는 알고 계시겠지요."

자비하신 석불님
영험 깊으신 나시크 석불님.
이제 우리들의 기도에 감응하소서.
갖가지 사연으로 병들고 아픈 가슴들 모아
이렇게 지극정성 기도 올리오니
우리 앞에 모습 보이소서.

우리 위하여 담마를 설하소서.
우리를 죽음의 공포에서 구하소서.
불사(不死)의 경지, 열반의 땅 열어 보이소서.
그때, 고다바리 강 언덕에서
노(老)뻥기야에게 하셨듯이
우리들에게 구원의 모습 보이소서.
구원의 손길 내미소서.

자비로운 석불님
나시크 석불님
영험 깊으신 판두레나 산 나시크 석불님.
우리 기도 들으소서.
밤낮없이 임 생각하며
임 계신 곳 향하여 올리는 우리 기도 들으소서.─

〔현장 스케치〕 **기도의 강 고다바리 언덕에서**

　나시크(Nasik) 석굴은 봄베이에서 가까운 나시크 시(市) 근교 평지 위
에 우뚝 선 판두레나(Pandulena) 산 중턱에 한 일자(一字)로 자리잡고 있
다. 이 석굴은 기원전 2세기경에 조성된 23개의 석굴군(石窟群)으로 초
기 석굴에 속한다. 경주 석굴암에도 영향을 끼친 것으로 분석되고 있
다.28)

　나시크는 데칸 고원 서부에 있는 도시로서 붓다 당시 교통·교역의
주요 거점이었다. 초기경전에는 '데칸 남로(Dakkhinapatha, Dekkan 南路)'
로 기록되고 있는 이 교역로는 아라비아해 연안 인도 서해안의 항구들
과 내륙 도시들을 연결해 주고 있는데, 이 시기의 왕성한 해상 무역과
도시의 발달을 반영하고 있다. 이 석굴과 석불들은 먼 길을 오가는 상
인·대상들의 휴식과 정신적 귀의처로서 기능한 것으로 보인다.

　나시크 석굴이 특별한 의미를 지니는 것은 여기가 고다바리(Goda-
vari) 강 유역이라는 사실이다. 고다바리 강은 인도 중부를 횡단하여 흐
르는 대하(大河)로서 *Suttanipata*의 마지막 품 '도피안(到彼岸)'의 무대가
되고 있다. 경에 의하면, 붓다 당시 아지타·띳사 메티야·멧타
구……뺑기야 등 16명의 수행자들이 스승 바바리의 부탁으로 멀리 북
쪽에 머무는 붓다를 찾아 목숨을 건 구도의 길을 떠난다. 5,000㎞의 멀
고 험난한 여정, 그들은 마침내 라자가하에서 붓다를 친견하고 담마를
듣고 깊이 경탄하며 귀의하였다.

---

　28) 中村 原·김지견 역, 앞의 책, pp.280~281·318·326~327·361~363.

그러나 수행자 삥기야(Pingiya)는 바바리에게 담마를 전하기 위하여 다시 고다바리 강 언덕, 이 나시크 근처 어느 곳인가로 돌아온다. 그러나 그는 빛나는 스승 붓다를 잊을 수 없어, 밤낮으로 붓다 계신 곳을 향하여 염불 기도로 지샌다.

"나는 마음의 눈으로 밤낮없이

스승을 보고 있습니다.

스승에게 예배 올리며 밤을 새우고 있습니다. — "[29]

이때 홀연 붓다께서 몸을 나투고, "믿음으로 눈떠라" 이르신다. 그러자 삥기야는 환희와 확신에 차서 열반의 언덕으로 나아간다.[30] 나시크 석굴, 이 고다바리 강 언덕은 실로 염불, 기도 응현(祈禱應現)의 현장인 것이다.

29) Sn 1147-1149.
30) 拙稿, 『초기불교개척사』, pp.435~439.

16 아잔타(Ajanta) 석굴, 와고라(Waghora) 계곡

수행대중들이여,
이제 찬란한 빛 속으로 나서시오

물소리 끊긴 외진 와고라 계곡
깊고 어둔 석굴들
침묵 속에 잠긴 29개 아잔타 석굴들
승방(僧房) 안에서 그윽이 선정삼매에 잠긴 수행대중(修行大衆)들
그 빈 그림자 앞에서
우리 동방의 코리아
가슴 뜨거운 순례자들
용기 내어 큰 소리로 외칩니다.

"수행대중들이여
이제 그만 밖으로 나오시오.
그 무거운 결가부좌 풀고
이제 그만 이 찬란한 빛 속으로 나오시오.
저희들 손잡아 주시오.

저희들 손잡고 함께 걸으며
바른 수행의 길 보여 주시오.
4제 8정도, 바른 깨달음의 길 열어 주시오.-"

아잔타의 수행대중들이여
침묵의 선정삼매 즐기는 아잔타 수행대중들이여.
지금 우리 불자들은 혼란에 빠져 있습니다.
바른 수행의 길을 잃고 우왕좌왕
끝없는 혼란에 빠져 헤매고 있습니다.
더 버틸 힘이 없습니다.
우리들은 지쳐 있습니다.
힘을 잃고 있습니다.
용기를 잃고 있습니다.
더 이상 방치하면
우리들을 쓰러지고 말지 모릅니다.
무너지고 말지 모릅니다.
포기하고 돌아설지 모를 일입니다.

아잔타의 수행대중들이여
침묵의 선정삼매 즐기는 아잔타 수행대중들이여.
지금 이 땅에는 갖가지 수행법들이 성행하고 있습니다.
마치 패키지 상품을 전시하듯
깨달음이 전시되고 있습니다.
수행법들이 전시되고 있습니다.

요가가 있고
단학이 있고
아봐타가 있고
마음 수련이 있고-

그들은 말합니다.
"이레만 수행하면 깨달음의 문으로 들어선다.
2주, 3주, 4주-
이렇게 열심히 수행하면 깨달음을 얻는다.-"

아잔타의 수행대중들이여
침묵의 선정삼매 즐기는 아잔타 수행대중들이여.
많은 사람들이 몰려듭니다.
남녀노소 많은 사람들이 여기저기 몰려듭니다.
이 새로운 수행터로 몰려들고 있습니다.
많은 사람들이 신통한 체험을 하고 있습니다.
위안을 얻고 있습니다.
힘을 얻고 있습니다.
눈을 뜨고 있습니다.
이것은 엄연한 현실입니다.
부정할 수 없습니다.
부정해서도 안 된다고 생각합니다.
사상은 자유이기 때문입니다.
불교는 자유를 존중하기 때문입니다.

불교역사에는 '이단(異端)'이라는 배척이 없기 때문입니다.
새로운 사상은 항상 '이단'의 비난 속에 싹트기 때문입니다.
무엇보다, 그들이 목말라하기 때문입니다.
지금 이 땅의 민중들이 가슴 아파하고 목말라하기 때문입니다.
목마른 자들이 물을 구하는데
어찌 그것을 비난할 수 있습니까?
대안도 제시하지 못하면서
어찌 그들을 비난할 수 있습니까?

아잔타의 수행대중들이여
침묵의 선정삼매 즐기는 아잔타 수행대중들이여.
이제 우리들은 묻습니다.
수행대중들이여, 무엇이 바른 길입니까?
저들의 수행법들 속에 8정도는 있는 것입니까?
깨달음은 정녕 저렇게 해서 실현되는 것입니까?
1주, 2주, 3주―
이렇게 시간 정해놓고 닦아서 드러나는 것입니까?
기술로 닦아서 얻어지는 것입니까?

수행대중들이여, 무엇이 붓다의 길입니까?
무엇이 붓다께서 열어 보이신 바른 깨달음의 길입니까?
수행대중들이여, 8정도는 어떻게 닦는 것입니까?
4제 8정도는 대체 어떻게 걷는 길입니까?
붓다께서는 45년 몸 바쳐 8정도를 설하셨는데

마지막 숨이 끊어지는 순간에도

"8정도가 유일한 길이다. - "

이렇게 간곡히 부촉하셨는데
왜 지금 우리는 8정도를 모르고 있습니까?
왜 그대들은 8정도를 설하지 않습니까?
왜 우리를 혼란 속에 방치하고 있습니까?
불교가 정녕 이런 것입니까?
이렇게 길도 모르고, 모르게 하고
방치해도 되는 것입니까?

아잔타의 수행대중들이여
침묵의 선정삼매 즐기는 아잔타 수행대중들이여.
이제 일어서소서.
일어나 이 빛 속으로 나오소서.
이 찬란한 빛 속으로 나와
길을 가리켜 주소서.
저희들의 손을 이끌어 길을 가리켜 주소서.
천 년 전 이 와고라 계곡을 지나는 나그네들에게 하였듯이
대상(隊商)들, 장사꾼들에게 하였듯이
시원하게 길을 열어 주소서.
4제 8정도의 바른 실천법을 열어 보여 주소서.
바른 참선법을 열어 보여 주소서.

붓다께서 확립하신 4념처의 바른 참선법을 열어 보여 주소서.

아잔타의 수행대중들이여
침묵의 선정삼매 즐기는 아잔타 수행대중들이여.
우리들은 진실로 알고 싶습니다.
진실로 깨닫고 싶습니다.
붓다께서 활짝 열어 놓으신
대중견성 체험하고 싶습니다.
만인견성 · 인류견성 체득하고 싶습니다.

아잔타의 수행대중들이여
침묵의 선정삼매 즐기는 아잔타 수행대중들이여.
그대들 빈 그림자 앞에 서서
두 손 모으고 절절히 발원하오니
이제 이 찬란한 빛 속으로 나오소서.
그대들 기다리는 사람들 많습니다.
여기저기 찾아다니는 사람들
그들이 모두 그대들을 기다리고 있습니다.
청정한 수행대중들을 기다리고 있습니다.
어서 저희 앞에 모습을 보이소서.
청정한 모습을 보이소서.

〔현장 스케치〕 와고라 계곡의 화려한 벽화들

아잔타(Ajanta)는 마하라슈트라 주(州) 와고라(Waghora) 강 계곡에 위치해 있다. 북쪽으로는 잘가온(Jalgaon)과 통하고 남쪽으로는 오랑가바드(Aurangabad)로 이어지는 '데칸의 문' 역할을 하고 있다. 이것은 아잔타가 인도 서해안 항구도시들로부터 동북 강가 강-갠지스 강 유역으로 가는 고대 교통로, 대상(隊商)들의 길에 인접하고 있다는 사실을 의미한다.[31]

석굴은 와고라 강변, 인디야드리 언덕 사이에 29개의 석굴들로 이뤄진 거대하고 화려한 석굴군이다. 석굴의 조성은 기원전 1세기경으로부터 기원후 7세기경까지 약 8백년 간에 걸쳐 점차적으로 진행되었다. 석굴들의 내부구조는 다음 2가지 형태로 구분될 수 있다.

① 체이티야(Ceitya) : 스투파, 또는 불상을 봉안한 예불당. 제8, 10, 13, 19, 26, 20굴이 여기에 속한다. 26번 석굴은 높은 스투파와 거대한 붓다의 열반상으로 특히 유명하다.

② 비하라(Vihara) : 수행대중들의 숙소로 쓰이는 승방(僧房). 나머지 24개 굴들이 이에 속한다. 제1, 2, 16, 17굴 등이 그 미술적 가치를 높이 평가받고 있다. 붓다의 생애와 Jataka에 나오는 전생 보살담, 수많은 간다르바(Gandharva, 乾闥婆), 천녀(天女, Aparasa)·악사·야차(夜叉, Yaksa)들이 화려한 색채로 그려져 있다. 미륵(彌勒, Mettya)·밀적금강(密迹金

---

31) 中村 原·김지견 역, 앞의 책, pp.316~317·360~367 ; 정각, 앞의 책, pp.159~166.

剛) 보살 등 대승불교의 영향도 짙게 나타나고 있다.

아잔타 석굴은 다양한 종류의 상인·대상·관리들의 기증에 의하여 조성되었다. 이것은 이 석굴이 교역로의 긴요처에 위치해서 4부대중의 만남의 광장으로 쓰였으며 이들의 휴식과 기도, 수행처로 활용되었다는 사실을 의미한다. 따라서 회화·건축·조각들 속에는 예불·염불·기도·헌신적 보살행·참선·밀교 등 다양한 형태의 수행법이 온존되어 있다. 특히 수많은 보살도를 통하여 헌신 봉사하는 보살의 삶이 이 시대 불교도들의 삶의 이상(理想)이었던 사실을 발견할 수 있다.

아잔타 석굴은 인도 불교미술의 꽃이다. 그러나 천여 년 망각되고 방치되어 왔다. 1819년 마드라스 사단의 영국군 장교 스미스(John Smith)에 의하여 비로소 빛을 보게 된 것이다.

⑰ 엘로라(Elora) 석굴

엘로라, 엘로라여,
붓다의 법은 어디 있습니까

서부 데칸, 엘로라 마을
남북으로 길게 누운 회색의 돌산
제10굴, 화려 장엄한 체티야, 성스러운 예불당
스투파 앞에 좌정하신 붓다 앞에
우리들 신심 깊은 코리아 불자들, 사부대중들
오체투지로 엎드려 절 올리며
큰 목소리 모아 외치고 있습니다.

"붓담 사라남 가차미(Buddham saranam gacchami)
거룩한 부처님께 귀의합니다.
담맘 사라남 가차미(Dhammam saranam gacchami)
거룩한 가르침[法]에 귀의합니다.
상감 사라남 가차미(Sangham saranam gacchami)
거룩한 수행대중들에게 귀의합니다.

세존이시여, 저희들을 부처님의 제자로 받아들여 주소서.
이제부터 목숨이 다하는 날까지
부처님께 귀의하겠습니다."

엘로라, 엘로라여
굴 속 깊이 화려 장엄한 엘로라여.
지금 붓다는 어디 계십니까?
팔십 평생 몸 바쳐 낡은 수레처럼 구르며
헌신 봉사의 길을 가시던
그 부처님은 지금 어디 계십니까?
지금 붓다-담마는 어디 있습니까?

'제행은 무상하고〔諸行無常〕 텅 빈 것이다.
문득 욕심 집착 텅 비우면
대광명(大光明)이 솟아난다.
이 몸 가득 천지의 생명기운이 넘쳐흐른다.
우리도 부처님같이 헌신 봉사하리.
진흙수렁 속에 들어가 연꽃 피우리.-'

이 단순 명료한 담마는 지금 어디 있습니까?
지금 청정한 수행대중들은 어디 있습니까?
누더기 깨끗이 빨아 입고
아침마다 발우 들고 탁발하고
외롭고 괴로운 사람들 가운데 들어가 함께 하며

피땀 흘려 헌신 봉사하던
그 자비성중(慈悲聖衆)들은 지금 어디 있습니까?
서로 공경하고 도우며
함께 어우러져 법륜(法輪) 굴리던
사부대중들은 지금 어디 있습니까?

엘로라, 엘로라여
굴 속 깊이 화려 장엄한 엘로라여.
저 미묘한 돌부처 속에
우리 부처님 계십니까?
저 승방(僧房)의 돌 책상 위에
그 담마가 있습니까?
저 아름다운 조각들 속에
그 수행대중들 있습니까?
저 줄줄이 늘어선 정연한 돌기둥 속에
그 사부대중들 있습니까?

엘로라, 엘로라여
굴 속 깊이 화려 장엄한 엘로라여.
어디 있습니까?
이 세상을 밝히던
불(佛) · 법(法) · 승(僧) 삼보
그 찬란한 구원의 등불은 어디 있습니까?
이 석굴, 이 깊은 어둠 속에 있습니까?

이 석굴, 이 냉랭한 침묵 속에 있습니까?
이 석굴, 열두 개 석굴의 화려 장엄한 이 예술 속에 있습니까?
굴 앞 광장에서
"안녕하세요, 이것 사세요.-"
유창하게 한국말을 외쳐대는 현지민 장사꾼들 속에 있습니까?
시도 때도 없이 손을 내미는
저 초라한 아이들 속에 있습니까?

엘로라, 엘로라여
굴 속 깊이 화려 장엄한 엘로라여.
우리들 코리아의 불자들은 보고 싶습니다.
살아 있는 붓다를 보고 싶습니다.
저 장사꾼들 속에, 저 아이들 속에
그들과 함께 하는
살아 있는 붓다를 보고 싶습니다.
그 부처님 앞에, 살아 계시는 부처님 앞에
오체투지로 경배 올리고 싶습니다.
신바람 나게 경배 올리고 싶습니다.
살아 있는 부처님 앞에
공양 올리고 싶습니다.
꽃과 향(香), 등불로
땀 흘려 번 귀한 재물로 공양 올리고 싶습니다.

엘로라, 엘로라여

굴 속 깊이 화려 장엄한 엘로라여.
저희들은 소리쳐 외치고 싶습니다.
하늘 높이 외치고 싶습니다.
이 냉랭한 석굴의 침묵을 박차고 나와

"여기 길이 있다.
여기 불사 불멸(不死不滅)의 길이 있다.
그대들도 이미 깨달아 있느니
어서 깨달음을 드러내라.
헌신 봉사하며 그대들의 깨달음을 드러내라.ㅡ"

이렇게 소리 높이 외치고 싶습니다.
솟아오르는 열정과 감동으로 외치고 싶습니다.

엘로라, 엘로라여
굴 속 깊이 화려 장엄한 엘로라여.
우리들의 부처님은 어디 계십니까?
우리들의 담마는 어디 있습니까?
우리들의 청정한 스님네들은 어디 있습니까?
우리들의 사랑하는 형제들
사부대중들은 어디 있습니까?

엘로라, 엘로라여ㅡ

〔현장 스케치〕 **화려 장엄한 석굴, 그 어둔 그림자**

엘로라(Elora)는 데칸 서부의 전통적인 교역로 삼각지대에 위치하고 있다. 동남쪽 26km 지점에 오랑가바드가 있고, 서북쪽에 비하르, 동쪽에 아잔타가 있다. 서쪽으로는 나시크를 경유 해안 항구도시로 이어지고 북쪽으로는 멀리 웃제이니(Ujjeini)와 연결된다. 따라서 엘로라 석굴도 이 교역로를 왕래하는 상인·대상 등 자산가들과 이 지역 왕실들의 기증에 의하여 건립된 것이다.[32]

엘로라 석굴군은 마을 근처의 엘로라 언덕 서쪽 경사면에 남북으로 이어지는 2㎞ 길이에 34개의 굴들로 이루어져 있다. 이 굴들은 대부분 6~8세기 기간에 조성되었고, 불교─자이나교─힌두교의 석굴들이 차례로 배열되어 있다. 34개 굴을 분류하면 다음과 같다.

- 제1굴~제12굴 : 불교 굴원
- 제13굴~제29굴 : 자이나교 굴원
- 제30굴~제34굴 : 힌두교 굴원

12개 불교 굴원(窟院, 석굴사원) 가운데 제10 굴원이 전형적인 체티야─예불당이고 나머지 11개 굴원은 비하라─승방이다. 제10 체티야 굴원은 2층 건물로 조성되어 있는데, 그 화려 장엄함이 마치 지상의 호화 빌라를 옮겨놓은 듯하다. 2층에는 발코니가 있고 이곳의 창문으로부터 빛이 들어와 내실을 조명하고 있다. 예불당 2층은 30개의 돌기둥으로 떠받쳐 거주 공간을 이루고 있는데, 마치 목조(木造)를 방불케 하

---

32) 中村 原·김지견 역, 앞의 책, p.361 ; 정각, 앞의 책 pp.167~170.

는 아치형 천정이 조각되어 있어 호화미의 극치를 보여주고 있다.

다른 비하라 석굴은 승방으로 쓰인 것인데 규모가 크고 화려한 조각들로 장엄되어 있다. 제5굴의 경우, 10개씩의 직사각형 석주들이 양쪽으로 배열돼 있고, 그 뒤로 일정 규모의 승방들이 반듯하게 파져 있다. 안으로는 예불당으로 불상이 봉안되어 있다. 제12굴은 '틴 탈(teen tal)', 곧 '3층 건물'로 조성되어 있는데, 넓이 35m×21.3m의 대형건축이다.

맨 위쪽 노천에는 힌두교의 시바 신전이 장엄 화려한 모습을 드러내고 있다. 카일라스(Kailas) 산, 곧 수미산 형상으로 된 신전에는 인도 고대의 양대 서사시 「마하바라타(Mahabaratha)」와 「라마야나(Ramayana)」 사건들이 역동적인 양상으로 조각돼 있다.

화려 장엄한 석굴사원과 굴 밖에서 구걸하러 모여드는 헐벗은 아이들―

여기서 우리는 민중을 잃은 인도불교, 그 쇠퇴와 슬쓸한 조락(凋落)을 본다.

아쇼까 대왕이여,
정법국가의 큰 꿈을 펼치소서

중부 인도의 중심지
여기 푸르른 초원 산치 언덕
거대한 발우처럼 우람한 대탑(大塔)
붓다의 진신사리 모신 성지
그 대탑 앞 잔디 위에 무릎 꿇고 두 손 모으고
민족 정토(民族淨土)의 꿈에 설레는 우리 코리아 불교도들
큰 소리로 외치며 기도 올립니다.
부처님 나라 그리며 기도 올립니다.

아쇼까여, 아쇼까 대왕이여
장엄한 부처님 나라 건설한 이 땅의 전륜성왕(轉輪聖王)이여.
당신의 장한 이상(理想)을 펼쳐 보이소서.
정정당당 정법국가(正法國家)의 크나큰 꿈
다시 한번 펼쳐 보이소서.

하늘 드높이 돌기둥 세우며
다시 한번 열어 보이소서.
쩌렁쩌렁 대지를 진동시키는 사자 목소리로
다시 한번 소리쳐 보이소서.—

아쇼까여, 아쇼까 대왕이여
장엄한 부처님 나라 건설한 이 땅의 전륜성왕이여.
당신께서는 본래 무서운 정복군주
거대한 인도를 통일하려고
끝없는 전쟁, 전쟁터로 달려갔었지요.
영광스런 대제국 건설하려고
수많은 사람들 죽이고 또 죽이고
죽음의 유혈(流血) 위에 영토를 넓히고
둥 둥 둥—
승리의 북소리 크게 울리고.
그래서 인도는 하나의 제국으로 통일되고
당신의 위엄은 천하를 진동했었지요.

아쇼까여, 아쇼까 대왕이여
그러나 어찌 속일 수 있으리.—
당신 몸 속에 흐르는 청정한 불심(佛心)
숙세(宿世)로 닦아온 보살의 원력, 자비 원력
어느 때 벵골만 깔링가 국(Kalinga 國) 전쟁에서
죽어 가는 수많은 사람들 목격하며

신음하며 죽어 가는 착한 사람들 목격하며
당신은 칼을 던졌었지요.
피 묻은 손보고 전율하며
살육의 칼을 내던졌었지요.

아쇼까여, 아쇼까 대왕이여
당신은 붓다 앞에 나아가 맹세했었지요.

"부처님, 죽이지 않겠습니다.
맹세코 이 이후로 산목숨 죽이지 않겠습니다.
부처님, 정법으로 다스리겠습니다.
붓다의 정법으로 이 백성들 다스리겠습니다.
부처님, 정법을 펼치겠습니다.
이 세상 끝까지 붓다의 정법을 펼치겠습니다.
이 땅에 부처님 나라 세우겠습니다.
이 땅에 정법 정토(正法淨土) 세우겠습니다.—"

이렇게 당신께서는 통곡하며
부처님 앞에 맹세했었지요.

아쇼까여, 아쇼까 대왕이여
당신께서는 이 푸르른 산치 언덕 위에
불국토(佛國土)의 이상을 펼쳤었지요.
사랑하는 여인 데비(Devi)와의 낭만이 서린 이곳 산치 언덕 위에 불국토의 중심을 세웠었지요.
여인에 대한 절절한 그리움 위에
붓다에 대한 경건한 그리움 얹어
영원한 부처님 나라의 중심을 세웠었지요.

진신사리 대탑으로, 돌기둥으로
돌탑문으로 중심을 세우고
이 산치의 중심으로부터 동서남북으로 전법사를 파송하여
붓다- 담마를 널리 멀리 펼치고.
스리랑카로, 케시미르로, 간다라로, 그리스로, 히말라야로
붓다- 담마를 전파하여
불국토의 변경을 끝없이 끝없이 개척해 갔었지요.
그렇게 당신께서는 붓다- 담마로써 인도를 통일하고
세계로 향하여 담마- 로드 크게 열고
장엄 찬란한 불국토의 꿈을 현실로 일구어 냈었지요.

아쇼까여, 아쇼까 대왕이여
장엄한 부처님 나라 건설한 이 땅의 전륜성왕이여.
이제 우리들 코리아 불교도들
당신 앞에서 굳게 맹세합니다.

우리도 불국토 건설하겠습니다.
우리나라 동방 삼천리 강토에
정정당당 정법국가 건설하겠습니다.

정정당당 코리아 건설하겠습니다.
사랑하는 사람에게 바치는 열정으로
동서남북으로 붓다— 담마를 전파하겠습니다.
남한으로, 북한으로, 만주로, 중국으로
붓다— 담마 전파하겠습니다.,
끝없이 끝없이 담마— 로드 열어가겠습니다.
붓다— 담마로써 통일하고
붓다— 담마로써 평화하겠습니다.

아쇼까여, 아쇼까 대왕이여
장엄한 부처님 나라 건설한 이 땅의 전륜성왕이여.
우리는 당신을 사랑합니다.
우리는 당신의 꿈을 사랑합니다.
불국토 세우기 위하여 몸 바친 당신의 열정을 사랑합니다.
귀한 딸과 아들까지 전법사로 내보낸
당신의 굳건한 의지를 사랑합니다.

아쇼까여, 아쇼까여
우리들의 기도를 들으소서.
우리도 당신같이 살겠습니다.
불국토 코리아를 위하여 이 한 몸 던지겠습니다.

[현장 스케치] 아쇼까와 데비의 러브 스토리

산치(Sanchi)는 중부 인도의 중심지역 마디야-프라데쉬(Madhya-Prade-sh) 주(州)의 수도 보팔(Bhopal)에서 기차로 44km 지점에 위치한 넓은 초원이다. 이 산치 언덕에는 장엄한 불국토의 이상(理想)이 전개되어 있다. '산치 대탑'으로 알려진 유명한 제1 스투파를 비롯하여 8개의 스투파가 건축되고(현재 3개 보전), 각각 40여 개가 넘는 승원과 사당, 돌기둥, 탑문(塔門) 등이 세워졌다.[33]

산치 건설의 주역은 아쇼까 대왕(B.C. 265~232년 재위)이다. 따라서 이 산치의 건설은 기원전 3세기경부터 시작되었다. 아쇼까 대왕은 마우리야(Maurya) 왕조 3대 왕으로서 거대한 인도 대륙을 통일하고 최초의 통일 제국을 건설한 인도사의 영웅이다. 그러나 아쇼까의 통일 과정은 피로 얼룩진 비극의 연속이었다. 수많은 사람들이 흘리는 죽음의 유혈(流血)과 원망 위에 그의 제국은 세워지고 있었던 것이다.

즉위 8년(B.C. 257), 변경의 한 전쟁터에서 아쇼까는 회심(回心)의 순간을 맞게 된다. 깔링가(Kalinga, 현재 벵골만 오릿사)에서 격렬한 전투가 벌어지고, 그는 수많은 사람들이 고통 속에 죽어 가는 것을 목격하고 큰 충격을 받았다. 이때 그는 칼을 버리고 붓다-담마 앞에 무릎 꿇고 비폭력과 정법국가-불국토의 건설을 맹세하였다.

아쇼까 대왕은 전 인도 대륙에 불사리탑을 세우고 돌기둥과 표석(標石)을 세우고 마애를 찾아 담마-법칙(法勅)을 새겼다. 그 핵심은 "죽이

---

33) 中村 原·김지견 역, 앞의 책, pp.271~278·290~291·332~333·354~356 ; 정각, 앞의 책, pp.149~156.

지 말라"이다. 그리고 전법사를 사방으로 파송하여 붓다— 담마를 널리 전파하였다.

산치는 이러한 아쇼까 대왕의 불국토 건설운동을 상징하는 중심지다.

산치, 이곳은 그에게 잊을 수 없는 운명의 땅이다. 그가 청년시절 이곳에 머물면서 비디샤(Vidisha) 지방의 데비(Devi)라는 한 시골 처녀와 사랑을 나눴고, 그 사이에 남매가 태어났다. 떠나면서 그는 "반드시 돌아오겠다"고 약속하면서, 만일을 위하여 신표(信標)를 남겼다. 세월은 흘러가고, 망각의 강은 깊어가고— 어느 날 신표를 지닌 그의 자녀가 찾아왔다.[34] 데비와의 약속을 상기하고 산치로 달려왔을 때, 여인은 이미 무덤 속에 있었다. 여인의 유언에 따라, 그는 데비의 무덤 위에 불사리탑을 세웠다. 곧 제1 스투파— 산치대탑이다.

---

34) 후일 아들 마힌다(Mahinda) 장로와 딸 상가마따(Sanghamatta) 비구니는 스리랑카 전도에 헌신하였다.

신라 스님들, 어디 계십니까

아리야발마(阿離耶跋摩) 스님, 혜업(慧業) 스님
이름 모를 수많은 스님들
여기 날란다에 깃드신 한국 스님들.
저희들이 왔습니다.
스님들의 후손, 저희 한국의 불자들이 여기 이렇게 왔습니다.
스님들, 존귀하신 스님들
꽃과 향으로 공양 올리오니
저희들의 공양을 받으소서.
저희들의 경배를 받으소서.
저희들의 공양 받으시고
천 4백년 객고(客苦)를 다 털어 버리소서.
외로운 향수(鄕愁), 고향의 정, 다 털어 버리소서.
그토록 돌아가고팠던 한스런 마음 다 털어 버리소서.

아리야발마스님, 혜업스님

이름 모를 수많은 스님들
여기 날란다에 깃드신 한국 스님들.
스님들께서는 날란다 땅으로 구도의 큰 꿈 품고 오셨지요.
수륙 만리 머나먼 길 돌아
학승(學僧)의 큰 꿈 품고 이 날란다 대학으로 오셨지요.
2천 6백여 년 전, 붓다의 두 상수 제자
사리뿟따 비구와 목갈라나 비구가 태어나신
여기 불연(佛緣) 그윽한 날란다 대학으로 오셨지요.

스님들은 여기서 눈푸른 세계의 학승들과 어울려
학문을 논하고 담마를 명상하였지요.
인도 스님들, 중국 스님들과도 어울리고
티베트 스님들과도 어울리며
만방의 뛰어난 준족들과 어울리며
대승(大乘)을 공부하고
금강승(金剛乘)을 연구하였지요.
경을 강론하고 계율을 익히고
심오한 여러 논서(論書)들을 연찬하였지요.
중관(中觀)을 배우고 유식(唯識)을 토론하고
구사(俱舍)를 대론하였지요.

아리야발마스님, 혜업스님
이름 모를 수많은 스님들
여기 날란다에 깃드신 한국 스님들.

스님들께서는 날란다 대학 승방에서
촛불을 밝히며 불서(佛書)를 읽었지요.
네모진 벽돌 승방에 깊이 앉아
밤새워 경론(經論)을 읽고 또 베껴 썼었지요.
때로는 원림의 숲에 나와
불치목(佛齒木) 나무 밑에서 베껴 썼었지요.
고국의 후학들을 생각하며
밤새워 쓰고 또 썼었지요.

스님들께서는 때때로 숲길을 산책하였지요.
멀리 동쪽 끝 고국의 하늘 바라보며
명상에 잠겨 거닐었지요.
달 밝은 밤
평양성을 흐르는 유유한 대동강을 생각하며
사비성을 비껴 흐르는 백강 흰 강물을 생각하며
가을바람에 여인네들 치마단같이 흔들리는
서라벌 거리의 들꽃 향기를 생각하며
남녘 땅 여기 천축(天竺, 인도)에
하늘 나르는 기러기 없음을 한탄했었지요.
소식 전할 기러기 없음을 한탄했었지요.
그러다가 불귀(不歸)의 길 떠났었지요.
고향 꿈에 고이 잠들어
다시는 돌아올 수 없는 먼 길 떠났었지요.

스님들

존귀한 스님들.

그 외로운 영혼은 지금 어디 계십니까?

이미 고향 땅 밝은 양지(陽地)로 찾아드셨습니까?

아직도 이 멀고 낯설은 천축 땅

어느 하늘을 맴돌고 계십니까?

만일 여기 날란다 쓸쓸한 폐허 어느 곳에 머물러 계신다면

저희와 함께 가옵소서.

저희 후손들과 함께 그리운 고국으로 귀향하옵소서.

빛나는 나라 한국으로 돌아가

못 이룬 그 꿈 이루소서.

평양과 부여와 경주

삼천리 방방곡곡에 수많은 날란다 대학 일으켜 세우소서.

지금 불꽃처럼 일어나고 있는 불교대학들

그 대학들을 21세기의 날란다 대학으로 일으켜 세우소서.

스님들, 존귀한 스님들

스님들은 한국의 빛이십니다.

세계만방에 떨칠 코라아의 찬란한 빛이십니다.

아리야발마스님, 혜업스님

이름 모를 수많은 스님들

여기 날란다에 깃드신 존귀한 한국 스님들.

이제 저희들은 흙 한줌 파서 지녀가렵니다.

이 날란다의 흙 한줌 싸서 곱게 지녀가렵니다.

174

이 한줌 성스러운 흙 속에
스님들의 존귀한 영혼을 뫼시고
날란다 대학 일으켜 세울 고귀한 꿈 움켜 담고
고국으로 가져가렵니다.
고국 땅 여기저기 밝은 양지에 뿌리고
굳게 맹세하렵니다.

"날란다 스님들, 날란다 한국 스님들
저희들 여기에 터를 닦아
한국의 날란다 대학 일으켜 세우겠습니다.
날란다의 학문
이 땅에서 다시 한번 떨치겠습니다.
스님들
증명하소서.
날란다의 한국 스님들 법답게 증명하소서.ㅡ"

[현장 스케치] 한국 스님들이 공부하던 대사원 대학

날란다(Nalanda)는 강가 강 유역 불교 중국의 주(主) 교역로, 라자가하와 파트나 중간에 위치하고 있다. 붓다도 머문 적이 있고, 붓다의 상수제자 목갈라나(Moggalana, 目連) 비구와 사리뿟따(Sariputta, 舍利弗) 비구의 출신지로도 알려져 있다. 기원전 250년경, 아쇼까 대왕도 이곳을 방문하고 석주와 사원을 건립하였다.35)

이곳은 '날란다 대학'으로 알려져 있지만 실로는 거대한 사원군(寺院群), 대사원 대학이다. 날란다 대학이 본격적으로 건립되기는 5세기 전반 굽타(Gupta) 왕조의 4대 왕 꾸마라-굽타(Kumara-Gupta, 415~454 A.D.) 시대이다. 7세기경에는 이미 세계 최대의 대학으로 발전하였다. 날란다의 학승들은 국가의 풍성한 경제적인 지원을 받아 오로지 학문 연구에만 정진할 수 있었다. 전성기에는 세계 각국으로부터 선발되어 모여든 뛰어난 학승이 2만 여 명에 이르렀다. 중국의 현장(玄奘)·의정(義淨)·현조(玄照) 비구들, 티베트 불교의 창시자 상따라끄쉬따(Samtara-kshita)·빠드마삼바바(Padmasambhava) 비구 등이 이 날란다 출신이다.

신라에서 온 아리야발마(阿離耶跋摩) 스님·혜업(慧業) 스님들도 이 날란다 대학에서 세계의 준족들과 어깨를 나란히 하며 연구 정진하였다. 의정의 『대당서역구법고승전』에 의하면, 아리야발마스님은 율(律)과 논(論)을 연구하고 여러 가지 경론들을 베꼈다. 고국으로 가져가려는 염원 때문일 것이다. 그러나 뜻을 이루지 못하고, 스님은 70세로 이

---

35) 中村 原·김지견 역, 앞의 책, pp.511~512 ; 정각, 앞의 책, pp.137~147.

국 땅에서 입적하였다. 혜업스님도 여기서 불서를 탐구하고 귀중한 경론들을 필사하였다. 스님 또한 60세 때 입적하여 이 날란다 평원에 꿈을 묻고 말았다.

날란다 사원은 그 이전부터 학문 발전과 인연 깊은 곳이다. A.D. 2세기경 나가르주나(Nagarjuna, 龍樹) 비구가 여기서 대승사상을 진작하였고, 4세기 초 아리야데바(Aryadeva, 提婆) 비구가 중관(中觀) 사상을 크게 발전시켰다. 5세기경 날란다 승원장(僧院長, 學長) 아싱가(Asinga, 無着)는 유식(唯識) 사상을 대성하였고, 그의 동생 바슈반두(Vasubandhu, 世親)는 여기서 『구사론(俱舍論)』을 저술하여 부파불교를 비판하고 『유식삼십송』등을 지었다. 이것은 날란다가 대승불교의 사상적 중심으로서 기능하였다는 사실을 의미하는 것이다. 8세기 이후에는 탄트라(Tantra)―밀교(密敎) 사상이 연구되었다. 그러나 1199년 바크티야르―칼지 장군이 지휘하는 이슬람군의 침략을 받아 날란다는 철저히 파괴되고 말았다.

티베트 스님들,
희망의 줄 굳게 잡으십시오

티베트 스님들
달라이 라마의 제자들, 라마 스님들.
여기 네팔의 수도 카트만두에서
스님들을 또 만났습니다.
스얌부나트 사원에서 스님들을 또 만났습니다.
스님들은 역시 변함 없이
주황색 가사 걸치고
그윽한 불당에 모여 앉아
향을 사르고 북을 치며
경을 외우고 있습니다그려.
고요한 눈매 가득히 희망을 간직한 채
목소리 정연하게 경을 외우고 있습니다그려. -

티베트 스님들

달라이 라마의 제자들, 라마 스님들.
감사합니다.
마음 순결한 우리 코리아 불교도들
먼저 스님들께 감사를 드립니다.
꽃으로 공양 올리며 경배를 드립니다.
그래도 미소 잃지 않고
주인 없는 붓다의 땅을 지키시니
참으로 감사합니다.
여기 이 스얌부나트 사원에서도
허물어져 가는 빈 스투파만 보고
쓸쓸히 돌아갈 줄 알았는데
원숭이 구경만 하고
쓸쓸히 돌아갈 줄 알았는데
스님들께서 이 주인 없는 도량 지키시고
독경소리 크게 울리시니
스님들, 참으로 감사합니다.

티베트 스님들
달라이 라마의 제자들, 라마 스님들.
감사드립니다.
마음 순결한 우리 코리아 불교도들
스님들께 감사드립니다.
나라 빼앗기고 동족 빼앗기고
얼마나 고생이 많으십니까?

산 설고 물 설은 이 이국(異國) 땅에서
얼마나 고생이 많으십니까?
고국 생각에 얼마나 마음이 아프십니까?
고향 마을의 산과 호수
인카라빌레아 꽃 꺾어 입피리 불던 옛 추억 생각하며
얼마나 마음 아프십니까?
창탕 고원에서 풀을 뜯는 야크들을 생각하며
얼마나 마음 아프십니까?
그래도 눈빛 푸르게 이 땅을 지키시니
감사합니다.
눈빛 잃지 않고 이 붓다의 땅 지키시니
스님들, 참으로 감사합니다.
오직 하나만 바라보고
토레나(Torena)의 외눈으로
오직 마음의 빛 하나만 직관(直觀)하며
묵묵히 한 길로 나아가시니
스님들, 참으로 감사합니다.

티베트 스님들
달라이 라마의 제자들, 라마 스님들.
감사드립니다.
마음 순결한 우리 코리아 불교도들
스님들께 감사드립니다.
사랑하는 '나의 조국 티베트' 빼앗기고

얼마나 가슴 쓰라립니까?
수만 년 자자손손 독립 주권 지키며 보전해 온
'영광스런 나의 조국 티베트'
무도한 자들에게 빼앗기고
얼마나 가슴 시립니까?

우리들은 잘 알아요.
나라 뺏기는 기막힘
나라 뺏기는 것 보고서도 어쩌지 못하는 처절함−
우리들은 잘 알고 있답니다.
그래서 스님들이 더욱 돋보입니다.
좌절하지 않고 비굴하지 않고
침략자들에게 아첨하지 않고, 동족 팔지 않고
갈라져 싸우지 않고
의연히 기다리는 티베트 동포들이 돋보입니다.
위대한 지도자 받들고 뭉쳐 기다리고 있는
스님들, 티베트 동포들이 돋보입니다.

티베트 스님들
달라이 라마의 제자들, 라마 스님들.
감사합니다.
마음 순결한 우리 코리아 불교도들
스님들께 감사드립니다.
침략자들과 맞서 싸우지 않고

총칼로 서로 살육하며 피 흘리지 않고
증오를 증오로 갚지 않고
참고 견디며
갈갈이 찢겨 죽음 당하는 부모 형제들
피를 토하며 죽어 가는 일가친척들 보고서도
참고 견디며
붓다의 가르침 지켜온 스님들, 티베트 동포들
죽이지 아니하고 내가 스스로 죽어서
비폭력(非暴力), 불살생(不殺生)－
거룩한 붓다－담마 굳게 지켜온 스님들, 티베트 동포들
당신네들은 승리자들입니다
당신네들은 진실로 위대한 승리자들
붓다의 백성들입니다.
인류 평화를 말할 수 있는
우리 시대의 유일한 선민(選民)입니다.
거룩한 성중(聖衆)들입니다.

티베트 스님들
달라이 라마의 제자들, 라마 스님들.
힘내십시오.
부디 희망의 줄을 굳게 잡으십시오.
당신네들은 반드시 성공합니다.
당신네들은 반드시 승리합니다.
지금은 이렇게 흩어져 살아도

낯선 이국 땅 설움 받고 살아도
당신네들은 불멸입니다.
비록 침략자들이 멸망한다 할지라도
당신네 성스러운 티베탄들(Tibetans)은 불멸입니다.
가빌라 백성들이 그러했듯이
당신네 성스러운 티베탄들은 다시 살아납니다.
고국으로 다시 돌아갑니다.
야크를 몰고 초원을 달리며
인카라빌레아 꽃으로 입술 피리 불며
자유를 노래할 것입니다.
붓다를 노래할 것입니다.

티베트 스님들
달라이 라마의 제자들, 라마 스님들.
부디 힘내십시오.
희망의 줄 굳게 잡으십시오.
당신네들 곁에 우리가 함께 있습니다.
인류가 함께 있습니다.
역사의 정의가 늘 함께 있습니다.

[현장 스케치] 스얌부나트 사원, 티베트의 꿈은 이루어진다

　　카트만두(Kathmandu)는 네팔의 수도이다. 스얌부나트-스투파(Swayam-
bhunath-Stupa)는 카트만두에 있는 유서 깊은 절이다. 원래 스투파이지만
그 자체로서 사원 역할을 하고 있어 흔히 '스얌부나트 사원'으로 통한다.
많은 원숭이들이 살고 있기 때문에 '원숭이 사원'으로도 일컬어진다. 스
얌부나트는 '스스로 존재한다'·'자재(自在)하다', 이런 뜻이다.36)

　　성스러운 스얌부나트 언덕의 신비한 역사는 『스얌부-뿌라나(Swam-
bhu-Purana)』라는 책에 자세히 기록되어 있다. 이 책에 의하면, 과거칠불
(過去七佛)이 모두 이 스얌부 언덕에 살며 삼매에 들어 신통력을 발휘
하여 이 언덕을 사람들이 사는 축복의 땅으로 만들었다. 요컨대 이 스
얌부 언덕은 네팔인들에게는 민족의 건국 성지인 것이다.

　　스얌부 신화에서 가장 주목되는 것은 이 언덕과 티베트인들과의 관
계이다. 신화에 의하면, 이 스얌부 언덕의 창조에서 가장 큰 역할을 한
것은 만쥬수리(Manjushri), 곧 문수보살이다. 그는 비사부불(Visvabhu-
Buddha, 毘舍浮佛) 재세시에 산을 잘라 이 계곡의 물을 다 뽑아버리고
사람들이 살기 좋은 스얌부 언덕을 만든 것이다. 만쥬수리는 마하천의
빤차시르사-빠르바따(Pancasirsa-Parvata)에서 왔는데, 이 마하천은 오늘
의 티베트이다. 이것은 네팔과 티베트가 민족 형성 단계에서부터 상호
밀접한 역사적 관계를 유지해 오고 있다는 증거로 판단된다. 네팔과
티베트는 불교라는 공통분모 위에 서서 문화적·혈통적 동질성을 공

---

　36) 정각, 앞의 책, pp.198~201.

184

유해 온 것이다. 카트만두 불교가 밀교이고, 스얌부나트 사원이 밀교적 건축으로 장엄되고 있다는 것을 통해서도 이러한 동질성은 거듭 확인되고 있다.

스얌부나트-스투파는 약 2천년 전 과거불의 제1불인 아시-붓다(Asi-Buddha, 本初佛)를 위하여 건립되었다. 이 스투파에서 가장 주목되는 것이 '토레나(Torena)'라고 불리는 금색의 4면체 건물이다. 토레나의 4방에는 각각 1쌍의 커다란 눈이 그려져 있고 코 대신에 '1'이라는 숫자가 형상화되어 있는데, 이것은 진리에 이르는 길은 오직 하나, 곧 직관(直觀)이라는 사실을 상징하고 있다.

지금 이 절에는 티베트의 라마 스님들이 북을 치며 독경하고 수많은 티베트인들이 오체투지 기도 올리고 있다. 그들은 위대한 스승 달라이 라마의 가르침 따라 비폭력을 실천하며 조국으로 돌아갈 날을 고대하고 있다.

붓다여,
히말라야여, 이 통곡이 들립니까

붓다여, 히말라야여
마차푸차레여, 쪼모랑마여, 카일라스 — 수미산이여
영감의 원천, 순결한 영혼의 고향이여
장엄한 광명, 청정불성(淸淨佛性)의 대설산(大雪山)이여.
이 통곡이 들립니까?
한 여인이 느닷없이 뿜어내는 이 통곡이 들립니까?
하염없이 질근질근 쏟아내는
우리들의 울음이 들립니까?
소리 없는 이 울음들이 들립니까?
저 여인은 할 말이 없어 저렇게 통곡하고 있습니다.
찡 — 하니 가슴 시려올 뿐
아무 말도 생각나지 않아
우리들은 그저 울고 있습니다.
언어를 상실해 버린 어린 바보 되어

이렇게 마냥 울고만 있습니다.
붓다여, 히말라야여
마차푸차레여, 쪼모랑마여, 카일라스 — 수미산이여
영감의 원천, 순결한 영혼의 고향이여
장엄한 광명, 청정불성(淸淨佛性)의 대설산이여.
히말라야는 본래로 붓다의 도량
붓다의 얼굴, 붓다의 몸
아니, 붓다 그 자체
붓다 석가모니 그 자체.
붓다는 여기서 생명 되고
혼이 되고, 몸이 되고
아눗타라-삼먁-삼보리
위없는 깨달음 되십니다.
여기서 광명 되십니다.
무량수 무량광(無量壽 無量光)
태초 이전의 광명
생멸(生滅) 여읜 광명 되시어
저기 저렇게 구름을 뚫고
황금빛으로 빛나고 있습니다.

붓다여, 히말라야여
마차푸차레여, 쪼모랑마여, 카일라스 — 수미산이여
영감의 원천, 순결한 영혼의 고향이여
장엄한 광명, 청정불성(淸淨佛性)의 대설산이여.

그 광명으로 비추소서.
하늘빛 푸르른 그 광명으로
이제 우리를 비추소서.
눈물로 얼룩진 이 얼굴들을 비추소서.
무수한 거짓으로, 욕심과 분노로
고집과 교만으로, 게으름과 나쁜 습관으로
인종 차별, 학벌 차별, 재산 차별
지위 차별, 종교 차별, 문명 차별—
갖가지 사람 차별로 더덕더덕 얼룩진
이 얼굴을 비추소서.

부모를 학대하고
자식들에게 주먹을 휘두르고
아내를 멸시하고, 남편을 구박하고
일가친척을 외면하고, 이웃에게 무관심하고
산목숨들 함부로 해치고
짐승이며 물고기, 미물들 함부로 해치고
꽃과 나무들, 산과 강과 갯벌들
생명 아니라고 함부로 꺾고 뽑고 짓밟고 오염시키고
훔치고 사음하고 거짓말하고 술에 취하고, 노름하고—
갖가지 악업으로 추하게 얼룩진
이 얼굴을 비추소서.
속속들이 비추소서.
숨기고 위장하지 못하도록

우리들 어둔 속내까지 속속들이 비추소서.
피눈물 흘리며
감춘 악업의 찌꺼기들
남김 없이 토해 내도록
오장육부를 후비며 토해 내도록
속속들이 비추소서.
여기서 진정 거듭 나지 못하면
우리는 영영 희망이 없습니다..

히말라야여, 카일라스 — 수미산이여, 대설산이여
이제 우리는 참회진언을 외웁니다.
무릎 꿇고 두 손 모으고
대설산 푸르른 그대 모습 우러르며
백겁 지은 악업 다 토해 내며
참회진언 외웁니다.

'옴 살바 못자모지 사다야 사바하 —'
(참회진언 백팔 번 외우며 참회한다.)

붓다여, 히말라야여
마차푸차레여, 쪼모랑마여, 카일라스 — 수미산이여
영감의 고향, 순결한 영혼의 고향이여
장엄한 광명, 청정불성(淸淨佛性)의 대설산이여.
이제 우리는 당신 품으로 돌아가 안깁니다.

그때, 2천 6백여 년 전
아기 붓다가 히말라야의 예언자 아시타 선인 품에 안기듯
천진무구한 아기 되어
당신 품으로 돌아가 안깁니다.
금세공이 빚어낸 보석같이
하늘을 가는 달같이
구름을 헤치고 나온 가을 해같이
천진무구한 새 생명 되어
황금빛 찬란한 당신 품으로 돌아가 안깁니다.

붓다여
이제 우리는 당신의 자녀입니다.
히말라야여
이제 우리는 당신의 영봉(靈峰)입니다.
마차푸차레여
이제 우리는 당신의 안광(眼光)입니다.
카일라스—수미산이여
이제 우리는 당신의 백설 광명(白雪光明)입니다.

오호, 하늘이여, 땅이여, 붓다여
우리를 축복하소서.
우리를 위하여 축복의 송가를 불러 주소서.
오호, 인도여, 네팔이여
우리를 축복하소서.

우리를 위하여 한바탕 춤판을 펼쳐 주소서.
이제 우리는 새사람 됐습니다.
순수무구(純粹無垢),
순결한 연꽃 부처들로 새로 태어났습니다.

이제 우리는 맹세합니다.
대설산 푸르른 광명 앞에 굳게 맹세합니다.

"제행은 무상하고 텅 빈 것이다.
욕심 집착 텅 비우면 대광명이 솟아난다.
천지의 생명 기운 넘쳐흐른다.
우리도 부처님같이 헌신 봉사하리.
진흙수렁 속에 연꽃을 피우리.—"

붓다여, 히말라야여
마차푸차레여, 쪼모랑마여, 카일라스—수미산이여.
한 여인이 통곡하고 있습니다.
우리들이 눈물 흘리고 있습니다.
새로 태어난 이 기쁨으로
언어를 잃어버린 어린 바보 되어
질근질근 눈물 흘리고 있습니다.

오호, 붓다여, 히말라야여, 대설산이여
우리들의 순결한 영혼이여—

〔현장 스케치〕 **수미산 - 히말라야, 순결한 영혼의 고향**

히말라야(Himalaya)를 말하려면 먼저 수미산을 생각하게 된다. 히말라야가 세상에 알려지기 전 오랫동안 수미산이 가장 높은 산으로 불교적 우주관의 중심을 이뤄왔기 때문이다. '수미산(須彌山)'은 산스끄리뜨어로 'Sumer Parvata'로서 '수미루(修迷樓)'·'미루(彌樓)' 등으로 한역되고, 뜻으로는 '묘고(妙高)'·'묘광(妙光)'·'안명(安明)' 등으로 번역된다.[37]

수미산은 가장 오래된 초기경전의 하나인 『숫타니파타』의 「날라카경」에도 등장하고 있거니와,[38] 한역(漢譯) 『장아함경(長阿含經)』의 18번째 경 「세기경」에 상세히 기록되어 있다. 경에 의하면, 수미산은 이 우주의 중심에 솟아 있는 높고 성스러운 성산(聖山)으로서 4방에 사람이 살 수 있는 4개의 세계〔四大洲〕가 펼쳐져 있는데, 남섬부주(南贍部洲) 등이 그것이다. 현장은 이렇게 해설하고 있다.

"잠부주의 중앙이 아나바탑타지(阿那婆塔多池)이다. 향산(香山)의 남쪽, 대설산(大雪山)의 북쪽에 있는데, 주위가 8백리이다."[39]

이것이 '수미산설'로서 불교적 우주관을 묘사하고 있는데, 위 글에 등장하는 향산이 곧 수미산이고 대설산은 히말라야 산이다. 여기서 주목되는 것은 티베트인 등 현지인들은 그들이 섬기는 티베트의 카일라스(Kailas) 산이 수미산이며 마나사로바(Manasarova) 호수 - 아뇩다지(阿縟

---

37) 김규현, 『티베트의 신비와 명상』(도피안사, 2000), pp.155~202.
38) Sn 679-687.
39) 玄奘·권덕주 역, 앞의 책, p.19 ; 김규현, 앞의 책, p.188.

192

達池)가 아나바탑타지라는 오랜 주장이다. 그리고 근대 탐험가들의 현지 탐사 결과 이러한 주장이 사실인 것으로 입증되었다.[40]

카일라스 산(須彌山) - 마나사로바 호수(阿耨池) - 히말라야 산(大雪山) -

이렇게 구성된 이 성역이 우주의 중심이며 인간 정신의 원천이다. 순결한 영혼 - 불성(佛性)의 고향이다. 불교는 바로 이 성역 - 성산의 산출인 것이다.[41]

---

40) 김규현, 앞의 책, pp.191~194.
41) 마차푸차레는 네팔 포카라(Pokhara)에서 바라보는 히말라야의 장엄한 삼각형 설산이고, 쪼모랑마는 에베레스트 산(탐험가의 이름)의 본래 이름이다.

2편
인도 시편(詩篇)

1. 칸다하르(Khandahar) 형제들에게

뭄바이에서 델리로
데칸 평원을 넘으며 당신들을 보았습니다.
도로변 곳곳에 몇 포기 풀로 얽어 맨
땅강아지보다 더 야트막하고 초라한
당신들 칸다하르의 마을을 보았습니다.
처음 순간
나는 1950년대의 한국을 생각했습니다.
그때, 동족 전쟁으로 갈갈이 찢겨나간
한국인들의 피난민촌을 생각했습니다.
개딱지 같은 하꼬방을 생각했습니다.
아니, 당신들의 풀집은 그보다 훨씬 더 심각합니다.
판자촌도 아니고 하꼬방도 아닙니다.
캄캄한 어둠, 거지들 소굴-
그것은 충격입니다.

데칸 평원 숲속 여기저기 두루 퍼진
칸다하르 형제들이여

그러나 당신들은 그때 내 조국 코리아의 피난민촌 하꼬방과는 다
르다는 것을 나는 금방 깨달을 수 있었습니다.
당신들에게는 공포가 없어 보였습니다.
당신들에게는 절망이 없어 보였습니다.
당신들에게는 분노가 없어 보였습니다.
당신들에게는 '빨리 빨리'라고 외치는 초조가 없어 보였습니다.
당신들에게는 가슴 섬뜩한 적의(敵意)의 눈빛이 없어 보였습니다.

흙빛보다 더 검게 물든
칸다하르의 형제들이여
당신들은 유순해 보였습니다.
당신들은 착해 보였습니다.
당신들은 스스로 만족해 보였습니다.
당신들은 서로 아끼고 사랑하는 것같이 보였습니다.
아버지도 어머니도 어른도 아이도
사람도 소들도 양(羊)들도
모두가 하나같이 한 가족처럼 보였습니다.
무엇보다 당신들은 모두 평화로워 보였습니다.
이상하리만큼 평화로워 보였습니다.

데칸 평원 마른 땅 위에 점점이 흩어져 있는
검고 작은 칸다하르 형제들이여
당신들은 어찌 그럴 수 있습니까?
어찌 그렇게 선량할 수 있습니까?

어찌 그렇게 자족(自足)할 수 있습니까?
어찌 그렇게 적의도 원망도 눈물도 보이지 않을 수 있습니까?
슬퍼할 틈도 없는 두터운 역사의 유산입니까?
유전(遺傳)입니까?
체제의 위력입니까?
위대한 힌두(Hindu)의 순치(馴致)입니까?

데칸 평원 솔밭 사이 뜸뜸이 늘어선
고요한 칸다하르의 형제들이여
그러나 당신들은 이제 깨어나야 하지 않습니까?
이제 땅강아지보다 작은 키를 훌훌 털어 버리고
사람 키로 일어서야 하지 않습니까?
세포 속에 녹아 든 인내와 순종의 인자들을 깨고
한낮의 암탉같이 꼬끼요— 큰소리로 날개 치며
둥지에서 뛰쳐나와야 하지 않습니까?
장엄한 시바 신(神)의 품을 뿌리치고
인간의 당당함으로 우뚝 서야 하지 않습니까?
이제, 그럴 때가 되지 않았습니까?

데칸 평원 군데군데 가슴의 아픈 멍처럼 늘어선
검은 눈빛의 칸다하르 형제들이여
2천 6백여 년 전 마가다 땅에
붓다가 오신 이유를 이제사 깨닫습니다.
바로 당신들 때문입니다. 당신들이 바로 그들입니다.

그때 붓다는 이렇게 당부했습니다.
사랑하는 제자들에게 이렇게 재촉했습니다.

"수행자들아, 길을 떠나가라.
많은 사람들의 선(善)과 이익, 행복을 위하여
세상에 대한 자비심으로
신(神)들과 사람들의 이익과 선, 행복을 위하여—
두 사람이 한 길로 가지 말라.—"[1]

칸다하르 형제들이여
당신들이 바로 그 '많은 사람들'입니다.
당신들이 바로 그 '중생(衆生)들'입니다.
당신들이 바로 그 '일체중생(一切衆生)들'입니다.
붓다가 몸소 찾아가 아침마다 차례로 밥을 빌던 사람들이
바로 당신들입니다.
마하까샤빠 장로가 천인(天人)들의 초대를 거절하고 찾아간
노동자들과 베 짜는 사람들의 빈민촌이
바로 당신들의 이 검고 작은 칸다하르 마을입니다.[2]

데칸 평원 어둠 사이로 점점이
무색(無色)의 침묵 그것으로 숨쉬는 칸다하르 형제들이여
이제 떨치고 일어서십시오.

---

1) SN 4.1.5(text. ⅰ, 106-106) ; cf. 拙稿, 『초기불교개척사』, pp.244~245.
2) Udana 1.6(Kassapa-Sutta) ; 拙稿, 앞의 책, pp.280-~281.

당신들의 할아버지 할머니들이 그랬듯이 떨치고 일어나
깨달음의 길로 찾아 나서십시오.

"나는 사람이다.
신들과 사람들의 세계 가운데 가장 존엄한
나는 사람이다."

이렇게 외치며 깨달음의 길로 나서십시오.
깨달음은 바로 당신들의 몫입니다.
불성(佛性)은 바로 당신들의 권리입니다.
붓다는 바로 당신들 자신입니다.
이 세상에 태어나 주인 되는 사람
피땀 흘리며 운명을 개척하는 사람들
그들이 바로 붓다입니다.
바로 당신들, 칸다하르 형제들입니다.

데칸 평원 뜸뜸이 빛나는 외로운 등불
칸다하르 형제들이여
이 나그네의 푸념을 용서하십시오.
철저한 이기심의 아웃 사이더(Out-sider)가
당신들 깊은 속내를 어찌 안다고
이렇게 장광설(長廣舌)입니까?
한번 스쳐보고 어찌 이렇게 불평이 많습니까?
형제여, 용서하십시오.

이 어리석은 오만을 용서하십시오.
아무에게나 위세를 보이려고 사설을 늘어놓는
이 어리석은 중생의 오만과 허세
형제여, 부디 용서하십시오.—

(2000년 1월 18일 아침 7시 30분, 델리, Red Castle Hotel 305호실에서)

[명상 노트] **카스트는 시퍼렇게 살아 있는 운명의 멍에**

얼마 전 '반디트의 여왕'이라는 영화를 보았다. 인도의 한 하층민 출신의 여성이 체제와 관습의 장벽에 온몸으로 저항하면서 걸어가는 고통과 성공의 삶을 다룬 실록 영화였다. 거기에는 카스트(Caste)로 상징되는 인도 사회의 뿌리깊은 불평등과 부자유, 여성들에 대한 남성들의 차별과 학대, 결혼 지참금 등 혼인제도의 모순, 그리고 이것에 대하여 저항하는 하층민들의 투쟁과 좌절, 의적(義賊) 활동 등이 적나라하게 전개되고 있었다. 그러나 나는 카스트의 고통을 거의 실감하지 못하고 있었다. 광활하고 복잡한 인도 사회 일부에 아직도 잔존(殘存)하고 있는 전 시대의 유습 정도로 치부하고 있었던 것이다.

2000년 1월 17일.

우리는 보팔(Bhopal)을 출발하여 델리 쪽으로 달려가고 있었다. 데칸 고원의 넓고 긴 도로를 따라 버스는 쉼 없이 달려나갔다. 도로 양쪽에는 야트막한 소나무 숲이 함께 동반하고 있었다. 도중에 나는 이상한 광경을 목격하였다. 숲 사이 뜸뜸이 작은 마을들이 나타나고 사라지곤 하는데, 그 집들을 보고 나는 충격을 받았다. 그것은 육십여 년 내 체험 영역을 송두리째 무너뜨리는 타격이었다.

'아니, 저것이 사람 사는 집이란 말인가?

판잣집도 아니고 하꼬방도 아니고—

대체 저런 곳에 사람들이 산단 말인가? 저 사람들은 누구일까? 거지들일까? 노예들일까? 무엇을 먹고사는 것인가? 농토라도 있는 건가?

아이들을 어떻게 키우는가? 학교는 어떻게 하고—?'

소굴같이 작고 어둔 마을들이 끝없이 계속되고 있다. 짚이나 갈대로 듬성듬성 얽어맨 것이 바람이라도 한번 불어닥치면 금방 날아가 버릴 것 같다. 집 주변에 사람들이 보인다. 뭔가 일을 하는 것 같지도 않다. 아이들이 새까만 눈동자를 반짝이며 놀고 있다. 아니, 내던져져 있다고 하는 것이 옳을 것이다. 가끔씩 우리를 보고 손을 흔들기도 한다. 거의 벗고 있다. 못 먹어 비쩍 말라버린 닭이나 양들도 가끔 눈에 띄었다.

나를 더욱 당혹하게 한 것은 그들의 표정이다. 그러면서도 그들의 얼굴은 고요하다. 어느 수행자 못지 않게 고요하고 평화롭다. 눈빛이 선하다. 원망도 적의도 볼 수 없다. 한국의 거리와 전차 안에서 흔히 만날 수 있는 의도적인 무관심이나 살벌한 사시(斜視)는 어디서든 찾아볼 수 없다.

'체념일까? 순종일까? 무심일까? 아니면, 말없는 저항일까? 심연 깊이 잠들어 있는 분노의 표백일까?'

나는 안내하는 꾸마르(Kumar) 군에게 그들의 정체에 관해서 여러 가지를 물었다. 네루 대학 한국어과 1학년생인 꾸마르 군의 설명에 의하면, 그들은 '칸다하르(Khandahar)'로 일컬어지는 최하층 빈민—천민집단이다. 불가촉천민(不可觸賤民) 그룹의 하나이다. 데칸 고원이나 벵갈 지방에 널리 분포되어 있다. 생업은 거의 없고 주로 구걸을 하거나 천역에 몸을 팔며 연명해 간다.

나는 인도에 도착한 이후에 보았던 인도 사람들의 모습을 떠올려 본다. 봄베이 역 광장에서 찬 밤바람을 맞으며 헝겊 조각 하나로 웅크리고 누워 밤을 지새던 수많은 노숙자들, 성지(聖地) 곳곳마다 새까맣게 모여들며 손을 벌리던 아이들, 도시 거리를 목발 외다리로 절룩거리며 걸어가던 사람들, 때묻은 잡동사니 상품을 내밀며 "천원이요 천원이요, 쌉니다!" 하고 유창한 한국말로 매달리던 사람들, 못 본 척 돌아서도 원망도 없이 웃으며 물러서던 사람들, 착한 사람들, 착한 인도인들—

'그래, 붓다는 바로 이들을 위해서 온 것이야.

이 착한 사람들, 이 착한 많은 사람들, 이들이 바로 불경 속에 나오는 중생들이야. 붓다는 이들 때문에 온 것이야. 이 중생들의 이익과 선(善), 행복을 위해서 이 황량한 데칸 고원, 인도 땅에 온 것이야.

그래서 붓다는 카스트를 부정한 거야. 붓다 스스로 카스트의 기득권을 내던지고, 스스로 구걸하는 천민이 되어 카스트에 맞서 싸운 거야. 마하까샤빠 장로가 하늘 사람들(天人)의 풍성한 공양 초대를 거절하고 노동자들과 베 짜는 하층민들이 모여 살던 라자가하의 빈민촌으로 걸식하러 간 거야.

붓다가 바로 이들 칸다하르야. 칸다하르가 된 거야.

마하까샤빠 스님이 바로 이들 칸다하르인 거야. 칸다하르가 된 것이야.

그래서 붓다는 성공한 거야, 인도불교는 성공할 수 있었던 거야.'

문득, 책을 보고 몰두하며 '이것이 불교 하는 길이다' 이렇게 고집해 온 나 자신이 몹시 부끄러워진다. 무작정 앉기만을 내세우며, '화두 참선해야 생사해탈한다'·'한소식 해야 대장부 할 일을 다한 것이다' 이렇게 주장해온 우리들 자신이 너무나 부끄러워진다.

칸다하르—

어두운 소굴 속의 이 많은 사람들을 외면하고 경전—학문이 무슨 의미가 있는 것일까?

칸다하르-

절망조차 잊어버린 이 많은 착한 사람들을 남겨두고 생사해탈이 무슨 의미가 있는 것일까?

칸다하르-

이들을 옥죄는 카스트, 사회적 체제·관습·의식(意識)의 타파를 위하여 봉사하지 못하는 수행, 참선·8정도·5계가 무슨 의미가 있는 것일까?

칸다하르-

이들의 어두운 눈을 부릅떠 일깨우는 데 봉사하지 못하는 깨달음이 무슨 의미가 있는 것일까?

칸다하르-

이들의 손을 잡고 함께 가지 못하는 내가 무슨 불자일까? 무슨 수행자일까?

데칸 평원 칸다하르 형제들의 마을을 지나면서 이 땅, 이 거대한 인도는 여전히 붓다를 부르고 있다는 진실을 절감하고 있다. 이 완고한 힌두의 대륙은 여전히 붓다를 필요로 하고 있다는 너무나 절박한 역사의 소리를 듣고 있다. 카스트는 2천 수백 년 전의 흘러간 유산이 아니라, 지금 현재, 바로 이 순간, 인도의 4억 천민들-민중들을 유린하는 악형(惡刑)이며 장애라는 긴급한 상황을 보고 있다. 붓다운동, 반(反)카스트의 붓다운동은 이제 새롭게 전개되어야 할 시대적 소명이라는 절박한 상황을 보고 있는 것이다.

2. 간디(Gandhi) 선생은 말한다

2000년 1월 18일, 화요일 오전
델리의 신선한 아침 공기 속에서
문득 나는 당신을 만났습니다.
위대한 영혼
20세기 인류의 위대한 영혼
마하트마 간디(Mahatma Gandhi)
당신을 만났습니다.

"Truth is God."

간디 선생, 당신은 이렇게 말합니다.

"진실이야말로 진정한 신(神)이다.
진실이야말로 진정한 붓다이다."

신(神) · 부처 · 하느님 —

이런 생각들로 찌들려 있는 우리 한국인들에게
간디 선생, 당신은 이렇게 말합니다.
현관 입구 첫 만남에서
당신은 우리를 보고 이렇게 말합니다.

"My Life is My Message."

간디 선생, 당신은 이렇게 말합니다.

"무엇이 진실일까?
무엇이 진리일까?"

타고난 습(習)으로
또 의심하고 따지고 드려는 우리를 향하여
간디 선생, 당신은 단도직입 이렇게 말합니다.

"무엇을 더 생각하는가?
무슨 말을 더 들으려 하는가?
내 삶이 나의 메시지이다.
내가 살아온 생애가 내 진실이다.
진실－진리를 알고 싶거든 내 삶을 보아라."

2층 계단에서 우리들을 맞으며
간디 선생, 당신은 이렇게 말합니다.

숨 돌릴 틈도 주지 않고-
간디 선생, 부끄럽습니다.
기념관 방방 구석구석을 가득 메운
당신의 삶을 보고
당신의 생애를 보고
우리는 부끄럽습니다.
물레를 돌리고, 실을 뽑고, 베 짜는 당신 앞에서
당신의 묵은 땀내음을 맡으면서
우리는 부끄럽습니다.
바람털같이 가벼운 한 벌 옷을 걸치고
맨발로 막대기 하나에 의지하여
불가촉(不可觸) 천한 아이들 손을 잡고 걸어가는
당신의 걸음 앞에서
피할 길 없는 부끄러움으로
식은땀을 흘립니다.
빈둥빈둥 편히 지내며
더 편히 지낼 생각으로
머리나 굴리며 허둥대는
60여 년 세월이 부끄러워
등에 식은땀을 흘리고 섰습니다.

간디 선생, 당신은 또 말합니다.

"자비의 큰 힘이

힌두 승려들(브라만들)에 맞서 이기는 것과 같은
평등한 힘을 가졌다는 사실이 입증되지 못했다면
붓다는 사제(司祭, 司祭意識)들과 싸우다 죽었을 것이다."3)

아하, 이제 알았습니다.
이제사 겨우 깨달았습니다.

'붓다가, 붓다 석가모니가
왜 의(義)를 위하여 죽지 않았을까?
왜 거룩한 죽음의 길을 택하지 않았을까?
불교 역사에는
왜 화려한 순교의 역사가 없는 것일까?'

이 오랜 의문의 답을
겨우 깨달았습니다.
그렇군요.
붓다는 자비의 길을 택한 것이로군요.
불의(不義) 불선(不善)한 힌두 사제들을 적대하고 타도하는 대신
그들을 감싸 안고 따뜻한 체온을 공유하며
끝까지 함께 가는 다함 없는 자비(慈悲)—
붓다는 분명 이 길을 선택한 것이로군요.

---

3) Buddha would have died resisting the priesthood, if the majesty of his love had not proved to be equal to the task of bending the priesthood. Christ died on the cross with a crown of thorns on his head, defying the might of a whole empire. And if I raise resistance of a nonviolence character, I simply, and humbly follow the foot-step of the great teachers. — M. Gandhi.

피는 피를 낳고 죽음은 또 죽음을 낳고
순교는 끝없는 순교를 낳고
이렇게 해서 인류사는 피로 얼룩지고―
그런 까닭에 장애를 극복하기 위하여 장애와 다투지 않고
악마를 항복 받기 위하여 악마와 싸우지 않고
고요한 미소로 연꽃처럼 피어나는 자비로운 미소로
묵묵히 나아가는 것
그렇게 해서 장애가 본래 없고
악마가 나 자신의 모습임을 드러내 보이고
천지만물이 나와 더불어 동일생명(同一生命)임을 드러내 보이고―

간디 선생, 당신도 이 길을 가고 있군요.
붓다의 뒤를 따라 이 길을 가고 있군요.
그래서 당신은 고백합니다.

"만일 내가 비폭력(非暴力) 저항의 깃발을
높이 드는 것이라면
나는 단순하게, 겸허하게
위대한 스승들의 발자국을 좇아갈 뿐이다."

간디 선생
박물관 3층 한 전시실에서
나는 당신의 속내를 알아챘습니다.
한 그림 속에서

210

나는 당신의 깊은 속내를 알아챘습니다.

거기에
붓다가 앞서 가고 있습니다.
그 뒤를 예수가 가고 있습니다.
그 뒤를 당신이 가고 있습니다.
세 분이 한 줄로 이어 서서
저 황금빛 찬란한 태양을 향하여 묵묵히 나아가고 있습니다.
수많은 사람들이 세 분을 둘러싸고 함께 행진하고 있습니다.
저 황금빛 태양을 향하여 기뻐 노래하며 함께 행진하고 있습니다.

간디 선생
어디로 가고 있습니까?
붓다를 앞세워 당신네들은 어디로 가고 있는 것입니까?

간디 선생
우리는 이미 알고 있습니다. 우리는 이미 한소식 했습니다.
우리는 이미 견성하였습니다. 그 길을 본 것입니다.
인류 구원의 길을 본 것입니다.
인류 견성(人類見性)·영구평화(永久平和)의 길을 본 것입니다.

간디 선생
비폭력(非暴力)입니다. 그것은 비폭력입니다.
내가 죽어도 죽이지 않는 비폭력입니다.

죽어도 죽이지 아니하면
죽지 아니하는 비폭력입니다.

간디 선생
우리도 그 길로 들어서고 싶습니다.
붓다·예수·간디
그 뒤를 따라가고 싶습니다.
단순하게, 겸허하게 그 발자국들을 따라가고 싶습니다.
그저 묵묵히 따라 걷고 싶습니다.

(2000년 1월 19일, Jaipur, Ashok Hotel에서)

〔명상 노트〕'Truth is God.'

'Truth is God.'
델리의 간디 박물관 1층 계단에서 간디 선생은 이렇게 말하고 있다.

"진실함이 곧 신(神)입니다.
진실하게 살아가는 것이 곧 신이며 붓다입니다."

간디 선생은 깡마른 몸으로 돋보기 안경을 쓰고 앉아 물레를 돌리면서 이렇게 말하고 있다. 한동안 정신이 얼떨떨하다. 심한 충격을 느낀다. 충격은 2층으로 올라서며 또 한번 왔다. 그리고 3층 전시실에서 '삼성동행도(三聖同行圖)'를 보고 절정에 달하였다.

'Truth is God.'
그래, 바로 이거야!
신(神)들의 갈등, 이 끝없는 신들의 전쟁을 종전시킬 수 있는 길은 바로 이거야. 신들의 전쟁, 문명 충돌의 악순환을 벗어버리고 이 땅의 평화를 구하는 길은 바로 이거야. 바로 이 깨달음이야.
신이 더 이상 인류의 구원이 되지 못한다고 느끼고 있다. 신이 더 이상 이 세상의 평화의 빛이 되지 못한다는 것은 이미 많은 사람들이 느끼고 있는 일이다. 고요히 생각해 보면, 신 때문에 사람들이 갈라선다. 신 때문에 인류가 전쟁을 벌이고 있다. 신 때문에 테러를 하고 신 때문에 대량 살육의 만행을 저지른다. 그러면서도 신 때문에 오히려 두려움을 모른다. 심약하고 착한 사람들이 신의 이름으로 강해지고 신의 이름으로 전사(戰士)가 되고 신의 이름으로 물러설 줄을 모른다. 신의 이름으로 기꺼이 죽어간다. 노래 부르며 평화로운 얼굴로 죽어간다. 이것은 얼마나 소름끼치는 전율인가? 인간 자신들의 탐욕과 증오와 고집을 신의 이름으로 성화(聖化)하고 신의 뜻으로 정당화한다. 그래서 더 어려워지는 것이다. 아프간도 그래서 더 어려워지고, 이라크·이스라엘 – 팔레스타인도 그래서 더 어려워지는 것이다.

신의 위기는 곧 붓다(佛)의 위기로 통한다. 어느새 붓다가 신이 되어 있다. 신불(神佛)이 하나로 돌아간다. 붓다의 이름으로 거대한 불상 만들기에 열중한다. 대작불사(大作佛事)의 이름으로 고단한 민중들이 편할 날이 없다. 붓다의 이름을 이리저리 갈라놓고 서로 갈등을 벌이고 대립한다. 신전에 공물을 바치듯, 붓다 앞에 늘어서 공양 올린다. 깨달음 – 견성 해탈을 형상화하고 도그마화해 놓고, '이것만이 깨달음의 길이다' 하고 독선의 우물 안으로 타락하고 있다. 그래서 붓다가 빛을 잃고 있다. 불교가 힘을 상실하고 있는 것이다.

이것이 아닌데 이래서는 안 되는데
신(神)이 본래 이런 것이 아닌데
붓다(佛)가 본래 이런 것이 아닌데
신은 본래 참으로 선(善)하고 참으로 평화로운 것인데
신은 본래 선하고 평화로운 사람들의 삶 가운데 있는 것인데
붓다는 본래 만인 가운데 있는 것인데
법신(法身)은 본래 땀 흘리며 열심히 살아가는 만인들의 일상적 삶 가운데 있는 것인데, 진실하게 살아가려고 애쓰는 하루 하루의 삶 가운데 있는 것인데

이 삶을 떠나 어떤 형상의 신도 절대자도 없는 것인데
이 일상적 삶의 현장을 떠나 어떤 부처도 법신도 없는 것인데
그래서 '진실이 곧 신'이라고 한 것인데
그래서 '평상의 삶이 곧 붓다의 길〔平常心是道〕'이라고 한 것인데 —
출구가 없는 것일까?
신들의 위기를 구할 출구는 없는 것일까?
붓다의 위기를 구할 출구는 없는 것일까?
점점 다가오는 또 한번의 집단광기로부터 이 인류를 구할 출구는 정녕 없는 것일까? —

붓다 — 예수 — 간디
붓다가 앞서 가고 예수가 뒤따르고 간디가 또 뒤따르고
만인이 붓다 — 예수 — 간디와 함께 가고 —
그래, 이거야, 바로 이거야.

나는 간디 박물관 3층 전시실의 한 화폭에서 구원의 길을 찾아냈다. 아니, '삼성동행도(三聖同行圖)'의 태양 빛이 섬광처럼 내 안정(眼精)을 친 것이라고 해야 할까?

붓다 — 예수 — 간디.
그들은 이미 붓다·예수·간디가 아닐 것이다. 거기에는 어떤 이름도 없을 것이다. 어떤 형상도 없을 것이다. 어떤 개념도 없을 것이다. 깨달음도 없고 자비도 없고 사랑도 없고 비폭력도 없을 것이다. 어떤 사제(司祭)도, 사제의식(司祭意識)도 없을 것이다. 어떤 차별적 권위주의도 없을 것이다. '붓다 — 예수 — 간디'라고 이름하고 구분하는 것은 중

생의 어리석은 한갓 습(習)일 뿐이다. 습관에 젖어 헛것을 본 것이다.

거기에는 다만 진실한 삶이 있을 뿐이다. 누더기 한 벌로, 아무 구하는 바가 없이, 맨손 맨발로 피땀 흘리며 열심히 진실하게 살아가려는 절실한 삶이 있을 뿐이다. 따뜻한 삶이 있을 뿐이다. 고요하고 은근한 미소가 있을 뿐이다. 미물 하나라도 차마 해치지 못하는 천진 미소가 있을 뿐이다.

붓다같이

예수같이

간디같이ㅡ

불교를 벗어버릴 때 붓다같이 살 수 있을 것이다. 기독교를 놓아버릴 때 예수같이 살 수 있을 것이다. 비폭력을 포기할 때 간디같이 살 수 있을 것이다. 붓다에게서 삶을 보고 예수에게서 삶을 보고 간디에게서 삶을 보고ㅡ 이렇게 다만 진실한 삶을 볼 때, 인류는 비로소 만인견성(萬人見性)의 길로 함께 갈 수 있을 것이다. 만인견성ㅡ영구평화의 길로 함께 어울려 갈 수 있을 것이다. 앞서거니 뒤서거니 한데 어울려 평화롭게 함께 갈 수 있을 것이다.

그런 까닭에 종교라는 이름의 어떤 권위나 조직도 철저히 포기되지 않으면 안 될 것이다. 교리라는 이름의 어떤 독단론이나 고정관념도 포기되지 않으면 안 될 것이다. 선교라는 이름의 어떤 강요나 패권주의도 철저히 포기하지 않으면 안 될 것이다. 그래서 간디 선생은 '붓다는 사제(司祭, 司祭意識)들을 누르기 위하여 싸우다 죽었을 것이다.' 이렇게 증언하고 있다. 종교집단ㅡ교회를 조직하여 자신들의 신성불가침의 권위를 인위적으로 조작하고, 교리를 신비화하고 교리ㅡ성서에 대한 독단적 해석을 자행함으로써 사람들의 자유로운 사고와 비판을 억압하고, 맹목적 선교를 충동함으로써 사람들의 공격본능을 선동하고 타종교−타문명에 대한 적대의식을 야기하여 종교−문명전쟁을 끊임없이 확대 재생산해 내고……. 이렇게 진실−Truth를 왜곡하는 것이 이들 사제들−브라만들·승려들·신부들·목사들·이맘들…이기 때문일 것이다. 평생 누더기 한 벌로 맨발로 걸으며 백성들의 작은 벗으로 살다 간 붓다와 예수, 간디의 진실한 삶을 왜곡하고 외곬으로 몰아가는 것이 이들의 탐욕스런 사제의식(司祭意識)이기 때문일 것이다.

붓다같이 예수같이 간디같이.

다만 한 벌의 누더기 옷으로 훌훌 털고 나서면, 그것으로 진정 족하지 않으랴.−

3. '하이 하이 ㅡ'

뭄바이에서 나는 처음 인도 사람을 보았다.
냄새나고 불결한 첫 모습을 보고
나는 생각했다.
'인도는 역시 후진국이구나.'

새벽 어둠
뭄바이 역 광장에서 나는 인도 사람들을 보았다.
광장 곳곳에 헝겊 누더기를 뒤집어 쓴 채
시신처럼 누워 잠자는 검은 인도인들을 보고
나는 충격을 받았다.
'이것이 사람인가? 짐승인가?'
충격을 받고 한 달 동안 실어증(失語症)에 걸렸다는
한 여인을 생각했다.

봄베이 역에서 나시크로 가는 열차 안에서 나는 렐리(Lele) 씨 가족들을 만났다. 자그마한 체구의 금융업자 렐리 씨와 잘 생긴 품위

넘치는 그의 아내와 천사 같은 눈망울의 어린 딸과 아들―
　나는 거기서 자부심 강한 인도 사람의 참 모습을 만나고
　그들의 가족 사랑을 만나고 아이들이 외우는 '간디의 기도'를 듣고
　작은 선물을 나누고, 먹을 것을 나누고, 마음을 나누었다.
　나는 생각했다.
　'그래, 이것이 인도야.
　자랑스런 인도 사람이야.
　붓다의 후예들, 간디가 사랑했던 백성들이야.'

　버스를 타고 데칸 평원을 줄곧 달리면서 나는 땅강아지 같은 풀
집들을 보았다. 군데군데 늘어선 검은 오두막들, 아니 오두막도 못
되는 풀집들
　칸다하르(Khandahar)
　그 속에 사는 귀신 그림자 같은 사람들―
　나는 거기서 오히려 포근한 고향 같은 걸 보았다.
　오래 망각했던 나 자신, 우리 자신의 본래 얼굴들을 본 것이다.
　중생의 진면목(眞面目)을 본 것이다.

2천 6백여 년 전
붓다 석가모니가 만났던 사람들
탁발 길에서 몸을 부딪히며 만났던 그 사람들―
나는 왠지 모르게 그들에게서 구원 같은 안식을 보았다.
무엇 때문일까? 이 안식은 무엇 때문일까?
자이푸르(Jaipur) 작은 도로에서 나는 인도 사람들과 뒤엉켰다.

하꼬방 같은 가게를 열어놓고 열심히 손님을 끌어대는 의욕에 찬 장사꾼들과 뒤엉키고, 목발에 기대고 구걸의 손을 내미는 소년과 뒤엉키고, 시장 바닥에서 악기를 타며 춤을 추는 거리의 악사들과 뒤엉키고—

그때 난데없이 아이들이 나타났다. 교복을 예쁘게 차려입은 초등학교 아이들과 뒤엉켰다.

'하이, 하이—'

그들은 하늘 소년·소녀같이 거침없이 웃으며 손을 내밀었다.

우리는 서로 손을 잡고, 손바닥을 맞추며

'하이 하이—' 이렇게 뒤엉켰다.

이 천진한 미소

이 천진무구한 하늘 소년·소녀들—

어디서 왔는가?

이 아이들은 어디서 왔는가?

악몽에서 깨어난 환희로 나는 그들과 손을 잡았다.

나는 거기서 인도 사람을 보았다.

나는 거기서 인도의 빛을 보았다.

생각해 보면 그 빛은 이미 있어 왔다.

언제나, 어디서나 그 빛은 있어 온 것이다.

서울, 그 살벌한 거리에서도 있어 왔고

로스앤젤레스, 그 두려운 거리에서도 있어 왔고

인도— 이 혼돈의 검은 대륙에서도 있어 온 것이다.

냄새 풍기는 사람들
역 광장에 시체처럼 너부러진 사람들, 렐리 씨 가족들
칸다하르의 귀신 같은 사람들, 장사꾼들, 걸인들, 장애자들, 악사들
'하이 하이'를 외치는 하늘 아이들—
이들은 진정 본래면목(本來面目) 아니던가?
우리 속에 늘 있어 왔던 보통 사람들의 본래면목 아니던가?
이미 깨달아 있는 사람들—
그들의 모습은 바로 이런 것이 아니던가?

인도·인도 사람들—
나는 거기서 사람들 세상을 본다.
어쩌지 못하는 사람들 세상, 중생들 세상
그리운 고향, 고향 사람들을 본다.

그래서 나는 안식을 느낀다.
칸다하르 검은 풀집에서 잠들고 싶은 평화를 느낀다.

(2000년 1월 19일 오후 1시, Agra, Ashok Hotel 로비에서)

〔명상 노트〕 '간디의 기도'를 외우는 아이들

2000년 1월 14일 초저녁.

우리는 뭄바이(Mumbai, Bombay) 공항에 내렸다. 공항 밖에서 만난 인도 사람들의 첫인상은 어둡고 좀 불결한 것이었다.

1월 15일 새벽.

아직 싸늘한 공기에 몸을 움츠리고 뭄바이 역으로 갔다. 역 광장에 수십 수백으로 너부러져 누워 있는 사람들을 보고 우리는 충격을 받았다.

'이럴 수가! 이 찬 기온에 땅바닥에 누워 잠을 자다니

저들은 대체 살았는가? 죽었는가?

우리들 영혼의 고향 인도, 그 인도가 고작 이런 정도의 나라인가?'

아침 햇빛을 받으면서 우리는 나시크 행 열차를 탔다. 지헌 선생 내외분과 한 좌석에 앉았다. 객차 안은 1970년대의 한국 열차를 상기시킨다. 여기서 우리는 렐리(Lele) 씨 가족을 만났다. 서투른 영어로 띄엄띄엄 대화를 나눴다. 뭄바이에서 리스(금융)업을 하고 있다는 렐리 씨는 작은 체구에 위엄과 교양이 있어 보였다. 부인은 인도에서 자주 만나는 그런 아리안족 특유의 시원한 눈과 코를 지닌 미인이었다. 인도고유의 복장을 차려입고 있는 몸매에서 가까이할 수 없는 자존심과 자신감 같은 걸 느꼈다. 초등학교 4학년에 다니는 딸과 2학년인 사내아이는 매우 잘 생기고 총명하고 예의 바르다. 인도인들에 대한 선입견에 혼란이 왔다.

서로 과자를 주고받으면서 이런저런 얘기를 나눴다. 처음에는 다소 어색해하던 부인 쪽이 더 활달하게 대화를 이끌었다. 화제가 아이들 교육문제로 옮겨갔다. 자녀들에 대한 부모들의 관심과 배려는 한국인들과 조금도 다를 바가 없어 보였다. 대화 도중 아이들이 아침저녁으로 '간디의 기도'라는 것을 외운다는 것을 알게 되었다. 인도의 모든 청소년—학생들이 다 외운다는 것이다. '한번 외워 보라'고 청을 했더니, 두 남매가 손을 합장하고 줄줄 왼다. 부럽다는 생각이 들었다. 딸아이 루초(Rucho) 양에게 부탁해서 즉석에서 기도문을 베꼈다.

간디의 기도

인도는 나의 조국입니다.
모든 인도 사람들은 나의 형제자매입니다.
나는 나의 조국을 사랑하고,
우리 조국의 풍성하고 다양한 유산을
나는 자랑스럽게 생각합니다.
그 가치에 걸맞는 사람이 되기 위하여
나는 항상 노력할 것입니다.
나는 내 부모님과 스승들, 모든 어른들을 존경하고
모든 사람들을 정중하게 대하겠습니다.
내 조국과 내 동포들에게 나는 나의 헌신을 맹세합니다.
그들의 행복과 번영 속에서만 나의 행복도 있는 것입니다.

Gandhi Prayer

India is my country.
All Indians are my brothers and sisters.

I love my country

and I am proud of its rich and varied heritage.

I shall always strive to be worthy of its.

I shall give my parents, teachers

and all elders respect

and treat every one with courtesy.

To my country and my people,

I pledge my devotion.

In their well-being and prosperity alone lies my happiness.

인도의 어린이－청소년들은 인종과 종교, 계층에 관계없이 모두 아침저녁 이 '간디의 기도'를 암송하고 있는 것이다. '간디의 기도'는 조국 인도, 인도의 문화적 전통에 대한 뿌리깊은 자긍심이 배어 있음을 느낀다. 그리고 어른들, 모든 동포들, 모든 사람들에 대한 사랑과 헌신의 정이 스며 있음을 느낀다. 조국 인도의 승리와 영광만을 일방적으로 찬양하고 있지 않다는 데서 간디 선생의 탈선민적(脫選民的) 보편의식(普遍意識), 열린 마음을 느낀다.

'그들의 행복과 번영 속에서만 나의 행복이 있다.'

이 고백은 특히 감동적이다. 연기적(緣起的) 깨달음이 그대로 빛을 발하고 있는 것이다. 깨달음이 어린이들의 일상적 생각과 행위, 그리고 그 표정 속에까지 이렇게 자연스럽게 녹아들고 있는 것이다. 이 아이들의 깨달음이 고고한 선사(禪師)의 그것과 무엇이 다르겠는가? 이것이야말로 대중견성(大衆見性)－만인견성(萬人見性)의 현장 아니겠는가?

과연 붓다의 후예답다.

'간디의 기도'

나는 여기서 정신문화의 전통이 뿌리깊은 나라의 어떤 깊이를 느낀다. 감히 범접하기 어려운 어떤 성(聖)스러움 같은 것을 느끼면서 황폐해져 가는 한국의 학교 현장, 청소년들의 현장을 떠올린다. 갈갈이 찢긴 나라, 남김없이 파헤쳐진 문화유산, 조상에 대한 냉소, 일곱 빛깔 무지개 색으로 변해버린 아이들의 머리카락—되돌아보니까, 인도 대륙을 순례하는 기간 머리를 염색한 인도 사람을 본 기억이 없다. 아무리 가난하고 누더기를 걸쳤어도 인도 여인들은 양미간에 빈디(Bindi)를 하고 있다. 내게는 그것이 보살의 백호광(白虎光)인 양 보인다. 더럽고 못 살아도 그들은 당당하고 의연하다. 겉으로는 비굴하고 추해 보여도 심연에는 맑고 향기로운 영혼의 출렁거림이 느껴진다. 그래서 그들은 고통스러워도 절망하고 초조해하지 않는다. 칸다하르의 어둠 속에서도 여유가 있는 것이다. 렐리 씨 가족과의 만남 이후, 인도—인도인들에 대한 내 오만스런 선입관은 꼬리를 내렸다. 아니, 꼬리채 떨어져 나갔다고 해야 할 것이다.

1월 19일, 자이푸르(Jaipur) 시장 거리.

나는 여기서 수십 수백의 어린이들과 뒤엉켰다. 서울 거리서 흔히 만나는 사립초등학교 아동들 쯤 돼 보이는 어린이들이 아마 학교를 파하고 몰려나오는 모양이다. 어린이들은 나를 보고 '하이 하이'를 연발하면서 손바닥을 내민다. 나도 '하이 하이' 하고 응답하면서 그들과 손바닥을 부딪혔다. 아이들은 이빨을 드러내고 웃으면서 재잘거리면서 지나간다. 아이들의 행위가 지극히 자연스럽고 스스럼이 없다. '외국

인 관광객들에게 친절하게 — ', 이렇게 교육받은 흔적이 조금도 느껴지지 않는다. 순수자연 그대로다.

'하이 하이 — '

나는 그들에게서 간디 선생의 열린 마음을 새삼 보고 있다. 그리고 검은 대륙 인도의 보석처럼 하얗게 빛나는 미래를 보고 있다. 사람들의 나라 인도 대륙의 무한한 꿈을 보고 있다.

'하이 하이 — '

자이푸르 시장 거리에서 만난 하늘 아이들과의 이 순수한 교감, 이것은 아마 인도 순례에서 거둔 가장 소중한 자산이 될 것이다.

4. 잇다(Iada) 장터의 아침 풍경

새벽 어둠 속에 차를 타고
동북방 상까시아를 향하여 달린다.
멀리 서쪽 하늘에 눈부시게 빛나는
한 조각달이 걸려 있다.
태양처럼 환하게—
하늘의 달이 저토록 밝은 광휘를 발하다니
참으로 신기로운 인도 풍경 아니던가.
그때 현장(玄奘) 법사가 달을 보고
'인도는 달빛으로 밝게 빛나는 땅이다.'
이렇게 적었다니,
과연 인도는 월광(月光)의 대륙인 줄 알겠다.
힌두 신전 꼭대기에
달이 걸린 이치를 알겠다.

이윽고 동쪽 지평에 해가 솟아나고
하늘에 먹붓으로 찍은 듯

몇 점 구름이 동화처럼 다가서고
보리밭에 영롱한 이슬이 송이송이 열리고
외진 가게에서는 빠른 템포의 무곡(舞曲)이 터져 나오고
서울 여인들도, 인도 남정네들도
흥에 겨워 몸을 흔들고
흙잔으로 마시는 짜이(인도의 차) 맛이 달콤하고
원숭이 신상(神像)은 원색으로 복(福)을 토하고—

잇다(Iada) 장터에 차가 섰다.
바퀴 바람이 달아나 차가 섰다.
장터 거리에 사람들이 넘친다.
잇다 거리에 사람들이 넘친다.
고색창연한 버스가 달리고
장엄 화려한 짐차가 달리고
최신식 혼다가 달리고
학교 가는 아이들을 잔뜩 싣고
삼륜 자전거가 달리고
이륜(二輪) 난쟁이 오토바이가 달리고
트랙터가 굉음으로 달리고
검은 색깔의 사람들이 달리고
흰옷 흰 소르(어깨띠)의 소녀들이 달리고
붉은 터번의 안경 낀 걸식노인이 달리고
까마귀들이 달리고
갈색 염소들이 목이 매여 달리고 —

잇다 거리는 온통 생명의 활기가 달린다.
잇다 거리는 온통 인간의 거친 숨결이 달린다.
잇다 거리는 온통 순수한 본능이 달린다.
잇다 거리는 온통 생기(生氣)의 눈빛들이 달린다.
잇다 장터에는 이 모든 것이 달리고
이 모든 것이 머물고
이 모든 것이 뒤엉켜 하나로 달린다.

잇다 장터 거리에 서서
인도의 체온을 느낀다.
헐렁한 흙집 가게에 들어가
짜빠띠 한 장 입에 물고
짜이 한 잔으로 아침 추위를 녹이면서
인도인의 체온을 느낀다.
지평을 뚫고 솟아오르는
일광(日光) 같은 체온을 느낀다.
보리밭 이슬 같은 시원한 체온을 느낀다.
그 체온 속에서
그 체온을 온몸으로 받으면서
나는 거대한 자연을 느낀다.
현대 문명이 결코 훼손할 수 없는 것
인류의 마지막 원형질(原形質)을 느낀다.

이것은 희망일까?

희망의 언어마저 탈각해 버린
무시(無始) 이전의 본능일까?

(2000년 1월 21일 오전 10시 40분, 잇다(Iada) 장터에 서서)

230

〔명상 노트〕 **짜빠띠 한 입에 짜이 한 잔**

1월 21일 이른 아침 6시.

우리는 아고라(Agora)의 아쇼크 호텔을 출발하여 상까시아로 향하였다. 천불화현(千佛化現)과 삼계보도(三階寶道)의 신비가 서려 있는 전설의 땅으로 달려간다. 새벽 찬바람과 쌓인 피로 때문에 몸을 움츠리고 잠든 일행들이 많다. 그러나 나는 잠들 수 없다. 인도를 좀더 가까이서 보고 싶고 인도인들을 좀더 가까이서 만나고 싶기 때문이다.

서쪽 하늘에 걸린 달

동화책에서나 가끔 본 하늘같이 둥근 달—

세상에 저렇게 크고 밝은 달이 있다니, 잠자던 동료들이 달빛에 놀라서 모두 일어났다. 그리고 묵화(墨畵)같이 뜸뜸이 빚어낸 구름 조각들을 보고 아이들이 되고 만다. 아이들같이 들뜨고 만다. 연하여 동쪽 지평에서 아침해가 솟아오르니, 이 무슨 기묘한 연출인가? 시바 신(神)의 축복이란 말인가? 법신(法身)의 조화란 말인가? 인도가 영감(靈感)의 땅, 신(神)들의 대륙인 까닭을 알 것 같다. 인간적 상상력(想像力)의 한계를 알 것 같다. 우리는 차를 멈추고 내려서서 맘껏 탄성을 지르며 두 손 모아 이 미묘한 시현(示現)에 응답한다.

"붓다여, 감사합니다.

미묘한 법신, 이렇게 보이시니 감사합니다.

시바 신이여, 감사합니다.

우주적 사랑의 춤, 이렇게 보이시니 감사합니다."

오전 9시 30분경, 펑크로 차가 멈춰 섰다. 다행히 시골 도시 번화가 큰 거리에 차가 섰다. 행인들에게 물어보니 잇다(Iada)라는 작은 도시의 장터이다. 나는 여기저기 거리를 거닐며 시골 도시의 장터 속으로 들어선다.

거침없이 내달리는 차량들, 사람들, 짐승들, 소음들
신전처럼 원색으로 치장하고 달리는 버스들, 짐차들
신·구 승용차들, 삼륜 자전거, 이륜 자전거들
장사꾼들, 직장인들, 교복 입은 여학생들, 어린이들, 장애인들, 걸식꾼들
게으르게 어슬렁거리는 소들, 팔려오는 염소들, 양들, 닭들―
바야흐로 잇다 거리는 솟아오르는 생명 에너지로 용암처럼 들끓고 있었다.
이것은 얼마나 놀라운 발견일까?
이 잇다는 얼마나 경이로운 성지(聖地)일까?
사람들이 살아 숨쉬는 이 시골 도시, 이 장터야말로 진정 순례자가 그리워하는 성지 아닐까? 붓다는 이 거리를 사랑하고, 이 거리, 이 사람들에게 담마를 설하고 있는 것이 아닐까? 이 사람들을 떠나서 어디서 붓다를 만날 것인가? 여기를 버리고 어디서 깨달음을 이룰 것인가? 룸비니―구시나가라의 절터를 보기 전에, 순례자들은 마땅히 인도의 시장터를 보고, 사리탑을 친견하기 전에 마땅히 거침없이 내달리는 이 사람들의 손을 잡고 따뜻한 체온을 나눠야 할 것으로 생각한다.

룸 메이트 원광(圓光) 거사와 함께 시장의 초라한 흙집 가게로 들어 갔다. 인도인들이 주식으로 먹는 짜빠띠를 한 장씩 사서 입에 물고, 그 들이 즐겨 마시는 차ー짜이를 한 잔씩 주문하였다. 입안이 녹아오고 뱃속이 훈훈해져 온다. 이방의 아침 냉기가 스러진다. 주인아저씨의 검은 체온이 몸으로 전해져 온다.

"Good,

Good taste."

아저씨는 입이 함박만큼 벌어지며 수줍어한다. 누런 이빨이 사정없 이 드러난다. 그걸 보면서 우리는 한바탕 시원하게 웃는다. 진한 정을 체감한다. 동포의식이랄까? 인간적 공감이랄까? 이 순간에 우리는 서 로 뒤엉켜 하나가 된 것을 깨닫는다. 본래로 우리는 하나인 것을 깨닫 는다. 무시(無始) 이전, 태초 이전부터 우리는 본래 한 생명인 것을 깨 닫는다. 이것이 자연이며 이것이 본성인 것을 깨닫는다. 누가 우리를 갈라놓을 수 있을까? 시바 신도, 붓다도, 그 누구도 우리를 갈라 세울 수 없을 것이다. 그 무엇도 우리를 갈라 세워 서로 죽이게 하지는 못할 것이다. 잇다 성지(Iada 聖地)를 떠나면서, 우리는 다시 한번 중얼거린다.

"Good

Good taste."

5. 거루와(Ghaghwa) 마을에서

유채꽃 노랑빛으로 물든 대지를 달려
꼬삼비에 왔다.
승려들이 서로 욕하고 싸우며
성난 시민들이 공양거부운동을 벌였던
번뇌의 땅 꼬삼비에 왔다.

허허로운 벌판
그때의 대가람들은
세월의 폭풍에 휩쓸려 날아가 버리고
그곳에
이름 모를 절터에
부러진 아쇼까의 두 아름 돌기둥만 서 있다.
엎드려 절을 올리는 사람들의 가슴에
허망한 바람이 사무친다.

'불교는 어디 있는가?
불교는 왜 이렇게 무참히 폐허로 남아 있는가?'

야무르 강변으로 내려가다 힌두 사람들을 만났다.
거루와 기셈바드(Ghaghwa Ghisembad) 마을, 그 마을 사람들과 만났다.
검은 얼굴에 곱게 단장한 힌두의 처녀, 소를 몰고 가는 남정네들
밭을 매는 아낙네들, 좁은 평상 위에 웅크리고 잠든 아이들
넉넉한 미소의 노인들
지천으로 널린 쇠똥, 사람 똥, 쇠똥 무더기
질죽질죽한 가축들의 방뇨들
퀘퀘한 냄새들—

야무르 강변에서
목욕판이 벌어졌다.
아난다 스님이 배를 저어 건너오던 그 자리에
목욕판, 빨래판이 한데 벌어진 것이다.
남정네들이 벗어붙이고 물을 뒤집어쓴다.
여인네들이 옷 입은 채로 강에 들어가 자멱질하고 있다.
목녀(牧女)가 검은 소를 강물에 몰아넣고 시원하게 물을 끼얹고
있다.
행복에 겨워 소가 스르르 눈을 감는다.
열반의 미소가 저런 것일까?

코리아 보살들이 나서서
거루와 아이들에게 선물을 나눠준다.
하얀 코끼리—연꽃 배지를 가슴에 달아준다.
밀물처럼 아이들이 몰려든다.

이이들과 손을 잡는다.
아이들 머리를 쓰다듬어 준다.
우리는 금세 하나가 된다.
인디아 아이들과 코리아 사람들 틈새 없이 하나가 된다.
배지를 가슴에 단 어린 소녀가
흑보석(黑寶石) 같은 눈물을 흘리고 있다.
너무 간절하게 울고 있다.
저 눈물의 의미는 무엇일까, 무엇일까?
감사일까, 신뢰일까, 망망한 인연의 여울일까?
저 눈물은 무엇일까, 가슴이 떨려온다.

마을 옆 공간에서
고시따라마(Ghositarama) 터를 찾아냈다.

'여기가 고시따라마의 옛터이다.'

벗겨져 가는 페인트 팻말을 보고 겨우 알아낸 것이다.
'아, 여기가 고시따라마 절터인가?
제자들의 싸움으로 잠 못 이루며
붓다가 계율을 설하던 그 고뇌의 터인가?
데바닷따(Devadatta)의 음모 소식을 처음 듣고
안타까워하던 탄식의 터인가?
미천한 궁중의 하녀 쿠주따라(Khujutara)가 오도(悟道)하고
왕비와 500 궁녀들에게 담마를 설하던 민중 견성의 터인가?

마하상기까(Maha-sanghika)
대중부(大衆部)가 혁신을 꿈꾸던 변혁의 터인가?

그러나 이 터를 모르고 있다.
그들은 여기가 절터임을 모르고 있다.
아니, '붓다'라는 이름조차 모르고 있다.
힌두 청년도 모르고 무슬림 청년도 모르고 있다.
이름조차 들어본 적이 없단다.
그래서 절터의 벽돌을 뽑아 집을 만들고 길을 만들고 있다.

무엇 때문일까?
불국(佛國)의 땅
이 인도 나라 백성들
고시따라마 대가람의 땅, 거루와 마을 사람들
그들은 어찌하여 붓다를 들어본 적도 없다는 것인가?

불교는 무엇일까?
인도에 있어 불교는 무엇일까?
저들에게 대체 불교는 무엇이란 말인가?

거루와 마을 아이들의 눈동자만
금강경같이 반짝반짝 빛나고 있다.

(2000년 1월 23일 오전 10시 20분경, Varanasi, Pradeep Hotel에서)

[명상 노트] 아름다운 선물, 아름다운 만남

2000년 1월 22일 토요일.

이른 아침 칸푸르(Kanpur)의 크리쉬나 호텔(Krishna Hotel)을 출발하여 꼬삼비(Kosambi)로 향하였다. 평원은 온통 유채꽃 노랑 물결로 출렁거린다. 제주도 생각이 난다. 꼬삼비로 가는 길은 멀고 험하다. 지도에 난 도로를 좇아가다 보면 군데군데 끊겨 있다. 비포장 시골길을 이리저리 돌아가기를 몇 차례— 2천 6백여 년 전 붓다께서도 이 길을 묻고 물어 이렇게 오셨을까? 상인들과 어울리며 수레라도 얻어 타고 오셨을까? 아니면, 홀로 걸식하며 터벅터벅 걸어 오셨을까?

텅 빈 벌판
허허로운 풀밭—

점심시간 가까워 겨우 도착한 꼬삼비는 이렇게 텅 비어 있다. 여느 성지처럼 거대한 사리탑도 없고 건조물도 없다. 풀밭 한쪽, 발굴하다 던져버린 작은 공간에 부러진 아쇼까의 석주 하나가 달랑 서 있을 뿐, 방문객도 없고 행인도 없다.

여기가 꼬삼비인 줄 누가 알겠는가? 그때 밤싸 국(Vamsa 國)의 번창한 수도, 수만 스님들이 주석하던 불교 센터인 줄 누가 알겠는가? 승려들이 사소한 계율 문제로 패를 갈라 몸싸움을 벌이고 시민들이 공양거부운동을 벌였던 번잡한 분쟁의 도시인 줄 누가 알겠는가? 미천한 궁중의 하녀 쿠주따라(Khujutara)가 담박 견성하고 사마와띠(Samavati) 왕비와 500 궁녀들에게 담마를 설하던 대중견성·민중견성의 성지인 줄

238

누가 알겠는가? 풀밭 한쪽에 철조망 몇 갈래가 늘어져 있고, '여기가 고시따라마(Ghositarama)가 있던 곳이다'라는 영문 안내판 하나가 군데 군데 글자가 벗겨진 채 겨우 옛 소식을 전하고 있다.

아이들이 몰려왔다. 거루와(Ghaghwa Ghisembad) 마을 아이들이 새까 맣게 몰려왔다. 어른들도 몇몇 섞여 있다. 나는 한 청년에게 다가가 말 을 건넸다.

"Are you Hindu?"
(힌두교도입니까?)
"No, I am Muslim."
(아뇨, 무슬림 - 이슬람교도입니다.)
"Are you peaceful with Hindu?"
(힌두교도와 평화롭게 지냅니까?)
"No problem."
(아무 문제없습니다.)
"Oh good. Do you know the Buddhism?"
(좋습니다. 당신은 불교를 알고 있습니까?)
"No. —"
(아뇨 —)
"Do you know the Buddha?"
(붓다를 알고 있습니까?)
"No, I do not know."
(아뇨, 모릅니다.)
"Haven't you ever heard the name of the Buddha?"
(당신은 붓다란 이름을 들어본 적이 없습니까?)

"No. ─ "

(없습니다.)

"The Buddha is the most famous spiritual teacher in the World."

(붓다는 세계에서 가장 유명한 정신적 스승이신데 ─)

" ─ "

아, 이럴 수가 ─

허허로운 절망의 바람이 가슴을 후비며 스쳐간다.

'뭘 했단 말인가?

우리는 그동안 뭘 했단 말인가?

나는 그동안 뭘 했단 말인가?

남들은 목숨 바쳐 헌신 전도하는데, 나는 대체 뭘 하면서 불교 했다고 내세우는가?'

풀밭 한쪽에서 일이 벌어지고 있다. 도피안사 보살님들이 거루와 마을 아이들에게 선물을 나눠주고 있는 것이다. 몇몇 분들이 아이들을 줄 세우고, 몇몇 분들은 준비해 온 선물을 차례로 나눠준다. 선물이라고 해봤자 달랑 배지 하나씩이다. 연꽃을 받들고 가는 코끼리가 그려진 절 심볼이다. 보살님들이 하나씩 정성스럽게 아이들 가슴에 달아준다. 아이들이 그렇게 좋아할 수가 없다. 검고 때묻은 얼굴에 흰 이빨이 보석처럼 빛을 발한다. 어떤 아이는 집에 있는 동생 몫으로 하나 더 달라고 조른다.

'이럴 수가 ─

별 소용도 없을 배지 하나를 이렇게 좋아하다니―
먹을 것도 아니고 입을 것도 아니고―'

어린 소녀 하나가 배지를 가슴에 달고 눈물을 뚝뚝 흘린다. 하늘 아이 같은 큰 눈동자에서 눈물이 거침없이 흘러내린다. 가슴이 떨려오고 목이 콱 막힌다.

'무엇 때문일까?
저 어린 하늘 아이는 왜 울고 있는 것일까?
보잘것없는 물건 하나, 먹을 수도 입을 수도 없는 배지 하나로 저 아이는 왜 저토록 진한 눈물을 흘리고 있는 것일까? 그리고 내 가슴은 왜 이렇게 떨려오는 것일까?―'

그리움
사람에 대한 그리움
가슴에 깊이 사무쳐 있는 사람들에 대한 그리움
서로 손잡고 서로 눈맞추고 서로 알아주기를 기다리는 그리움―
그래, 아마 그것은 그리움 때문일 거야. 우리들 가슴 깊이 사무쳐 온 어쩔 수 없는 그리움, 무시(無始) 이전 한 세포에서 생명을 나눠 가진 동포에 대한 어쩔 수 없는 그리움, 천진무구한 그리움, 이 그리움 때문일 거야. 정성스럽게 달아주는 조그마한 배지 하나가 서로의 마음속 그리움을 이어주는 가교(架橋) 역할을 한 것일 거야. 먹을 것도 아닌, 입을 것도 아닌, 이 조그마한 순백의 배지를 선물로 준비한 분들의 깊은 속내를 이제 알 것 같다.

허허로운 꼬삼비 벌판

붓다의 이름조차 들어보지 못한 채 방치된 이 쓸쓸한 거루와 마을

그러나 저 아이들 가슴에서 반짝이는 순백의 배지 하나하나가 우리들의 마음을 촉촉히 적셔준다. 아마 이 순결한 그리움 속에 붓다는 살아 있을 것이다. 거루와 마을의 아이들과 우리들의 마음속에 함께 살아 있을 것이다. 이 진한 그리움, 이 순결한 그리움, 이것을 두고 붓다를 어디서 구할 것인가?

6. 강가 강(Ganga 江)을 바라보며

2000년 1월 23일 일요일.

　새벽의 강가 강(갠지스 강) 기슭은 온통 혼돈의 강물로 출렁이고
있다.

　'모두 다 Ten Dollar'를 유창하게 외치는 행상들

　거머리 같은 집념으로 엉겨 붙는 장사꾼들

　등(燈)을 파는 사람들

　배를 흥정하는 사람들

　힌두 사원의 종소리, 소음들

　나그네들의 짜증난 목소리들―

　새벽의 강가 강변은

　이렇게 깊은 혼돈의 안개로 출렁이고 있다.

　배를 띄워 물 가운데로 나가 작은 등불에 불을 밝혀 띄운다.

　그리고 소원을 빌어보란다. 무엇을 위하여 빌어볼까?

　내게는 아무 바람 없는데―

　그래, 이들을 위하여 빌어야지. 이 인도인들을 위하여 빌어야지.

강가의 신(神)이여, 시바 신(Siva 神)이여

당신은 먼저 이 인도인들을 구하소서.

이 인도인들이 질벅거리는 가난을 박차고 일어설 수 있도록 구하소서.

그러려면 먼저, 당신의 백성들이 신(神)들의 품을 박차고 벗어나야 할 것입니다.

그러니 제발 당신의 그림자를 거두소서.

새벽안개같이 인도 민중들을 몽롱하게 감싸며 짓누르고 있는 당신의 검은 신비의 그림자 자락을 거두소서.

시바 신이여

먼저 이 인도인들, 당신의 백성들을 풀어주소서.

가난을 미덕인 양 착각하고

무지를 천진(天眞)인 양 착각하고

오염된 강물을 성수(聖水)인 양 착각하고

질병과 죽음을 축복인 양 착각하고

압제자들의 핍박을 업보인 양 착각하고

카스트의 차별을 신의 뜻인 양 착각하고

무저항을 평화인 양 착각하고

게으름을 순응인 양 착각하고

걸식을 고행인 양 착각하고—

시바 신이여

당신은 2천 6백여 년 전 붓다를 기억하겠지요.

이 착각과 무지의 오염된 강물 속에서
인도인들을 건져 정신차리게 하였던
그때의 고따마 붓다(Gotama Buddha)를 기억하겠지요.
거루와 마을의 청년같이
'모른다'고 하지는 않겠지요.

시바 신이여
당신은 어찌하여 붓다마저 휩쓸어버리고 말았나요?
인도의 마지막 등불, 붓다마저
그 애매몽롱한 신화(神話)의 안개로 덮어버리고 말았나요?
그것은 참으로 당신의 착오이며 불행입니다.
인도 역사의 착오이며 불행입니다.
시바여, 당신이 진정으로 이들 백성들을 사랑한다면
당신이 진정으로 이들 백성들의 어머니라면
붓다의 등불은 더욱 밝게 비췄어야지요.
붓다의 등불을 더욱 멀리 더욱 깊이 비췄어야지요.
나눔〔布施〕과 연민〔不殺生〕
마음 집중과 통찰〔智慧〕의 등유(燈油)로 타오르는 깨달음의 등불을
무슨 일이 있어도 꺼트리지 말았어야지요.

시바 신이여
그러나 생각하면, 이것은 당신의 잘못이 아닌 걸요.
인도 백성들의 잘못도 아닌 걸요.
시바여, 당신은 이미 잘 알고 있지요.

착오와 불행의 원죄자(原罪者)들은 붓다의 제자들인 줄을
당신은 이미 잘 알고 있지요.
모든 것을 제도화해 버린 붓다의 어리석은 제자들 때문이란 걸—

헌신의 삶 그 자체인 붓다(Buddha)를 형상의 신으로 제도화하고
단순 명료한 담마(Dhamma)를 결집(結集)으로 제도화하고
자유로운 수행자들을 상가(Sangha)로 제도화하고
열린 숲절, 오두막 수행터를 대궐 같은 승원(僧院)으로 제도화하고
훨훨 누구나 떠날 수 있었던 출가를 번잡한 계율로 제도화하고
열심히 살고 진지하게 담마를 생각하면
누구든지 드러낼 수 있는 깨달음을
사쌍팔배(四雙八輩)의 이상한 피라미드 구조로 제도화하고—
모든 것을 제도화하여 다시 묶어 버린 붓다의 제자들
이들이 당신을 버리고 이들이 인도 백성들을 버리고
이들이 붓다를 버리고—

시바 신이여
강가 강의 어머니여.
이제 어찌 하렵니까?
새벽안개 속에 성수병(聖水瓶)을 들고, 꽃타래를 들고
축복을 빌러 신전으로 밀려드는
피곤한 저 백성들을 이제 어찌 하렵니까?
죄 없는 저 백성들을 이제 어찌 하렵니까?
언제까지 저렇게

가난과 질병과 체념 속에 애매몽롱하게 방치하렵니까?
집집마다 마을마다 트럭마다 버스마다 화려하게 장엄된 신전에
앉아서
당신은 언제까지 저들을 바라보며 신의 영광을 즐기려 합니까?
힌두와 이슬람으로 서로 갈라져 살육하며
철조망을 치고 증오하며 겨루도록 방치하렵니까?

시바 신이여, 인도의 어머니여
해가 떠오릅니다.
강가 강 기슭에 아침이 열려옵니다.
햇살이 눈부십니다.
몽롱한 새벽안개가 흔적 없이 사라져갑니다.
초롱초롱 사람들의 눈빛이 빛납니다.

시바여, 당신은 이제 어찌 하렵니까?

(2000년 1월 23일 정오, Varanasi, Pradeep Hotel에서)

〔명상 노트〕 **누구를 위한 순종일까**

인도에 와서 세 번 놀란다.

첫번째는 인도 사람들의 가난에 놀란다.

거리와 명승지에는 구걸하는 사람들이 넘친다. 어른·아이·장애자─ 외국 여행객만 나타나면 소동이 벌어진다. 못살고 병든 채 방치된 사람들이 너무 많다. 하층민과 많은 여성들은 인간으로서의 대접을 받지 못하는 인도 사회의 아웃 사이더(out-sider)들이다. 붓다 당시의 아웃─카스트(Out-caste)들, 곧 제도권 밖으로 버림받은 집단들이 여전히 존재하고 있는 것이다.

아그라(Agra)의 한 식당 일을 나는 아직도 잊지 못하고 있다. 우리 일행이 점심 식사를 하고 있을 때 전통복장으로 차려입은 한 악사(樂士)가 객석을 돌며 바이올린을 연주하고 있었다. 터번을 두르고 수염을 기른 악사의 표정이 너무 애절하다. 미소를 머금고 있는 눈에서 금세 눈물이 뚝뚝 떨어질 것만 같다. 가이드 이(李)부장에게 물어보니까 칸다하르 출신의 천민으로 한 닢 두 닢 구걸해서 연명한다는 것이다. 그의 연주는 계속되었지만, 아무도 그에게 관심을 보이지 않았다. 나도 끝내 그에게 단돈 한 닢을 건네지 못했다. '동정할 필요 없다'라는 말에 고무되어 우물쭈물 그냥 나오고 만 것이다. 그의 슬픈 눈빛이 두고두고 나를 괴롭히고 있다. 하기야 거리마다 마을마다 넘쳐나는 그들에게 어찌 동정인들 맘놓고 베풀 수 있으랴.

두번째는 인도 사람들의 평화에 놀란다.

인도 사람들은 태생적으로 시원하게 잘 생겼다. 우뚝한 코, 큼직한 눈― 전형적인 아리안(Aryans)의 생김새다. 환경적 요인으로 피부는 좀 검지만, 그들은 엄연히 백인종(白人種)의 원조들이다. 그래서 인종학적으로 인도― 아리안(Indo-Aryans)으로 구분된다.

그들의 그 큰 눈에서 원망이나 적의를 거의 발견할 수 없다는 것은 실로 불가사의한 일로 보인다. 그들과 같은 줄기인 백인들의 본능적인 그 오만한 눈빛은 어디서도 볼 수 없다. 구걸하는 손을 뿌리쳐도 그 눈은 마냥 순하기만 하다. 뒤돌아서 욕설하는 것을 들어보기 어렵다. 과문(寡聞)한 것일까? 서울 거리에서 이유 없이 부딪히는 냉정함이나 L.A에서 가끔 마주쳤던 친절한 미소 속에 절제되어 있는 우월감 같은 것도 전혀 느껴지지 않는다.

어찌 이럴 수 있을까?

그들은 어찌 이렇게 평화로울 수 있을까?

모두 탐진치(貪瞋癡)를 벗어나 해탈한 성자(聖者)들일까?

세번째는 도처에 산재한 신(神)들을 보고 놀란다.

거리마다 마을마다 신들이다. 인도 대륙은 온통 신전(神殿)으로 가득 차 있는 것으로 보일 정도이다. 마을마다 신전이 있고 갖가지 형상의 신들이 있고 그 앞에 공물들이 놓여 있다. 이른 아침부터 화환을 들고 신전으로 달려가는 가난한 주민들을 도처에서 만난다. 때가 되면 그들은 어김없이 신에게 기도를 올린다. 우리가 타고 다닌 버스의 운전기사 꾸마르(Kumar) 씨도 저녁 해질 무렵이면 반드시 기도를 올린다. 아무리 추운 날씨라도 물을 뒤집어쓰고 몸을 정결히 한 다음 엎드려 기도한다.

거리마다 마을마다 넘쳐나는 신전(神殿)

브라마(Brahma)·비쉬누(Visnu)·시바(Siva)·크리쉬나(Krishna)·가네트(Ganet)—그들 곁에 있는 형형색색의 신들

신 앞에 꽃과 공물을 바치며 축복을 기원하는 사람들

신의 은총을 믿고 신의 신비를 믿고 죽어 하늘나라에 가서 태어나기를 갈망하는 사람들

모든 것을 신의 뜻에 의탁하고 현실의 고통 앞에 체념하며 묵묵히 순종하는 사람들—

인도인들의 그 신비한 평화는 아마 신에 대한 이 지극한 순종과 체념의 산물인 것으로 보인다. 인간의 힘으로는 도저히 거역할 수 없는 거대한 자연과 체제의 위세 앞에 그들은 체념하고 오로지 신들에 대한 봉사와 순종을 통하여 내생의 축복을, 생천(生天)의 축복을 기구하고 있는 것이다. 박티(Bhakti), 곧 신들에 대한 열렬한 믿음과 헌신〔信愛〕을 찬양하는 『바가밧—기타(Bhagavad-Gita)』가 힌두교 최고의 성전으로 존중되는 것도 이러한 사실과 관련 깊은 것으로 생각된다.

박티(Bhakti)

신들에 대한 열렬한 믿음과 사랑

현실의 고통에 대한 체념과 신들에 대한 순종과 봉사—

여기에 인도 사람들의 평화의 미학(美學)이 내재해 있다. 동시에 바로 여기에 인도 사람들의 운명적인 불행과 비인간화의 메커니즘이 작동하고 있는 것이다. 지배세력들은 신들의 이름으로 카스트를 제도화하고 신들은, 실제로는 사제(司祭)—승려(僧侶)들이 지배계급의 지지에 기생하며 온갖 제도적 장치를 시설하여 민중들의 체념과 순종을 조작해 내고 있는 것이다.

압제자들의 허위적 제도화

신들의 권위와 신비를 매개체로 한 권력가─사제들의 민중 기만과 차별화의 제도적 구조─

붓다는 여기에 저항하여 궐기한 것이다. 그래서 카스트를 정면으로 비판하고 사제─승려주의적 제도들의 타파를 위하여 평생을 분투한 벗이다. 신들의 허구성을 드러내고 신들의 존재를 욕망의 세계로 편입시킨 것이다. 무엇보다 붓다는 인간들이 자신들의 고통에 대하여 용기 있게 직면할 것을 요구하였다. 강가 강의 새벽안개 같은 애매모호한 신들의 신비를 벗어버리고, 가난·질병·죽음 등 자신들의 개인적·사회적 고통을 있는 그대로 보고 그 원인과 치유의 길을 냉철히 통찰할 것을 요구하였다. 체념과 순종을 떨쳐버리고 비판과 도전, 용기 있는 개척의 길로 나설 것을 요구한 것이다. 이것이 바로 '사제 팔정도(四諦八正道)의 길' 아닌가.

'이것은 고통〔苦〕이다.
이것은 고통의 생겨남─원인〔苦集〕이다.
이것은 고통의 벗어남─해탈〔苦滅〕이다.
이것은 고통을 벗어나는 길〔苦滅道〕이다.'

'인간의 생존 현실은 고통으로 가득 차 있고
이 고통은 무지─욕심으로 생겨나는 것이고
무지─욕심을 벗어나면 이 고통도 소멸되는 법.

이제 그대들은 떨치고 일어나 그대들의 인생을 개척하라. 이 4성제의 도리를 분명히 이해하고〔正見〕, 피땀 흘리며 헌신적인 삶을 살고〔正業〕, 때때로 4가지 대상(몸·느낌·생각·안팎의 현상, 四念處)에 마음 집중함으로써 무지와 욕심을 극복하라[正念]. 이미 깨달아 있는 그대들의 마음 빛을 드러내라. 대생명 에너지를 마음껏 써라.'

이것은 실로 인도사의 일대 변혁으로 보인다. 그리고 인류 정신사의 일대 개벽으로 보인다. 그리고 여전히 거리마다 마을마다 넘치는 가난하고 병든 그들이 살아나는 길이 이것이라고 생각된다. 오늘 당장, 가슴 시리도록 선한 눈의 아그라 식당 악사가 당당히 살아날 수 있는 길도 바로 이것이라고 생각한다.

강가 강 기슭
눈부시게 번져오는 아침 햇살―
그 햇살 속에서 붓다의 아침을 예감한다. 잘못 들어선 제도화의 껍질 속에서 오래 숨죽여 온 붓다의 아침이 다시 한번 다가오는 발자국소리를 듣고 있다.

7. 'I am a Buddhist.'

"Are you Hindu?"
뭄바이 공항에서 처음 만난 현지인 가이드 꾸마르(Kumar) 군
나는 그에게 이렇게 물었다.
꾸마르 군은 대답했다.
"No, I am a Buddhist."

"I am a Buddhist."
불교가 이미 소멸되어 버린 땅, 실패의 땅 인도에서
이것은 얼마나 큰 놀라움일까?
이것은 얼마나 가슴 설레는 발견일까?

암베드까르(Ambedkar)
이 이름은 벽력(霹靂)이다.
2000년 1월 17일 델리 행 열차 속에서
빔라오 람지 암베드까르 박사(Dr. Bhimrao Ramji Ambedkar)ー
이 이름은 실로 청천벽력으로 내게 다가왔다.

'왜 이 땅에 붓다는 아니 계실까?
왜 붓다의 대륙 인도에 붓다는 아니 계실까?
가난하고 병들고—
저 수많은 사람들 곁에 왜 붓다는 아니 계실까?
붓다는 전설일까?
붓다의 대광명은 다만 흘러간 전설에 불과한 것일까?—'

이렇게 고뇌하는 내게, 어둡고 우울한 내 마음 하늘에
암베드까르—
이 이름은 하늘 땅을 뒤흔드는 뇌성(雷聲)으로 진동해 온 것이다.
B. R. 암베드까르 박사—
이 이름은 찰나에 천지를 뒤집는 청천벽력—섬광으로 다가온 것
이다.

암베드까르 박사
건국의 아버지 간디 선생과 더불어 대영제국을 몰아내고
인도를 세운 건국의 아버지
그래서 인도 사람들이 가장 사랑하는 이
그는 인도 헌법을 기초하고 온갖 고초 무릅쓰고
헌법 속에 만민 평등을 분명히 밝히고.

그러나 그는 천민 출신, 갖가지 냉대와 차별 다 받으면서
헌법으로도 고칠 수 없는 카스트의 멍에 뼈저리게 느끼고
카스트 옹호하는 힌두에 깊이 회의하고

마호메트 · 예수 · 붓다 사이에서 고뇌하고

1956년 10월 14일 일요일 오전, 나가푸르의 푸르른 광장
전국에서 밀물처럼 몰려온 40만 천민들과 더불어
그는 힌두를 버리고 불교로 개종하고,
대평등의 길 불교로 개종하고

"I am a Buddhist."

목숨 걸고 이렇게 선포하니
이로부터 인도 천지에 대개종의 물결 굽이치고
인도 대륙에 붓다의 역사 다시 시작되고
개척의 깃발 다시 펄럭이고—

그러나— 그러나—
인도는 여전히 거대한 힌두의 바다, 가도 가도 끝없는 힌두의 바다
성지(聖地)에는 잡초만 우거지고 어디서도 불교도는 보이지 않고
암베드까르의 깃발은 보이지 않고 감격은 실망으로 바뀌고
순례자의 가슴은 다시 슬픔에 젖어들고—

아—, 등불이 보인다.
2000년 1월 24일 오후, 성도의 땅 보드가야
가꽈름 싱(Gaukarm Singh) 씨를 만나는 순간
희망은 다시 한번 솟아난다. 한 줄기 등불로 솟아올라

홀연 인도 대륙을 비춘다.
가슴 출렁이는 신선함으로 비추고 있다.

현지인 가이드 싱(Singh) 씨
나는 그에게 상투적으로 물었다.

"Are you Hindu?"
"No, I am a Buddhist."

그는 또 말하였다.

"나는 대학에서 불교를 전공했습니다. 빠알리어 경전도 다 압니다.
『숫타니파타』·『담마파다(법구경)』도 다 압니다.
나는 지금 법회에서 붓다―담마를 가르치고 있습니다.
많은 주민들이 와서 공부하고 있습니다."

싱씨, 아니 싱 법사―
2천 6백여 년 전, 칫타(Citta) 법사
붓다 곁에서 담마를 전파하던 재가법사 칫타[4]
싱씨
당신은 분명 칫타의 후신(後身)이구려.
황량한 대륙에 불씨[佛種子]를 뿌리고 가꾸는

---

4) 붓다는 "나의 우바새 가운데 설법 제일은 마치까산다의 가장 칫타"라고 칭찬하였다. ;
   AN 1,14,1-7(text. i, 23-26), cf. ; 拙稿, 『초기불교 개척사』, p.297.

칫타 법사가 다시 왔구려.

나는 그의 손을 움켜잡고 말하였다.
"싱씨
인도불교를 일으키세요. 당신은 인도불교의 개척자입니다.
나는 코리아에서 몸 바쳐 일하겠습니다."
그는 내 손을 맞잡고 말하였다.
"나는 미래 세계가 불교의 등불로 돌아올 것으로 생각합니다."

보드가야 마하보리 대탑
초저녁 어둠 속에 대탑이 빛을 발하고 있다.
2천 6백여 년 전 성도의 밤 삼천대천세계를 두루 비추던 그 빛이
오늘 저녁 다시 살아나 인도 대륙을 환히 비추고 있다.
이것은 과거의 빛이 아니라 현재의 빛이다.
역사의 빛이 아니라 여기서 살아 숨쉬는 현재의 빛이다.

"I am a Buddhist."

이것은 인도불교사를 다시 쓰는
개벽의 소리 아닌가.

(2000년 1월 24일, Bodh-Gaya, Buddha International Hotel에서)

인도불교 부흥의 현장

나는 떠나기 전까지, 인도에는 불교가 거의 없는 줄 알고 있었다. 극히 일부 지방에서 몇몇 사람들이 겨우 연명하고 있는 것으로 알고 있었다. 그래서 인도 순례는 처음부터 쓸쓸하고 가슴 아픈 것으로 시작되고 있었다. 그러나 인도에 들어서는 순간, 이런 환상은 기분 좋게 깨어졌다.

꾸마르 아비쉐크(Kumar Abhishek) 군

뭄바이 공항 관광버스에서 처음 만난 현지인 가이드 꾸마르 군이 이 환상을 깨트려준 첫 인연이다. 그는 네루 대학 한국어과에 다니는 젊은 이로, 한국말도 곧잘 하고, 인덕(印德) 거사라는 한국식 칭호도 지니고 있었다. 그를 통해서 인도불교 소식을 들을 수 있었고, 암베드까르 박사의 이름도 처음 알게 된 것이다. 수십 년 불교 공부하는 사람이 그의 이름을 처음 듣는다는 사실이 부끄럽기도 했지만, 내 부끄러움이 무슨 상관이랴. 인도에 불교가 살아나고 있으면 그것으로 족한 것이지―

최근 교계 언론에서 인도불교 부흥운동에 관해서 큰 관심을 가지고 많은 정보를 제공하고 있는 것은 참으로 다행한 일이다. 그동안에는 왜 그렇게 적조했었는지― 현재 인도불교 부흥운동은 매우 다양하게, 또 헌신적으로 전개되고 있다. 그 줄거리를 대개 간추려 보면 이러하다.

인도불교운동의 주류는 암베드까르 박사의 뜻을 계승한 불가촉천민들 - 달리트(Dalit)들의 집단개종운동이다.

B.R.암베드까르 박사(Dr. Bhimrao Ramji Ambedkar, 1891~1956) —

그는 인도불교 중흥의 주역이며 개척자이다. '우리 시대의 붓다'로 일컬어져도 좋을 것이다. 그는, 1956년 10월 14일 일요일 오전, 마하라쉬트라 주(Maharashtra 州)의 나가푸르(Nagapur) 광장에서 40여만 명의 달리트(Dalit)들, 곧 불가촉천민들이 참가하는 대규모의 불교개종의식을 이끌어 냄으로써 인도불교의 현대적 부흥의 횃불을 드높이 올렸다. 세상 사람들은 이 사건을 '나가푸르의 기적(a miracle)'이라고 불렀다.5) '나가푸르의 대개종 사건' 이후, 봄베이·델리 등 각지로 개종운동의 불길은 확산되기 시작하였다. 그러나 암베드까르 박사는 더 이상 이 운동을 이끌지 못하였다. 1956년 12월 6일 목요일 이른 아침, 그는 델리 자택에서 입적하였다.

그가 붙인 불씨[佛種子]는 전국으로 모든 하층민의 마음 마음으로 전파되어 갔다. 그를 뒤따르는 사람들이 모여 'Lord Buddha Club'을 조직하고 집단개종운동을 줄기차게 펼쳐 오고 있다. 현재도 그 열기는 뜨겁다. 2001년 10월 24~26일, 기적의 땅 나가푸르에 백만 명의 불교도가 모여들었다. 암베드까르 박사의 개종 45주년을 기념하는 대법회에 동참하기 위해서다. 이날은 2천여 년 전 아쇼까 대왕이 자신의 악업을 참회하고 붓다에게 귀의한 날이기도 한 것이다. 사흘 밤낮, 백만 백의(白衣)의 불교도들은 소리 높여 부르짖었다.6)

'la Buddha

la Bhim —

---

5) D.C Ahir, *The Pioneers of Buddhist Revival In India*(Sri Sarguru Pub., Delhi, India, 1989), p.149.
6) 「현대불교」 342호, 2001년 11월 7일, 9면, '인도 암베드까르 박사 개종기념대회 참관기'.

붓다 만세

빔(암베드까르 애칭) 만세－'

2001년 11월 4일.

그들 암베드까르의 후예들은 마침내 또 하나의 '기적'을 추진하였다. 델리 람라라 그라운드에서 열리는 '백만 명 불교개종운동'이 바로 그것이다. 이 운동은 전체 인도 인구의 4분의 1, 2억 5천만 명에 해당되는 달리트(Dalit)들－불가촉천민(不可觸賤民, The Untouchables)들을 대상으로 하는 불교개종운동의 기념비적 사업으로 준비된 것이다. 보다 중요한 것은 이 사업이 하층민 중심운동에서 벗어나 지식인들을 비롯한 다양한 계층－집단에 의하여 주도되고 있다는 사실이다. 하층민 중심의 'Lord Buddha Club' 운동은 실제로 많은 한계를 드러내고 있었던 것이 현실적 상황이다. 그러나 '백만 명 개종운동'을 계기로 인도의 불교운동은 보다 다양하고 성숙된 차원으로 향상되고 있다. 이 운동을 주도하고 있는 클럽 회장 람라즈(Ram Raz, 43) 씨는 그 자신 공무원 출신의 지식인으로서, 이렇게 말하고 있다.

"인도는 불교의 고향이다. 그러나 기원전 5~4세기경에 인도에서 발생해 천 년 이상에 걸쳐 번영하다가 차차 쇠퇴해 갔다. 불교가 인도에서 사라진 이후 인도는 급격하게 변모해 갔다. 가난과 절망, 회의와 불안으로 둘러싸였다. 인도불교의 쇠퇴에 관해 힌두 세력의 집요한 반(反)혁명과 이슬람교의 폭력 때문이라고들 한다. 그러나 불교가 대중 속에서 생명력을 상실한 가장 큰 이유는 현 인도사회에 대해 신축성 있게 대처하지 못했기 때문이다.

불교의 요람인 인도는 카스트 시스템과 불교를 부흥하고자 하는 사람들의 의식(意識)이 없었기 때문에, 점차적으로 시들해지고 있는 것이다. 불교도는 확실히 힌두교도가 아니지만, 힌두적인 카스트 세계 속에 자신의 위치를 가지고 있다. 불교의 본질을 잃지 않는 창조적인 부흥운동을 전개해 갈 것이다."7)

인도불교운동의 또 한 줄기는 YBS(Youth Buddhist Society)가 이끌고 있는 석가족(釋迦族, Sakiyas) 개종운동이다. 최근 「법보신문」은 '석가족 불교개종운동'을 현지 취재의 특집으로 게재하고 있다. 기사의 일부를 인용하면 다음과 같다.

" '나는 석가모니 후예다.'
석가족의 불교개종운동이 부처님의 땅 인도에서 강하게 태동하고 있다. 부처님의 후손임을 지칭하는 인도의 석가족들이 자발적으로 전개하고 있는 불교개종운동은 자신들이 석가모니의 자손이라는 것을 당당하게 알리기 위한 정체성 찾기 운동과 다름 아니다.
불교 성지가 몰려 있는 우파주의 상까시아·아타 등지에 10개 지부를 결성해 석가족들의 불교개종운동을 주도하고 있는 YBS(Youth Buddhist Society) ─ 청년불교도사회는 인도의 올 부처님 오신 날인 5월 26일 이후 비하르 주(Bihar 州) 수도 파트나와 맨프리·이따와 파르카와드·이에마 등지에 있는 석가족 집성촌을 순례하면서 불교개종법회를 봉행한다. YBS가 5월 28일과 30일, 6월 2·4·6일 각각 봉행하는 석가족 불교개종법회에서는 석가족을 비롯한 지역 힌두교인 등 1만여 명이 부처님의 제자로서 지켜야 할 오계(五戒)를 수지하고 30

---

7) 「불교신문」, 불기 2545년 10월 23일, 14면, e-mail 인터뷰에서.

분 가량 '석가모니 부처님'을 염송한다.

인도 힌두사회는, 지난해 11월 4일 뉴델리 시에서 암베드까르 박사의 가르침을 따르는 로드—붓다 클럽의 주도로 불가촉천민 1만여 명이 힌두교에서 불교로 개종하는 법회를 목격하면서 술렁였다. 당시 인도의 힌두 원리주의자들은 '불가촉천민 1만여 명이 개종한 것은 불교가 천한 종교이기 때문에 그렇다'라며 매도했다. 이러한 측면에서 볼 때, 석가족들의 불교개종운동은 불가촉천민의 개종에 비해 인도 힌두사회를 크게 뒤흔드는 사건으로 주목받을 만하다. 상층에서 하층 카스트까지 다양한 계급에 속해 있는 석가족들 중에는 주(州)의 보건장관이나 고위 관료 등 상층 카스트들도 상당수 포함되어 있기 때문이다."[8]

돌이켜 보면, 인도불교의 부흥운동은 1백여 년 전 한 스리랑카 비구의 비원(悲願)으로부터 시작되고 있다. 스리랑카의 A. 담마팔라(Anaga-rika Dhammapala, 1864~1933) 비구는 황폐한 채로 방치되어 힌두교도들의 동물 희생 터로 전락해 버린 성지, 특히 보드가야를 목격하고 눈물을 뿌리며 인도불교의 중흥을 발원하고, 1893년 'Maha-Bodhi Society(大覺會)'란 단체를 결성하였다. 여기에는 간디·타고르·네루 등 양심적인 힌두 지도자들도 동참하였다. Maha-Bodhi Society는 수도원·명상 센터·학교·병원·도서관 등을 건립하고 *Maha-Bodhi Journal*을 발간하며 성지 관리에서도 불교도의 권리를 주장하였다. 그리고 묵묵히 불교개종운동을 이끌어 간 것이다. 담마팔라 비구의 마지막 소원은 인도에 다시 태어나 붓다의 땅에서 다 이루지 못한 '담마 작업(Dhamma work)'

---

8) 「법보신문」 643호 1쪽, 2002년 2월6일, 현지취재 - '석가족 불교개종운동' 중에서.

을 완수하는 것이었다.9)

　40만 천민들의 집단 개종
　암베드까르 박사의 개종기념법회에서 만세하는 백여 만 명의 민중들
　1백만 힌두들의 불교개종운동
　석가족들의 대대적인 불교개종운동
　불교도에 의하여 건설되는 수도원·병원·학교·도서관·병원─
　이것은 환상이 아니다. 미래의 꿈도 희망사항도 결코 아니다. 이것
은 지금 인도에서 벌어지고 있는 명백한 현재 상황이다. 2001년 9월 9
일, 칸푸르, 6천여 명의 달리트(Dalit)─천민들이 신분 차별에 항의하며
불교로 개종하였다.10) 2001년 12월 6일, 마하쉬트라 주 뭄바이(Mumbai,
봄베이), 암베드까르 박사 45주기를 맞이하여 30만 명의 불교도가 모였
다.11) 보드가야에서 만난 싱(Gaukarm Singh) 법사를 통하여, 나는 이 상
황을 하나의 엄연한 현실로 목격하였다.

　그러나 이러한 인도불교의 부흥운동이 순풍(順風)으로 되어 가는 것
은 결코 아니다. 이 운동은 현재 심각한 장애에 부딪혀 있는 것으로 보
인다. 장애의 실체는 두 가지이다.
　가장 심각한 장애는 힌두교도들의 집요하고 조직적인 방해와 박해
이다. 백만 명 불교개종운동도, 석가족 개종운동도 모두 힌두들 때문
에 막혀 있다. 그들은 갖가지 방식으로 불교운동을 저지하고 있다. 생
명까지 위협받고 있다. 최근 보드가야 근교 둥게스와리에서 발생된 한

9) D.C.Ahir, Ibid. pp.7~25.
10) 「현대불교」 335호, 10쪽, 불기 2545년 9월 19일.
11) 「현대불교」 347호, 22쪽, 불기 2545년 12월 12일.

국인 불교도 봉사자 설성봉 거사 피살사건은 개종운동에 대한 힌두 과격파의 경고로서 보도되고 있다.[12)]

다른 하나는 경제적 곤란이다. 개종운동의 주역들은 거의 하층민들이다. 경제적으로 사회적으로 열악한 조건 속에서 외롭게 싸우고 있다. 사찰 건립, 불상 조성, 불서 보급 - 그들의 영세한 정성으로서는 극복할 수 없는 한계가 있는 것이다. YBS 회장 수레스 찬드라 보드 씨는 이렇게 호소하고 있다.[13)]

"석가족 1명 개종시키는 데 드는 비용은 1달러(우리 돈 1300원)이면 넉넉합니다."

1달러, 천 삼백원 - 이것을 못하겠는가?

스리랑카의 담마팔라 비구는 붓다의 땅에서 다 못 이룬 '담마 작업 (Dhamma-work)'을 위해 그 땅에, 이방(異邦)의 땅에 다시 태어나기를 서원하는데, 우리들의 정신적 모국 인도불교의 부흥을 위하여, 우리가 어찌 1달러를 헌납하지 못할까? 어찌 이 일을 못할까?

12) 「법보신문」 643호, 7쪽, 2002년 2월 6일.
13) 앞의 신문, 7쪽.

8. 내가 사랑하는 인도·인도인

황금빛 찬란한 파도
평원을 넘어 출렁이는
인도의 유채꽃을 사랑합니다.
그 속 어디선가
탐라의 바람소리가 스쳐가고
가난한 사람들을 위한
미래의 풍요가 노랗게 익어가고 있을 테지요.

라자스탄으로 달려가는 아침 도로
지평을 뚫고 솟아오르는 태양
오랑가바드 근교에서 마주친 눈부시게 큰 달
해와 달이 함께 비추는
끝없는 인도의 대지(大地)를 사랑합니다.
이 땅은 분명 신(神)들의 축복이 호흡하는 터이려니
'저 가난한 백성들은 무엇 때문일까?
신들은 저들을 버린 것일까?'
비포장 도로를 따라 덜커덩거리며

곰곰이 생각에 잠깁니다.

까악— 까악—
뭄바이에서 피프라와까지
떼 지어 나르는 까마귀들
그들은 누구의 어둔 시름을 토해 내는 것일까?
그 공허한 울음소리를 사랑합니다.
번잡한 도시의 대로를 유유히 행보하는 흰 소, 검은 소
주먹만한 새끼들 앞세워
무리 지어 달리는 들돼지들
양들, 개들—
대체 누가 주인일까?
사람일까? 짐승일까? 하늘 땅일까?
그 누구도 주인이기를 포기해 버린 그들
그래서 공허한 그 눈동자들을 사랑합니다.

끼니를 거듭할수록
새록새록 혀를 파고드는
짜빠띠, 짜이, 달—
석쇠 위에 달궈낸
때묻은 서민들의 먹거리를 사랑합니다.
거지들조차 즐겨 입는 랑가(Langhaa)
여인네들 미간에서 빛을 발하는 빈디(Bindi)
이것은 분명 백호광, 그 흔적—

266

붓다의 화신들일까?
그들도 이미 깨달아 있다는 놀라운 사실을
그들은 알고 있는 것일까?
코카콜라로써도 정복되지 않고
청바지로도 뚫어낼 수 없는
그들의 때묻은 고집들—
햄버거·블루진·노랑머리로 얼룩져 버린
서울 거리를 생각하면서
얼굴이 붉어져옵니다.

새벽도 되기 전에 어둠을 털고 일어나
찌그러진 판자문을 여는 구멍가게 남정네들
일그러진 화덕에 불을 피우고
따끈한 짜이 한 잔으로
나그네의 시린 마음을 녹여주는 산골 여인네들
코끼리 등에 사람들을 가득 태우고
아베르 붉은 궁성으로 오르는 어린 조련사들
낡은 숄을 걸치고 한 줄로 늘어앉아
보리밭 김을 매는 시골 아낙네들
마차를 몰고 털거덕거리며
느릿느릿 황톳길을 가는 늙은 마부들
타타(Tata) 화물 트럭에
산더미같이 짐을 싣고
중앙선도 없는 고속도로를 온몸으로 질주하는 젊은이들

'원 달러', '텐 달러'
이렇게 자장가처럼 되뇌이며
끈질기게 흥정을 붙이며 따라붙는 아이들―
그들의 삶을 사랑합니다.
지칠 줄 모르는 그들의 생존 욕구를 사랑합니다.
거기서 꿈틀거리는
인도 민중의 고귀한 생명 에너지를 체감합니다.
지난날 우리들
우리 자신들의 자화상을 대면합니다.

문득
인도 사람, 네팔 사람, 인니 사람, 필리핀 사람……
외국 노동자들 불러들여 노예처럼 부리며 즐거워하는
우리들의 무지(無知)와 잔인성을 떠올리며
그들 앞에 무릎 꿇고 호소합니다.
"우리를 용서하지 마십시오.
부디 우리를 용서하지 마십시오."

무엇보다
그들의 맑고 선량한 눈빛을 사랑합니다.
그 속에 고인 순결한 영혼을 사랑합니다.
운전기사 쿠샨 씨에게서
조수 라메쉬 군에게서
가이드 아비쉐크 군에게서

마인푸라 억새풀 초가집에서 만난
일흔다섯의 촌로(村老)에게서
자이푸르 식당의 악사에게서
달라지지 않는 저 눈빛들
먼지를 뒤집어쓴 채
흙바닥에 누워 있는 노숙자들에게서도
'하이 하이—'
이렇게 외치며 손바닥을 마주치는 하늘 아이들에게서도
도무지 달라지지 않는 저 눈빛들—

저것은 체념이 아닐 것입니다.
수천 년 카스트의 학대와 치욕을
시바 신(神)의 뜻으로 체념하고 순종하려는
슬픈 굴종의 눈빛이 아닐 것입니다.
분명
저것은 힌두(Hindu)의 눈빛이 아닐 것입니다.

거기서 주인의 눈빛을 봅니다.
2천 6백여 년의 세월로도 맹목(盲目)시킬 수 없는
주인들의 갈망하는 눈빛을 봅니다.
'천상천하 유아독존(天上天下 唯我獨尊)—'
머지않아 터져 나올 사자후(獅子吼)를 봅니다.
금세 솟구쳐 오를 견성(見性)의 미소를 봅니다.
이제 바야흐로 타오르는 인동(忍冬)의 불씨〔佛種子〕를 봅니다.

데칸 평원
어둠 속에 널부러진 칸다하르들
그 수많은 눈빛들을 잊을 수 없습니다.
가슴만 두근거릴 뿐
'사랑한다'는 말도 감히 입 밖에 낼 수 없습니다.

나마쎄—
친구들이여
나마쎄—
인도 친구들이여.

(2000년 1월 31일 오후 4시, 방콕 행 타이항공 기내에서)

〔명상 노트〕'나마쎄一', 나는 당신들을 아직 잊지 못합니다

　내가 인도를 생각하게 된 것은 붓다를 만나면서부터이다. 붓다를 만
난 것으로 말하면, 어머니 태중에서일 것이다. 어머니는 김씨 대광명
(金氏 大光明)이라는 불명으로 불렸던 돈독한 보살님이시고, 경남 함안
군 칠원 장춘사(長春寺)라는 절에서 칠일 기도를 드리고 꿈에 그 절의
미륵보살님을 친견하고 나를 잉태했고, 그래서 내가 그 미륵 보살님을
닮았다고 자라면서 내 귀에 못이 박히도록 말씀하셨다. 이때부터 나는
별수 없이 운명적으로 부처님과 만나게 된 것일지 모른다. 몇 년 전 칠
원 장춘사로 미륵보살님을 찾아갔다. 내 원형(原形)을 보고 싶었기 때
문이다. 그러나 현장에서 확인해 본 바로는, 그 보살님은 미륵보살이
아니고 약사여래(藥師如來)셨다. 그것도 돌부처가 아니고 금동불(金銅佛)
이시다. 오래 생각해 온 때문인지, 내가 부처님 모습이랑 많이 닮아 있
는 듯이 보였다.
　내 의식으로, 내 생각으로 붓다를 만나기는 1967년경 10월 어느 날
이다. 지금도 그때 일을 상기하면 가슴이 두근거린다. 그 무렵 나는 심
한 내면적 갈등으로 마음 편할 날이 없었다. 1955년, 고1 겨울방학 어
느 날 밤, 느닷없이 몰아닥친 '죽음 문제'를 해결하지 못하고, 나는 나
이 삼십이 다 되도록 끊임없는 방황을 계속해 오고 있었다. 그날도 교
무실 자리에 안주하지 못하고 이리저리 헤매다가 우연히 학교 도서실
로 들어갔고, 여기저기 기웃거리다가 무심코 창가의 책 한 권을 집어
들었다. 『法句經』이라고 듣도 보도 못한 낡은 책이 먼지를 뒤집어쓴
채 거기 있었다. 첫 장을 열었다. 거기에 이렇게 씌어 있었다.

마음이 모든 것에 앞서 가고
마음이 모든 것의 주인이다.
마음에 의해서 모든 것이 지어지느니
만일 마음으로 악행을 생각하면
고통이 그를 따르리.
마치 수레가 황소를 따르듯이.[14]

이 순간 섬광이 일었고, 나는 벗어났다. 진정으로 부처님과 만난 것이다. 1970년 7월 18일, 학교에서 불교학생회를 창립하면서, 나 자신을 위해서, 그리고 학생들에게 불교를 전하기 위해서 불교 공부를 하게 되었다. 불교 공부하면서 방향을 잡지 못하고 한참 헤매다가, '붓다 석가모니에게로 돌아가는 것이 근본이다, 초기경전으로 돌아가는 것이 근본이다, 보살의 삶으로 돌아가는 것이 근본이다', 이렇게 깨닫고, 붓다의 행적을 연구하고 쓰기 시작하였다. 그래서 나온 것이 「보리지(Bodhi誌)」(월간)이고, 이것이 모여서 『룸비니에서 구시나가라까지』(초판 1978년)라는 단행본으로 태어났다.

룸비니에서 구시나가라까지―
글은 썼지만, 나는 룸비니도 구시나가라도 보지 못하고 있었다. 상상 속에서 쓴 것이다. 대중을 속이는 것 같아 항상 불안하고 부처님께 송구하였다. 그러다가 이번에 도피안사 송암스님의 배려로 인도 순례의 행운을 만나게 된 것이다.

---

14) Dhp 1.1(text.N ⅰ,3-24) ; 『法句經』(감달진 역, 현암사, 1965), p.1.

'무엇을 볼 것인가?

인도 순례에서, 나는 무엇을 가장 마음 기울여 볼 것인가?'

순례를 준비하면서, 나는 골똘히 생각하였다. 그리고 결론에 도달하였다.

'그래, 사람들을 봐야 돼.

인도 민중들을 만나고 그들의 삶을 봐야 돼.

그래서 붓다가 만난 중생들이 실제로 어떤 사람들인지 알아야 하고, 그들의 무명(無明)과 고(苦)가 현실적으로 어떤 것인지 봐야 돼. 그래야 온통 관념과 허위의식의 늪에 함몰되어 있는 담마, 깨달음을 살아 있는 현장의 빛으로 되돌려 놓을 수 있어. 그래야 빈 생각, 큰 말만 무성한 대승(大乘)과 선(禪)을 살아 숨쉬는 붓다―담마로 되돌려 놓을 수 있어.

그리고 인도불교의 현상을 살펴봐야 돼. 죽었는지 살았는지, 아직 조그마한 불씨, 불종자(佛種子)라도 살아 있는지 확인해야 돼.'

성지 순례 20여 일 동안, 성지 관람보다 나는 사람 만나는 일에 더 마음을 기울였다. 그리고 수많은 사람들을 만날 수 있었다. 어설픈 영어로 무작정 말을 걸었고, 말이 안 통하면 두 손 모으고, "나마쎄―" 이렇게 인사를 건네고 따뜻한 미소를 나눴다.

"나마쎄―"

이 인사말은 대단한 위력을 발휘하였다. 험상궂게 생긴 사내들도 합장하고 "나마쎄―" 하면 금방 얼굴색이 밝아지고 따뜻한 웃음이 배어난다. 마인푸라 봔군(Mainpura Boangoon)의 한 억새풀 초가집에서 만난 팔순 가까운 노인 어른은 영어가 안 통했지만, "나마쎄―" 하고 합장하니까 어린 아이 같은 순진한 웃음으로 대답하셨다. 문득 나는 몇 년 전에 돌아가신 마산 남포항의 처(妻) 할아버지를 떠올렸다. 그리움으로 가슴이 찡해왔다. 순수한 맘은 이렇게 동서(東西)가 한가지인 것을.

"나마쎄―"

이것은 단순한 인사말이 아니다. 눈이 마주치자 마지못해 한 마디 툭 던지는 인사, "안녕하세요―" 이 정도가 아니다. 이것은 우리 불교인들이 붓다 앞에 사뢰는 'Namas'·'Namo'와 같은 단어이다. '나는 당신에게 귀의(歸依)합니다'·'나는 당신을 믿고 의지합니다'·'나는 당신을 붓다같이, 시바 신(神)같이 믿고 존경합니다' 이런 뜻이다.

"나마쎄―"
이것은 사랑의 메시지이다.
"나마쎄―"
이것은 인도 사람들에게 보내는 사랑과 존경의 메시지이다.

마인푸라의 할아버지
운전기사 꾸마르 씨, 조수 라메쉬 군, 가이드 아비쉐크 군―
새벽같이 문을 여는 가게 주인들, 추위로 떨고 있는 나그네를 위해 짜이를 끓이는 산골 여인들, 코끼리 조련사들, 늙은 마부들, 타타(Tata) 트럭의 젊은 기사들, 보리밭 김을 매는 시골 아낙네들, '하이, 하이―'를 외치는 칸푸르의 하늘 어린이들, 뭄바이 역 광장의 노숙자들, '원 달러' '텐 달러'를 흥정하는 아이들, 자이푸르 식당의 악사 아저씨―
그리고 데칸 평원의 칸다하르들, 작고 가난한 동포들―
"나마쎄―", 이것은 이 모든 인도 사람들과 함께 나누는 사랑의 언약일지 모른다. 인종과 언어, 체제와 종교의 차이로도 어쩌지 못하는

그리움을 안고 살아가는 사람들이 공유하는 평화와 동포의식(同胞意識)
－동류의식(同類意識)의 고백일지 모른다.

"나마쎄－"
이것은 큰 선물이다. 인도 사람들이 내게 안겨준 실로 크나큰 선물
이다. 이 한 마디로 우리는 언제든지 하나 될 수 있는 것이다. 손을 마
주잡고 눈빛을 함께 나눌 수 있는 것이다.

"나마쎄－"
나는 당신들을 사랑합니다. 아직도 잊지 못합니다.

9. 문년 꾸마르 군(君)에게

꾸마르 군
2000년 1월 24일 낮
저 옛날 고따마가 고행하던 우루벨라 숲 근처
자네와 나는 바람처럼 언뜻 만났었지.
자네는 그 특유의 순한 눈망울 굴리며
내게 다가와 여러 가지 설명을 들려주었었지.
마을 이름이며
강 이름이며
산 이름이며 —

그러다가 우리는 점차 깊은 얘기를 나누었다네.
"Are you Hindu?"(자네 힌두교도인가?)
내가 예(例)의 싱거운 질문을 던졌을 때
자네는 진지하게 대답했었지.
"No, I am a Muslim."(아니오, 나는 무슬림 — 이슬람 교도입니다.)
그때 나는 사실 속으로 좀 놀랐었다네.
난생 처음 마주친 이슬람 교도, 코란, 칼, 정복자들……

얼떨결에 나는 또 이렇게 물었었지.

"Between Hindu and Islam, No Problem, no conflict?"

(힌두교도와 이슬람교도 사이에 아무 문제없는가? 아무 갈등 없는가?)

자네는 분명하게 대답했었지

"No problem, no conflict. We are peaceful — "

(아무 문제없습니다, 아무 갈등 없습니다. 우리는 평화롭게 지냅니다.)

꾸마르 군

자네 태도는 너무도 당당하고 대답은 명확했다네.

열일곱 나이의 고등학생답지 않았었지.

게다가 자네는 어른스럽게 내 영어 실력이 훌륭하다고 칭찬했던 일

자네 기억하고 있겠지 —

세상에 태어나서 영어 잘한다는 칭찬을 듣다니

그것도 열일곱 살 난 소년에게서

사실 그때 난 좀 쑥스러우면서도 우쭐했었던 거

자네는 아마 눈치채질 못했을 거야, 하하하 —

문년 꾸마르 군

그러나 내가 이렇게 마지막 순례시(巡禮詩)를

자네를 향하여 쓰는 것은

그 일 때문이 아니라네.

그 까닭을 한번 들어보려는가?

언덕 위 한 힌두 신전 터에서

우리 일행은 간단한 점심식사를 준비하고 있었지.

그때 동네 아이들이 까마귀 떼처럼 몰려들어
'돈을 달라', '먹을 것을 달라' –
이렇게 북새통이 벌어졌었지.
난 과일 몇 개를 받아들고 난처해하다가
자네에게 하나를 내밀었지.
나눠 먹자고 –

꾸마르 군
그때 자네가 어떻게 행동했었는지 기억하고 있는가?
문넌 꾸마르 군
자네는 손을 저으며 단호히 거절했었다네.
"No – "

꾸마르 군
나는 속으로 경악을 금치 못했었다네.
아니, 실로는 부끄러움으로 가슴이 두근거리고 있었지.
지금까지 보아 온 그 가난한 사람들
까마귀 떼처럼 덤벼드는 이 아이들
그런데 자네는 분명 "No – "라고 했었네.
내 스스로 민망해서 두 번 세 번 권하니까
자네가 설명을 했었지.
'집이 이 근처라 이미 먹고 왔다'고.

꾸마르 군

그때 내 속내가 어땠는지
자네 짐작이 가나?
꾸마르 군 자네를 통하여
나는 인도의 자존심을 보았다네.
굶어도, 걸식해도
결코 고개 숙이지 아니하는 도도한 자존심
순간
내 속의 동정심이 와르르 무너지고 말았다네.
인도인들을 거지처럼 긍휼히 여기려던 값싼 동정심이
그 허위의 밑바닥을 여지없이 드러내고 말았다네.
실로 동정 받아야 할 사람은 나 자신 아니던가.
걸핏하면 자비를 논하고 보시를 읊조려 온
나 자신의 허위의식 아니던가.

꾸마르 군
우루벨라 숲속
까샤파 템플을 방문했을 때
목말라 하는 나를 보고
자네는 야자수 즙을 사 주겠노라고 제의했었지.
그때 나는 우격다짐으로 내 돈으로 두 잔을 사서 나눠 마셨지.
"이럴 때는 어른이 사야 한다"고 짐짓 화를 내면서—

문년 꾸마르 군
지금 나는 태국 방콕의 한 호텔 방에서

주소도 알지 못하는 자네를 향하여 이 편지를 쓰고 있다네.
사랑하는 인도에 대한 그리움으로
교만으로 치닫는 내 허위의식에 대한 경책으로
지금 나는 이 편지를 쓰고 있다네.

꾸마르 군
이 편지로서 이번 순례를 접으려 한다네.
수많은 감동과 사연을 묻어두고
베살리 사자상 앞에서 흘리던 눈물과
마차푸차레의 감격을 다 묻어두고
굳이 자네에게 편지를 쓰는 것은
자네의 서슬 푸른 자존심을 간직하고 싶어서일지 모른다네.

문넌 꾸마르 군
자네는 인도의 자존심일세.
그리고 나의 자존심일세.

나마쎄ー
꾸마르 군
나마쎄ー
친구들, 인도 친구들ー

(2000년 1월 31일 밤 11시 25분, Bangkhok, Hotel에서)

〔명상 노트〕 화해를 위한 작은 통로 하나

문년 꾸마르(Munan Kumar) 군을 만난 것은 참 귀한 선물로 생각한다.
내 기쁨이 더욱 컸던 것은 아마 꾸마르 군이 내가 만난 최초의 무슬림
(Muslim), 이슬람 교도란 점 때문일 것이다. 돌이켜보면, 그동안 나는 이
슬람에 대해서 매우 뿌리깊은 적대감을 지녀왔던 것이 사실이다. 그리
고 이 적대감의 원천은 그들이 인도불교를 유린하고 파괴한 마군(魔軍)
들이란 역사적 판단에서 비롯하고 있다.

무슬림, 이슬람
불교를 유린하는 마군들
붓다—담마를 유린하고 파괴하는 악마의 군대, 악마의 무리들—
이것은 주관적 인상이거나 사소한 감정의 과잉 반응이 결코 아니다.
사실에 근거한 역사적 판단이다. 8세기 이후 이슬람의 불교 파괴는 시
작되었고, 12~13세기에 이르러 절정에 달하였다. 보드가야의 마하보디
사(Maha-Bodhi 寺)와 날란다의 대불교사원—대학을 비롯한 수많은 사원
들이 '우상 파괴'를 부르짖는 이슬람 침략군에 의하여 철저히 짓밟혔다.
건물은 불길 속에 휩싸이고 불상은 목이 잘리고 허리가 동강나 여기저
기 뒹굴었다. 경전은 소각되고 수행승들은 무참하게 살육되었다. 룸비
니에서 구시나가라까지, 잡초만 푸르른 그 폐허의 땅에 아직도 핏자국
이 선연하고 원혼들의 울부짖음이 구천을 메아리치고 있다.
이슬람의 불교 파괴는 끊임없이 계속되어 왔다. 그들의 침략으로 인
하여, 황무지에 아름다운 연꽃을 피워냈던 중앙아시아—실크로드의 불

교는 진흙구렁에 빠져 이제 온전히 망각되고 말았다. 아프가니스탄의 이슬람 원리주의자들에 의해서, 간다라(Gandhara)의 화려한 불교 문화유산들은 흔적 없이 멸실(滅失)되고, 세계 인류가 선정한 불가사의(不可思議) 바미얀 대불(大佛)은 대포에 맞아 불구의 돌덩어리로 일그러져 있다.

이 엄연한 역사적 현장을 목격하면서, 믿을 수 있겠는가? '이슬람은 평화를 사랑한다, 코란은 다른 종교를 존중한다.' 이런 말들을 믿을 수 있겠는가? 그래서 두려운 것이다. 우리나라에 하나 둘 들어서는 이슬람 사원들을 보며 두려워하는 것이다. 경주 석굴암 부처님이 바미얀 대불의 전철을 밟지 않으리라 누가 장담할 수 있겠는가? 이슬람의 강력한 호전성(好戰性)을 겁약(怯弱)한 한국 불교도가 능히 감당할 수 있다고 누가 장담할 수 있겠는가?

문년 꾸마르 군과의 만남은 이 뿌리 깊은 적대의식과 두려움을 풀어내는 하나의 작은 인연이 될지 모른다. 조그마한 통로의 출발점이 될지 모른다. 우리는 서툰 영어로 서로를 칭찬하며 대화를 나눌 수 있었다. 인종과 종교, 세대의 벽을 넘어 열일곱 살 소년과 예순둘의 늙은이가 오밀조밀 귀의 말을 주고받으며 따뜻한 감정을 공유할 수 있었다. 서로 자존심을 지키면서, 서로의 자존심을 존중하면서 우리는 분명 평화로운 미소를 공유할 수 있었던 것이다.

생각해 보면, 순례기간 내내 이 비슷한 만남은 이어지고 있었던 것이다. 버스 기사 코살 꾸마르(Kaushal Kumar) 씨는 서른여섯 살의 훤칠한 청년으로 독실한 힌두교도이다. 운전석에 시바 신(神)을 모시고 하루 몇 차례 때만 되면 향을 피우고 기도를 바치곤 한다. 가이드 이(李) 부장 얘기로는 인도 사회에서 상층 카스트에 속하는 양반 출신이다. 그래서 그런지 자존심이 대단하고, 콧수염이 범상치 않아 보이긴 했다. 그러나 하루 이틀 지나며 얼굴이 익어지자 이 양반 기사님, 스스럼없이 장광설을 늘어놓고 우스개 소리도 곧잘 한다. 젊은 조수 라메쉬 (Ramesh Kumar) 군은 한술 더 뜬다. 시바 신에게 기도할 때는 추운 날씨에도 찬물로 목욕하는 열성파이지만, 유난히 큰 눈에 순진한 미소를 늘 잊지 않고 자기 자랑이 대단하다. 국경 전투에서 파키스탄 군대와 싸우던 무용담을 신명나게 들려준다. 그러면서도 이 친구 마음이 약한 건지, 카트만두 공항에서 헤어질 때, 그 큰 눈에 눈물이 흥건히 고인다.

문넌 군
코살 씨
라메쉬 군-

그들과 나는 서로 친구이다. 무슬림·힌두·붓다-담마, 이렇게 믿는 종교는 서로 다르지만, 우리는 서로 친구이다. 서툰 말로도 기쁨과 슬픔을 공유할 수 있는 친구들이다. 서로 존중하면서, 서로의 자존심을 존중하면서, 우리는 얼마든지 하나로 어울릴 수 있는 친구들이다. 이 작은 만남을 소중히 하고, 이 작은 인연을 끊임없이 확대시켜 가는 것이 뿌리깊은 적대의식과 두려움을 치유해 내는 통로 아닐까? 집단광기(集團狂氣)로부터 자유로워질 수 있고 제2의 바미얀 대불의 비극을 궁극적으로 벗어날 수 있는 작은 통로 아닐까? 우리가 모두 역사의 상처를 씻고 화해할 수 있는 작은 통로 아닐까? 그런 의미에서, 이번 여행은 참으로 의미 깊은 순례로 마음속에 곱게 접어두어도 좋을 것이다.

"No problem, No conflict."
우리 사이에 아무 문제없고 우리 사이에 어떤 갈등도 없고-
물론 이것은 쉬운 일이 아니다. 우리들의 소박한 희망사항일지 모른다. 지금도 종교 때문에, 종교전쟁-종교분쟁으로 하루 수십 명씩 죽어간다. 힌두가 무슬림을 죽이고, 무슬림이 힌두를 죽이고, 기독교가 이슬람을 죽이고, 이슬람이 기독교를 죽이고, 유대가 이슬람을 죽이고, 이슬람이 유대를 죽이고, 신교―프로테스탄트가 구교―가톨릭을 죽이고, 가톨릭이 프로테스탄트를 죽이고―

이 끝없는 종교전생, 신의 이름으로 사람이 사람을 죽이는 이 야만적 악순환으로부터 벗어나는 길은 달리 없는 것 같다. 우리가 친구가 되는 길밖에, 우리 하나하나가 서로 작은 친구가 되는 길밖에, 달리 길이 없는 것 같다. 종교―신(神)의 이름은 저마다의 자존심으로 마음속에 접어두고, 서로 자존심을 존중하면서, '내 신을 믿어라' 요구하지 않으면서, 우리 한사람 한사람이 친구로 만나고, 귀의 말을 나누고, 야자수 즙 한잔이라도 나눠 마시고, 푸른 하늘이며 산이며 강을 얘기하고, 서로의 괴로움과 외로움을 얘기하고, 풍속을 얘기하고, 고향 노래라도 서로 가르쳐서 도란도란 함께 노래하고― 이렇게 우리가 작은 인간으로, 작은 친구로 돌아가는 연습을 끊임없이 해 나간다면, 우리 앞에 희망의 길이 열려올지 모른다.

문년 꾸마르 군
자네는 지금 무엇을 하고 있는가?
궁금하이―
혹시 몇 년 뒤에 자네를 다시 만날 수 있다면, 자네 같은 친구들을 만날 수 있다면, 그때 나는 이렇게 말을 건네겠네.―

"문년 군
자네 아이들 잘 자라는가? 애비 노릇하기 어째 힘들지 않는가?
하하하―"

10. 빔라오 암베드까르 선생과의 대화

빔라오(Bhimrao) 선생
빔라오 암베드까르(Bhimrao R. Ambedkar) 선생
인도인들이 가장 사랑하는 사람
천민들의 동지
인도 건국의 어버지
인도불교의 개척자—

2000년 1월 17일
델리 행 열차에서
나는 선생을 처음 만났습니다.
아니, 선생의 이름을 처음 들었습니다.
선생으로 인하여
인도불교가 다시 살아나고 있다는
놀라운 사실을 처음 들었습니다.
빔라오 선생
나의 무지를 용서해 주시구려.

빔라오 선생, 선생은 말합니다.

"친구여, 어서 오시오. 기다린 지 이미 오래라오.
인도불교도의 이름으로 그대와 그대의 친구들을 환영합니다."

빔라오 선생
빔라오 암베드까르 선생
선생은 얼마나 고통이 많았습니까?
어린 시절, 청년 시절
이 거친 힌두의 대륙에서
불가촉천민으로 살아가기
얼마나 고통 많고 한(恨)이 많았겠습니까?
빔라오 선생, 선생은 말합니다.

"친구여, 실로 그러하다오. 사랑하는 내 조국 인도
그러나 2억이 넘는 우리 천민들에게
인도는 이미 따뜻한 조국이 아니랍니다.
힌두들은 이미 따뜻한 동포들이 아니랍니다.
초등학교 들어갔을 때 그들은 내게 마실 물을 거절했습니다.
학교 물을 마시지 못하고 나는 목을 태우며 참아야 했답니다.
그들은 내게 의자에 앉기를 거절했고
흑판에 나가 분필 잡기를 거절했고
선생님은 산스끄리뜨어 수업을 거절했답니다.
정부 관리가 되었어도

그들은 전세방을 거절하고
폭도들이 나를 강제로 몰아냈답니다.
내 부하들마저도 오염될까 두려워서
공문을 내게 집어던졌습니다.
"Touch me not"
언제, 어디서나
이것이 내게 주어진 규칙이었습니다."

빔라오 선생, 그래서 선생은 열심이었구려.
그 설움 이겨내려고
그렇게 공부하기 열성이었구려.
서른두 살에 박사학위도 5, 6개나 따내고
대학 교수, 총장이 되고 정부의 고급관리가 되고
그래서 인도 역사이래 최고로 빛나는 천민이 되었구려.

빔라오 선생
선생은 말합니다.

"친구여, 잘 보았군요.
나는 체념하고 감수할 수 없었습니다.
우리들에게 가해지는 비인간적인 차별
나는 도저히 운명으로 순응할 수 없었습니다.
그래서 이 악물고 끝없이 공부했습니다.
켈루스까르(Keluskar) 선생님의 도움을 받으며

봄베이 대학을 졸업하고 미국 콜럼비아 대학에서
경제학·사회학·역사학을 공부하고
런던 대학에서 경제학·법학·정치학을 공부했습니다.
내가 사람답게 살아나고 천대받는 민중들을 살리기 위해서
무엇보다 알아야 한다고
무지(無知)로부터 벗어나야 한다고 믿었기 때문이랍니다.
깨어나서 단결하고 주장하고
저항해야 한다고 믿었기 때문이랍니다."

빔라오 선생
그래서 선생은 억압받는 천민들을 일깨워 단체를 조직하고
신문·잡지를 발행하고
그들의 자존심을 드높이고
힌두─카스트에 대항하여 집단으로 저항하고
정당을 결성하고 의회에 진출하여 평등을 주장하고
영국 통치에 대결하며 인도 독립을 요구하고
독립 인도의회의 헌법기초위원장이 되어
헌법에 민중의 평등권을 기록하고─
이렇게 인도 건국의 아버지 역할을 하였구려.

빔라오 선생
선생은 말합니다.

"친구여, 그러하오.

배우고 단결하고 행동으로 주장하고
낡은 법과 제도, 관습을 벗어버리고
이것만이 운명을 바꾸는 길이라고 믿었다오.
그래서 헌법을 새로 쓰고 제도를 새로 만들고
마침내 낡은 힌두를 버리고 새로운 종교를 찾은 것이라오.
대평등의 종교를 찾은 것이라오.”

아하, 그랬군요!
빔라오 선생
2억이 넘는 버려진 백성들
20세기 이 찬란한 문명 속에서도
사람대접 못 받는 천민들을 살려내기 위하여
대평등의 길을 찾고 그래서 불교도가 되었군요.
붓다의 길을 선택한 것이로군요.

빔라오 선생
선생은 말합니다.

“친구여, 정녕 그러하다오.
붓다의 길을 선택한 것은 단순히 나 자신만을 위해서가 아니라오.
나 자신의 평화나 깨달음을 위해서가 아니라오.
이 사회를 근원적으로 개혁하는 길
이 민중들의 문제
억눌린 민중들의 고통을 근본적으로 해결하는 길

인간 스스로가 주인으로 궐기하는 길—
나는 붓다 속에서 그 길을 본 것이오.
'아난다야
그대는 자기 자신을 등불 삼고
담마를 등불 삼아라.
다른 그 무엇도 등불 삼지 말라.'
친구여, 나는 이 말씀을 사랑한다오.
자기 존중(自己尊重),
붓다가 보여주는 이 끝없는 자기 존중, 자기 구원—
친구여, 나는 이 길만이 인류 구원의 길이라고 믿고 있다오
우리 마음속 응어리를 풀 수 있는 길이라고 굳게 믿고 있다오."

빔라오 선생
나는 이제사 알 것 같습니다.
1956년 10월 14일 마하라쉬트라 주 나가푸르 광장

"붓다 만세(Jai Buddha)! 빔라오 만세(Jai Bhimrao)!"

40여 만 명이 넘는 민중들이 모여 이렇게 환호하는 까닭을
이제 알 것 같습니다.
2001년 10월 24~26일
대개종 45주년 기념법회
마하라쉬트라 주 나가푸르 광장
다시 터져 나오는 함성

"붓다 만세, 빔라오 만세!"

다시 백만 민중들이 이렇게 환호하는 까닭을
이제 겨우 깨달을 것 같습니다.

빔라오 선생
빔라오 암베드까르 선생
인도인들이 가장 사랑하는 사람
천민들의 동지
인도 건국의 아버지
인도불교의 개척자—

나는 이제 깨닫습니다.
빔라오 당신의 위대한 죽음을 보고 깨닫습니다.
당신의 유해를 다비하던 날, 수많은 당신의 동지들이
당신이 없는데도 당신의 메시지를 좇아
눈물을 뿌리며 불교도로 개종하는 장엄한 광경을 보고
이 세상을 바꾸는 길, 이 사회의 모순과 불의를 변혁하는 길
이 민중들의 고통을 해결하는 길—
이것만이 붓다—담마를 전파하는
최선의 길이라는 사실을 깨닫습니다.
이것만이 깨달음을 드러내는
최선의 길이라는 사실을 깨닫습니다.

빔라오 선생
나무라지 마세요.
나도 참을 수 없군요.
솟구치는 이 감격, 이 신명
참을 수 없군요.

붓다 만세
빔라오 선생 만세
인도 민중들 만세
인도 불교도 만세
한국 불교도 만세
세계 불교도 만세—

인도불교 중흥의 선구자
빔라오 암베드까르 박사〔傳記〕

〔傳記〕

빔라오 암베드까르 박사의 삶과 개종운동[1]

원저 D. C. Ahir
번역 김재영

1. 불가촉천민의 운명을 뚫고 일어나

빔라오 람지 암베드까르 박사(Dr. Bhimrao Ramji Ambedkar)는 중부 인도 마하라쉬트라 주(Maharashtra 州) 라트나기리 지방의 케두―탈라카에서 5마일 떨어진 마당가드(Madangad)라는 작은 마을 암바바드의 마하르 가문(Mahar family of Ambavade)에서 출생하였다. 그의 조부 마로지 사크팔(Maloji Sakpal)은 동인도회사의 봄베이 군대의 퇴역 군인이었다. 부친 람지 사크팔(Ramji Sakpal) 역시 군대에서 복무했고, 소령 계급을 얻었다. 어머니 비마베이(Bhimabai) 여사는 마하라쉬트라 주 타나의 무르바드(Murbad) 마을 출생이다.

암베드까르 출생 당시(1891년 4월 14일), 그의 부모님들은 아버지 람지 사크팔이 군사학교 교장으로 근무하고 있는 중부 인도의 모우

---

1) D. C. Ahir, 'Dr. B. R. Ambedkar', *The Pioneers of Buddhist Revival In India*(Sri Satguru Pub., Delhi, India, 1989), pp.123～151. 몇몇 사소한 부분을 제외하고는 거의 원문 전부를 번역하였음. 단행본 전기로는 W. N. Kuber의 *Builders of Modern India ; B. R. Ambedkar* (Publications Division, Ministry of Information and Broadcasting, Government of India, 1990)가 있음.

(Mhow)에 거주하고 있었다. 붓다의 경우와 같이, 암베드까르가 탄생하기 전, 그가 큰 인물이 될 것이라는 예언이 있었다. 어느 날, 산야시(Sanyasi)로 전향한 람지 사크팔의 아저씨 가운데 한 분이 몇몇 다른 은둔자들과 함께 모우에 왔다. 람지 사크팔은 우연히 그를 만나게 되고, 축복을 받기 위하여 산야시를 집으로 초대하였다. 산야시는 초대를 거절하였다. 그러나 그는 람지 사크팔에게 가족 가운데 역사에 큰 자취를 남길 아들이 태어날 것이라는 예언을 해 주었다. 1891년 4월 14일, 모우에서 이 예언이 효과를 나타낸 것이다. 암베드까르 박사의 출생지 모우는 봄베이에서 도로로 나시크 경유 630㎞, 맛디야 프라데쉬 주(Madhya Pradesh 州)의 수도 보팔(Bhopal)로부터 240㎞ 지점에 있다.

빔라오(Bhimrao)는 14살 때 부모가 붙여준 이름으로, 암베드까르 박사는 흔히 빔(Bhim), 비바(Bhiva)로 불렀다. 그는 늠름하고 귀여웠다. 14명의 형제들 가운데 5명만 살아남았다. 셋은 아들, 둘은 딸이고, 빔은 막내로서 자연히 가정의 귀염둥이가 되었다.

1893년, 빔이 겨우 두 살일 때 아버지는 군대로부터 은퇴하고 매월 50루피의 연금으로 생활하였다. 그는 모우에서 콘칸(Konkan)에 있는 다폴리(Dapoli)로 와서 정착하였다.

1896년, 빔의 어머니가 돌아가셨다. 같은 해 빔은(또는 Bhiva라는 사랑스런 이름으로 불리기도 했다) 다폴리의 초등학교에 갔다. 그 뒤, 아버지는 사타라(Satara)에 직업을 얻었다. 거기서 빔은 초등학교를 마치고, 공립 고등학교를 시작했다.

태생이 불가촉천민이기 때문에, 빔은 그 당시의 모든 천민들이 직면했던 모욕과 곤경을 다 겪었다. 학교에서 그는 종종 무관심하고 모욕적인 취급을 받았다. 자주 그는 물을 못 마시고 학교를 다녀야 했다. 물이 없어서가 아니라 그는 불가촉천민으로서 공공의 수도를 사용할 권리가 없었기 때문이다. 빔과 그의 형 아난드라오(Anandrao)는 교실 구석에서 그들이 가져간 삼베 가방 위에 앉도록 되어 있었다. 몇몇 교사들은 그들 형제의 노트들을 손대지 않았고, 그들에게 질문하지도 않았다. 오염될까봐 두려웠기 때문이다. 산스끄리뜨어 교사는 한술 더 떠서 그들에게 산스끄리뜨어를 가르치지 않았다. 그래서 빔은 어쩔 수 없이 고등학교에서 페르시아어를 제2 외국어로 선택하지 않으면 안 됐다.

동료 학생들의 태도도 마찬가지였다. 그는 게임에서 그들과 어울릴 수 없었다. 빔이 그의 친구들로부터 받은 취급을 예로 들어보자면 ─ 어느 날, 수학 교사가 빔을 불러 칠판에 수학문제를 풀라고 요구했을 때, 교실에서는 소동이 벌어졌다. 힌두 ─ 카스트 학생들이 칠판 뒤에 놓아둔 그들의 도시락이 오염된다고 아우성을 쳤기 때문이다. 도시락 상자들을 옮기고 나서야 그 문제는 해결될 수 있었다.

1904년, 아버지가 퇴임하자 가족들은 국제도시 봄베이의 파렐에 있는 한 원룸 셋방으로 옮겼다. 빔은 여기서 엘핀스톤 고등학교(Elphinestone High School)로 들어갔다. 여기서도 그는 비슷한 차별과 모욕을 받아야만 했다. 학교 밖에서 빔 라오에게 과해진 대우는 더욱 나빴다. "내게 접촉하지 마(Touch me not)", 이것이 언제 어디서나 그에게 주어진 규칙이었다.

1907년, 암베드까르는 대학 입학시험에 합격했다. 이것은 마하르(Mahar) 가문의 한 소년이 해낸 대단한 성공으로서, 일가 친척들과 그를 칭찬하는 사람들이 모임을 열어 대학입시의 성공을 축하하였다. 이 모임은 사회개혁자이자 사티야쇼다크 운동(Satyashodhak Movement)의 리더인 보올(S. K Bole) 씨가 사회를 맡았다. 이 모임의 연설가 가운데 한 분이 켈루스카르(Krishnaji Arjun Keluskar) 씨인데, 그는 고등학교 교장이고 사회사업가, 학자였다. 그는 최근에 펴낸 마라티(Marathi) 어로 쓴 고 따마 ― 붓다(Gotama Buddha)의 생애에 관한 작은 책자를 어린 암베드까르에게 선물하였다. 이 작은 선물이 암베드까르의 마음을 일깨웠고, 그는 붓다의 삶의 이야기에 너무도 매혹되어 불교에 관하여 앞으로 더욱 공부하기로 결심하게 되었다.

월슨 고등학교(Wilson High School)의 교장인 켈루스카르가 한 도시 정원에서 어떻게 처음으로 암베드까르를 만나게 되었는가를 기록하는 것은 흥미로운 일이다. 암베드까르는 봄베이 처르니 로드 가든(Churni Road Garden)에 가서 공부하곤 하였다. 켈루스카르 또한 같은 목적으로 이 가든을 자주 찾아갔다. 이 젊은 학구적인 학생에게 매혹되어 어느 날, 켈루스카르는 그 스스로 암베드까르에게 다가가서 그와 그 가족에 대해서 질문하였다. 그의 배경을 알고 나서, 켈루스카르는 그에 대한 어떤 희망을 갖게 되고, 학문에서 그를 돕기 시작한 것이다.

대학입시 후, 암베드까르는 엘핀스톤 대학(Elphin-stone College)에 입학하였다. 켈루스카르는 그를 바로다(Baroda, 小王國)의 왕(Maharaja)인 사야지라오(Sayajirao)에게 데려갔다. 왕은 평소 자격 있는 학생들을 돕겠다는 의도를 말해 왔었다. 왕은 그에게 몇 가지 질문을 하고 대답에 만족하여, 그에게 매월 25루피의 장학금을 지급하였다.

1912년 암베드까르는 봄베이 대학을 졸업하였다.

1913년 1월, 그는 바로다국 군대의 중위로 입대하였다. 그러나 그는 15일 뒤 아버지의 중병 때문에 봄베이로 돌아왔다.

1913년 2월 2일, 이날은 암베드까르에게 가장 슬픈 날이었다. 그를 교육시키기 위하여 모든 것을 희생한 그의 부친이 별세한 것이다. 이제 그는 홀로 서지 않으면 안 되었다. 1907년 이래 그 가족의 친구가 되어 온 켈루스카르는 다시 한번 그의 구원자가 되었다. 그의 주선으로 암베드까르는 미국에서의 보다 높은 교육을 위하여 바로다 왕의 장학금을 받게 된 것이다.

1913년 7월, 암베드까르는 미국 뉴욕의 콜럼비아 대학(Columbia University)에 입학하였다.

암베드까르는 콜럼비아 대학에서 하루 18시간씩 열심히 노력하였다. 그는 경제학・사회학・역사・철학・인류학・정치학을 두루 공부하였다.

1915년 6월 2일, 그는 「고대 인도의 상업(*Ancient Indian Commerce*)」이라는 주제의 논문으로 M.A. 학위를 받았다.

1916년 5월, 그는 대학에서 조직한 한 세미나에 「인도의 카스트 ; 카스트의 메커니즘과 기원과 전개」라는 논문을 제출하였다. 6월, 「인도를 위한 국민적 배당금 ; 역사적・분석적 고찰(*Natiomal Dividened for India ; A Historical and Analytical Study*)」이란 주제로 박사 학위(Ph. D)를 받았다. 이 논문은 후일 『영국 통치하 인도에서의 주(州) 재정의 진화(*The Evolution of Provincial Finance in British India*)』란 제목으로 출판되었다.

콜럼비아에서 공부를 마치고, 암베드까르는 런던으로 가서 런던 경제・정치학 대학(London School of Economics and Political Science)의 박사과정에 들어갔다. 그는 또 변호사 학위를 위하여 그레이 인(Gray Inn)에 입학하였다.

딱 1년이 지나 암베드까르가 반(半)과정을 마쳤을 때, 그의 시혜자인 바로다의 왕이 그의 장학금 지급기간이 끝났다는 이유로 그를 소환하였다.

1917년 8월 2일, 암베드까르는 그가 소원하는 목표를 이루지 못한 채 무거운 마음으로 중도에 돌아와야 했다. 계약에 따라서, 그는 왕을 위하여 10년 간 봉사했다. 그는 왕의 군사 비서관으로 임명됐다. 경력을 쌓은 뒤, 왕은 그를 재무장관으로 임명할 의향이었다.

그러나 카스트 사회의 손에 의하여 계속적인 괴롭힘과 박대를 받고 심한 분노 속에서 그는 곧 바로다를 떠나지 않으면 안 되었다. 많이 배우고 정부의 고위 공직자임에도 불구하고, 단지 불가촉천민으로 태어났다는 그 이유 때문에, 그는 여전히 비인간적인 차별을 받지 않으면 안 되었다. 사무실의 물도 마실 수가 없었다. 그의 보좌관들도 그에게 거리를 두었다. 심지어 잡부들도 오염을 두려워하여 멀리 떨어져서 서류를 책상으로 던지곤 했다. 이러한 경험을 회상하면서, 후일 암베드까르는 이렇게 말하고 있다.

"바로다에 있는 회계관 사무실에 있을 때, 서류들은 손으로 전해지는 대신 내게로 내던져졌다. 그리고 보다 상층의 카스트 사람들이 내가 서 있었던 같은 물건 위에 서지 않게 하기 위하여, 바닥의 카펫을 도로 말아야만 했다."

게다가 아무도 그에게 방을 내주지 않았다. 어떻게 해서 파르시 다르마 살라(Parsi Dharmashala)에 있는 방을 빌리려고 계약을 했다. 그러나 이웃 사람이 와서 그의 신분을 확인하고 나서 15~20여 명의 무장한 폭도들이 와서 방을 비울 것을 요구하였다. 대안을 찾을 수 없게 되자 그는 마하라자에게 경위서를 보냈고, 마하라자는 그를 데완(Dewan)에게 보냈다. 데완 또한 이 문제에 관한 한 어찌할 수 없다고 표명하자, 1917년 11월, 암베드까르는 어쩔 수 없이 직(職)을 사임하고 봄베이로 돌아왔다.

그러한 증오와 혐오의 과시를 보고, 암베드까르는 자신과 자신의 동료(불가촉천민)들에 대한 모욕은 불가촉천민들에 대한 저주를 만들어

낸 힌두교 때문이라는 것을 확신하게 되었다. 그런 까닭에 그는 불행한 동포들을 노예의 멍에로부터 해방시키기 위하여 최선을 다할 것을 엄숙히 맹세하였다.

2. 끝없는 저항의 행진

봄베이로 돌아와서 1년 간, 그는 공허하게 이런저런 일로 지냈다. 그러나 그동안 그는 *Caste in India*라는 신문을 발행하고, 또 'Small Holdings in India and their Remedies'라는 팜플렛을 펴냈다.

1918년 11월, 그는 월급 450루피로 사이든헴 상경대학(Sydenham College of Commerce and Economics)의 정치경제학 교수로 임명됐다. 학문의 전당인 여기서조차 그는 카스트 교수들에 의하여 왕따 취급을 당했다. 교수 공용 물통에서 물을 마시는 것이 허용되지 않았다.

그는 불의의 사회와 싸우기 위하여 그의 동포들을 조직하기 시작하였다. 그는 주의 깊게 상황을 관찰하고 원인들을 검토하였다. 그리고 그들의 고통은 그들이 주장하지 않고 저항할 힘이 없고 그들의 노예적 상황에 대한 적절한 이해가 결핍된 때문이라는 결론에 도달했다.

1920년, 그래서 그는 첫 발자국으로서 마라티(Marathi)어 격주간지를 창설하고 *Mook Nayak*(Leader of the Dumb, 벙어리들의 지도자)로 명명하였다. 말 못하는 대중들의 대변지로서의 첫번째 과제로서, 그는 짓밟힌 민중들을 오랜 무기력과 나태로부터 일깨우는 작업에 주력하였다. 그는 주장하였다.

"영구적인 노예적 신분과 빈곤, 그리고 무지(無知)로부터 억눌린 민중들을 구출하기 위해서는 민중들에게 그들의 무능을 깨닫게 하는 일

300

에 불굴의 노력을 경주하지 않으면 안 된다."

암베드까르는 못 다한 그의 연구를 완성하는 일에 열성이었기 때문에, 이 목적을 위하여 저금을 하고, 콜라푸르의 왕으로부터 다소 도움을 받았다.

1920년 3월, 암베드까르는 그의 직을 사임하고, 연구를 계속하기 위하여 런던으로 갔다.

1920년 11월, 그는 런던 정경대학과 그레이 법률연구소에 다시 들어갔다. 새롭게 시작하면서, 그는 전보다 더 열심히 공부하였다. 그는 런던의 주요 도서관을 모두 찾아다녔다. 거기서 그는 끼니를 잊고 하루 종일 책들을 숙독하였다. 식사할 돈도 없었고―

1921년 6월, 그는 「영국통치하의 인도에서의 제국 경제의 주(州) 분권화(Provincial Decentralization of Imperial Finance in British India)」라는 논문으로 런던 대학에서 경제학 박사 학위(M.Sc.)를 받았다.

1922년 10월, 변호사 자격을 받았다. 거의 같은 시기에 그는 「루피화(貨)의 문제점(The Problem of the Rupee)」이라는 주제의 논문을 제출하였다.

1923년 4월, 암베드까르는 런던에서의 연구를 성공적으로 완수하고, 32살의 나이로 인도로 돌아왔다. 그는 미국과 영국의 대학들로부터 M.A.・Ph.D.・M.Sc.・D.Sd. 학위와 변호사 자격을 받았다. 그는 봄베이 고등법원의 변호사로 시작하였다. 여기서도 그는 힘든 시간을 보내야 했다. '의뢰인들은 그가 불가촉천민이기 때문에 어떤 업무도 그에게 부탁하려 하지 않았다.'

1924년 7월, 암베드까르 박사는 'Bahishkrit Hitakarani Sabha(피압박민중의 복지협회)'를 창립함으로써 불가촉천민들의 구체적인 해방운동을 시작하였다. Sabha의 주된 목적은 억눌린 계층들에 대한 교육을 확대하고 경제적 조건을 개선하며 그들의 참상을 대변하는 것이다. '가르쳐라, 주장하라, 그리고 조직하라(Educate, Argitate and Organise)', 이것이 이 단체의 슬로건이다. 민중들에게 다가가기 위하여, 그는 *Bahishkrit Bharat* 라는 마라티어 주간지를 발행하였다.

1926년, 그는 'Samta Sainik Dal(Social Equality Army, 사회 평등군대)'를 창설하였다.

무엇보다 먼저, 그는 피압박 민중들이 그들의 비참한 조건들을 이해하고 보다 나은 그들의 향상을 위하여 투쟁하도록 고취하였다. 효과적이고 사람들을 각성시키며 목적이 뚜렷한 연설과 저술을 통하여, 그는 이 과업을 완수하였다. 그는 민중들의 귀에 붓다의 위대한 담마를 쉴새없이 말하였다.

"그대들 스스로 노력하라.
그대 자신들의 행복을 위하여 분투 노력하라.
그대 자신들의 행복을 위하여 정신 차려라. 열심히, 그리고 단호하게 행동하라."

그는 또 말하였다.

"우리 스스로 돕는 것을 배우고, 우리 스스로를 존경하고, 우리 스스로 깨달을 때, 우리는 향상될 것이다.
그대들은 그대들의 노예적인 자기 자신들을 벗어나라.
그대 자신들의 존엄성을 희생하고 사는 것은 수치스런 일이다."

1927년 3월 19일, 마하라쉬트라 주의 콜라바(Kolaba) 지방에 있는 한 아름다운 마을에서, 불가촉천민들을 사회적 노예 신분의 멍에로부터 해방시키려는 영웅적인 운동이 암베드까르 박사에 의하여 시작되었다.

1923년 봄베이 입법의회에서 통과된 한 결의안을 실행하기 위하여, 마하드(Mahad) 지방 자치단체는 불가촉천민들에게 초우다르(Chowdar) 공공 물탱크를 개방하였다. 그러나 카스트─힌두들은 그들에게 그 탱크의 물 공급을 허용하지 않았다. 그래서 피압박 민중들의 자유주의자·해방주의자들은 물탱크에 접근하는 자유권을 획득하기 위하여 시위하기로 결정하였다.

3월 19일, 암베드까르의 요구에 응하여, 1만 명의 사람들이 마하드에 집합하였다. 다음날, 그들은 의회 거리에서부터 초우다르로 행진하기 시작하였다. 암베드까르는 그 행렬의 선두에 섰다. 만 명의 자원자들이 4줄로 서서 그들의 지도자를 뒤따랐다. 질서 있고 평화적인 모습으로 마하드 거리를 행진하면서 행렬은 초우다르 탱크에 도착하였다. 인도에서 태어난 가장 능력 있고 자질 있는 불가촉천민 암베드까르 박사는 금지된 탱크 물을 마심으로써 고통 받는 사람들의 권리를 주장하였다. 그를 따르는 대부분의 자원자들이 그를 좇아 그들의 권리를 회복하였다. 이것은 역사적인 사건이었다. 이른바 불가촉천민들이 그들의 권리를 주장하기 위하여 그러한 명예로운 태도로 그들의 결의를 과시한 일은 일찍이 없었다. 행렬 동참자들은 의회 거리로 평화롭게 돌아왔다.

그 사이, 암베드까르와 그의 대중들이 베라쉬와르 힌두 사원(Verash-war Temple)으로 진입할 것을 계획하고 있다는 소문이 돌았다. 불가촉천민들의 물탱크 행진을 저지하는 데 실패한 열광적인 힌두들은 그들을 급습하였다. 그때쯤 행진자들의 대부분은 떠나고, 일부 사람들은 해산에 앞서 음식물을 싸거나 먹고 있었다. 이렇게 해서 무장하지 않은 남자·여자들, 그리고 어린이들이 카스트 힌두들로부터 무자비하게 두들겨 맞았다. 조직적인 공격에 뒤이어, 고향으로 돌아가는 소규모의 천민들이 계속 공격을 받았다. 이 모든 공격과 유린에도 불구하고, 암베드까르는 그의 대중들에게 동요하지 말고 또 보복하지 말도록 권고하였다. 이렇게 해서 불가촉천민들의 역사적인 투쟁은 끝났다.

이 소식이 알려지자마자 정통 힌두들은 암베드까르와 그의 추종자들에 의하여 오염된 것으로 생각하는 물탱크의 정화의식을 거행하였다.

한편, 1927년 4월 4일, 마하드 지방 관청도 불가촉천민들에게 물탱크를 허용하게 했던 그 결의안을 거부하였다. 이러한 일들이 불가촉천민들을 분노하게 만들었다. 그것은 한 공동체로서의 그들의 자존심과 명예에 대한 도전이었다. 그래서 그들은 마하드를 다시 점령하고 그들의 권리―누구든지 공공 물탱크의 물을 마실 수 있는 권리―를 주장하기로 결정하였다.

이와 더불어 1927년 12월, 사티야그라하(Satyagraha), 곧 무저항 불복종운동이 계획되었다. 12월 25일 저녁, 수천 명의 무저항운동자들이 마하드에 도착하였다. 떠들썩한 상황 속에서, 암베드까르의 말을 빌리면, '평등의 시대'를 받아들이기 위하여 소집된 의회에서 피압박 민중들의 사회적·종교적, 그리고 정치적 향상을 목적으로 하는 많은 결의안들이 통과되었다.

12월 26일에 시작하기로 계획된 무저항 행진은 지방장관의 호소로 마침내 중단되었다. 그는 의회에서 연설하고, 몇몇 카스트 힌두들이 법원에 그 물탱크가 사유재산이라는 이유로 소송을 제기한 사건의 판결이 날 때까지 기다려줄 것을 요청하였다. 해산하기 앞서, 대규모 집회가 탱크 주변에서 개최되었다. 그런 다음 되돌아갔다.

이렇게 해서 마하드의 투쟁은 끝났다. 마하드야말로 저항의 상징이다. 그것은 크란티 부미(Kranti Bhoomi)이다. 1927년, 초우다르 탱크를 이용하려는 불가촉천민들의 요구는, 오랜 법적 투쟁 끝에 봄베이 고등법원에 의하여 최종적으로 받아들여진 것이다.

1927년, 봄베이 총독은 암베드까르에게서 피압박 민중들의 소송에서 거둔 열성적인 승리자를 발견하고, 그를 봄베이 입법의회 의원으로 지명하였다. 이렇게 해서 20년 후에 자유(독립) 인도 헌법의 수석 건축가가 된 그의 의회생활이 시작된 것이다.

3. 인도 건국의 아버지로서

1928년, 암베드까르는 봄베이 국립 법과대학 교수로 임명되었다.

1928년 2월, 1919년의 인도 통치조례를 재점검하고 수정하기 위하여 영국 정부에 의하여 임명된 토요일 위원회(Saturday Commission)가 인도에 도착하였다.

1928년 10월 23일, 암베드까르는 시몬 위원회(Simon Commission)에 나가서 불가촉천민들을 위한 독자적인 정치적 권리를 요구하였다.

1930년 5월, 시몬 위원회의 보고서가 간행되었다. 시몬 위원회가 많은 영향력 있는 정파 사람들에 의하여 거부되고 위원회의 제안이 영국 정부에 의해서 수용될 기회를 상실함에 따라, 인도 미래 헌법의 골격을 정립하기 위한 3부의 인도 원탁회의가 소집되었다.

1930년 11월 12일, 런던에서 첫 회기가 소집된 이 역사적인 회의에, 그는 라오 B. 스리니바산(Rao Bahadur Srinivasan)과 함께 피압박 민중의 대표로서 참석하도록 초청되었다. 바로 그의 첫 연설에서, 암베드까르는 영국 통치자들을 포함하여 피압박 계층의 정당한 요구에 냉담했던 모든 자들을 비판하고, 인도 최하층민들을 위한 독자적인 정치적 권리를 요구하였다. 1931년 1월 19일까지, 첫 원탁회의는 논의를 계속하였다. 암베드까르는 모든 분과위원회에서도 주도적인 역할을 수행하였다. 그렇게 해서 불가촉천민의 권리는 적지 않은 사람들의 관심 사항으로 인식될 정도로 그의 지위는 명백히 확대되었다. 그의 풍부한 논의의 영향으로, 원탁회의는 불가촉천민 문제를 독자적인 안건으로 취급하고, 미래 인도 건국에서도 그들에게 특별한 대표성을 부여하도록 결정하였다.

그러나, 1931년 9월, 간디가 유일한 대표로서 두번째 원탁회의에 참석하면서, 일이 처음 생각대로 되지 않았다. 9월 15일 바로 첫 연설에서, 간디는 무슬림(Muslims)과 시크교도(Sikhs)에 대한 특별대우에는 반대하지 않으면서, 불가촉천민들을 특별 취급하는 것은 반대하였다.

그러나 간디의 모든 노력은 실패하였다. 1932년 8월, 그의 반대에도 불구하고, 영국 수상 R. 맥도날드(Ramsay Macdonald)는 그 자신에 의하여 공포된 공동체 상(Communal Award)에서 불가촉천민들에게 독자적인 투표권을 허용하였다. 투표에서 실패하자, 간디는 그 상을 적절하게 수정하기 위하여 목숨을 건 단식에 호소하였다. 그런 까닭에 이 상은 타협되고, 1932년 8월 25일, 푼나 협정(Poona Pact)으로 대치되었다. 암베드까르는 간디 옹을 살리기 위하여 이 협정에 서명하였다. 이 협정에 따라서, 피압박 민중의 독자적인 투표권이 '의석의 보유'를 조건으로 하는 공동 투표권으로 대치되었다. 1932년 11월 17일부터 12월 24일까지, 원탁회의의 마지막 회기가 개최되었다. 암베드까르 박사는 통상적으로 이 회의에 참석하였다. 한편 그는 봄베이 입법회의의 임기 5년의 의원으로 다시 지명되었다.

암베드까르 박사의 불교 순례는 자기도 의식하지 못하게 봄베이 북

서쪽 184㎞ 떨어져 있는 고다바리(Godavari) 강 언덕의 옛 도시 나시크(Nasik)에서 시작되었다. 이 역사 깊은 나시크에 유명한 칼라람 사원(Kalaram Temple)이 있고, 이 힌두 사원이 암베드까르 박사에 의하여 힌두 사원에 들어갈 수 있는 권리를 확보하기 위한 본보기로 선택되었다.(천민들은 힌두 사원에 들어가거나 베다를 읽을 수 있는 권리가 박탈되어 있다. 저자 註)

1930년 3월 2일 일요일, 나시크에서 불복종운동이 계획되었다. 나시크에서의 불복종운동을 추진할 사티야그라하 위원회(Satyagraha Commitee)는 다다사헤브 B. 가이크와드(Dadasaheb Bhaurao Gaikwad)에 의하여 인도되었다. 암베드까르의 요구에 응하여, 약 1만 5천 명의 자원자들이 나시크로 모여왔다. 3월 2일, 나시크 역사상 가장 긴 1마일의 행렬이 그 사원으로 행진해 갔다. 그곳에 도착했을 때, 그들은 그 사원의 문들이 폐쇄되고 많은 경찰들이 출동해 있는 것을 알게 되었다. 그래서 행진자들은 고다바리 가트(Ghat)로 가서 거기서 집회를 열었다.

불복종운동은 계속되었다. 4월 9일, 라마(Rama)의 신상(神像)을 모신 마차 행렬이 있는 날, 그 사원의 관리인의 동의를 받았기 때문에, 일부 불복종 자원자들은 그 마차에 접근하려고 하였다. 그때 이성을 잃은 일부 카스트 힌두들이 비무장의 불가촉천민들을 돌과 나무, 곤봉으로 습격하였다. 암베드까르를 포함한 수많은 천민들이 상해를 입었다. 이 모든 일에도 불구하고 투쟁은 계속되었다. 그래서 그 사원의 관리인들은 일년 내내 사원을 폐쇄하지 않으면 안 되었다. 나시크 불복종운동은 5년 넘어 계속되다가 중지되었고, "더 이상 힌두 사원에 가지 않는다(No More Hindu Temple)"는 교훈을 얻게 되었다.

1935년 10월 13일, 사원 진입 불복종운동으로 카스트 힌두들을 꺾으려던 노력이 실패로 돌아가자, 암베드까르는 예올라(Yeola) 인근 마을에서 회의를 소집하였다. 그는 거대한 대중들에게 연설하면서, 모든 분야에서의 불가촉천민들의 상황과, 힌두교의 비호 아래 동일 공동체의 한 성원으로서의 가장 기본적인 권리를 얻기 위하여 그들이 치른 희생들에 관해서 설명하였다. 그는 계속하여 힌두교를 포기하고 그들에게 평등한 위상, 안전한 지위와 정당한 대우를 부여하는 어떤 다른 신앙을 받아들이는 것이 더 좋지 않을 것인가를 결정할 때가 왔다고 말하였다. 자신에 관해서 언급하면서, 암베드까르는 말하였다.

"불행하게도 나는 힌두로 태어났습니다. 그것을 막는 것은 내 능력 밖이었습니다. 그러나 나는 힌두로서 죽지 않을 것이라는 사실을 여러분들에게 엄숙히 말합니다."

신중한 검토 끝에, 그 회의는 힌두교를 포기하기로 결정하였다. 그리고 카스트 힌두에 대항하여 명예로운 지위를 얻으려는 그들의 지난 5년 간의 주장이 무의미하다는 것이 드러났기 때문에, 나시크 불복종 운동을 중지하기로 결정하였다. 그렇게 해서 예올라 회의는 힌두교에 대한 작별과 더불어 끝나고, 새 종교에 대한 모색이 시작되었다. 암베드까르 박사가 힌두를 버리려는 의도를 천명했을 때, 기독교·무슬림·시크교로부터 그를 그들 종교로 끌어들이기 위한 권유와 제의가 있었다. 그러나 그는 이들 제의들을 비웃고 주저함이 없이 거절하였다.

1935년 말, 예올라 발표를 듣고, 로카나타(Lokanatha)라고 불리는 한 이탈리아 스님이 인도로 와서, 봄베이 다다르(Dadar)의 라자그라하(Rajagraha)에 있는 암베드까르의 집에서 몇 차례 그를 만났다. 그리고 불교는 그의 동지들에게 가장 적합한 종교라는 인상을 받았다. 암베드까르 박사는 심사숙고하기로 약속하였다.

1935년, 이 해는 서로 다른 3가지 일로 인해서 암베드까르 박사에게는 중요한 한 해였다. 1935년 5월 27일, 그는 사랑하는 아내를 잃었다. 나흘 뒤인 6월 1일, 그는 1938년 사임할 때까지 유지해온 국립 법과대학 학장에 임명되었다. 다시 1935년, 그는 봄베이 다다르(Dadar)에 숙소 겸 연구실로 집을 새로 지었다. 붓다가 자주 머물렀던 빔비사라 왕의 마가다 수도 이름을 따서, 그는 이곳을 '라자그라하(Rajagraha)'라고 불렀다.

1936년 5월 31일, 그가 왜 그의 종교를 바꾸기로 결심했는가를 설명하기 위하여, 암베드까르 박사는 봄베이에서 마하르 회의(Mahar Conference)를 소집했다. 그 회의에서 힘이 넘치는 연설을 마무리하면서, 그는 말하였다.

"힌두교는 내 양심을 끌지 못합니다. 그것은 내 자존심을 끌지 못합니다. 그러나 여러분들의 개종은 정신적인 소득이 될 뿐만 아니라 물질적인 소득이 될 것입니다. 나는 여러분들에게 분명하게 말합니다. '종교가 사람을 위해서 있는 것이지, 사람이 종교를 위해서 있는 것이 아닙니다.' 인간적인 대우를 받기 위하여 여러분, 개종하십시오."

마지막으로 그는 거대한 청중들에게 다음과 같은 붓다의 마지막 말씀을 기억하도록 권유하였다. 이것은 그의 마음이 움직이는 방향을 암시하고 있는 것이다.

"그대 자신을 등불 삼아라. 자신 밖에서 귀의처를 찾지 말라.
진리로서 굳게 등불 삼아라. 진리로서 굳게 귀의처를 삼아라.
자신 밖의 다른 이에게 귀의하지 말라."[2]

붓다는 말하였다.

"배고픔은 고통이다."

불가촉천민들은 '배고픔'뿐만 아니라 수많은 사회적 무능으로 인하여 또한 고통 받고 있다는 사실을 잘 알고 있기 때문에, 암베드까르 박사는 다른 종교로의 개종을 위한 그의 계획을 의도적으로 서서히 진행시켰다. 그는 동지들의 사회적·경제적·정치적 해방을 향하여 모든 힘을 집중하였다. 그리고 그의 목적을 실현하기 위하여 그는 끊임없는 노력을 기울이고, 자신의 뜻에 따라 모든 방법들을 구사하였다.

1937년 2월, 원탁회의의 결정을 수행하기 위하여, 인도는 인도 최초의 국회의원을 선출하기 위한 투표를 실시하였다. 1936년 8월 암베드까르에 의하여 창설된 독립노동당은 봄베이의 17석 경선에서 15석을 획득하였다. 봄베이 입법의회에서, 암베드까르는 야당의 리더로서 효과적이고 목적 지향적인 역할을 수행하였다. 그리고 입법적인 수단을 통하여 억눌린 민중들의 조건들을 개선하기 위하여 진력하였다.

1939년 11월, 영국 정부가 인도의 자유를 그들의 전쟁 목표로 선언하지 않은 데 대하여 저항하기 위하여 의회 수뇌들이 사임함에 따라, 봄베이를 포함한 8개 지방의회가 해산되었다.

1940년 8월, 영국 정부는, 종전 후 가능한 즉시 인도에 자치권을 포용하는 정책을 선포하였다.

1942년 7월, 인도 총독은 집정회의를 확대하고, 암베드까르를 노동위원으로서 그 속에 포함시켰다. 이것은 명예로운 계기가 되었다. 그는 미천한 신분에서 일어나 제1인자가 된 것이다.

1942년 7월부터 1946년 6월까지, 암베드까르는 수많은 복잡한 노동

---

2) DN 16.2.25-26 cf ; 拙稿, 앞의 책, pp.461～463, 저자 註.

문제를 노동자와 기업주들이 다같이 만족할 수 있게 해결해 갔다. 그는 또한 노동·복지·측정제도를 도입하였다. 이 모든 일들이 그에게 모든 관련자들의 높은 평가와 존경을 가져다 주었고, 그는 비판자들로부터도 유능하고 자애 깊은 행정가로서 찬양되었다. 천민들을 위해서, 그는 처음으로 정부 서비스 속에 '보전의 원칙(a principle of reservation)'을 획득하였다. 이것은 그들에게 사회적·경제적 성장의 출구를 열어주는 것이다.

1945년, 2차대전의 적대 행위가 종식되자, 인도 독립이 우선적인 문제로 제기되었다.

1946년 3월, 인도의 상황을 조사하고 인도인에게 순조로운 권력 이양 방식을 모색하기 위하여, 영국 정부는 3인의 내각위원 사절단을 파견하였다.

1946년 5월 16일, 내각위원회는 특히 인도 미래 정부 구성을 위한 제헌의회의 설립을 추천하는 제안을 발표하였다. 이 계획은 모든 관련자들에 의하여 수용되었다. 제헌의회 의원 선거가 뒤따랐고, 인구 비례에 기초하여 주(州) 입법회의에서 의원들이 선출되었다. 봄베이에서 선출되려던 암베드까르 박사의 노력은 의회에 의하여 방해를 받게 되자, 그는 벵갈(Bengal) 의회를 통하여 제헌의회로 진입할 것을 추진하였다.

제헌의회를 지배하고 있는 (국민)회의 당과의 이데올로기적인 차이를 고려할 때, 암베드까르 박사는 의회에서 자기 주장을 발표하는 이상의 활동은 기대할 수 없었다. 그러나 의회가 소집되자마자, 그의 출석이 환영받았을 뿐만 아니라, 헌법을 기초하는 몇몇 탁월한 의원들이 그와의 공동 작업과 협조를 간청하였다. 그로서도 보답하는 태도를 취했다.

1946년 12월 17일, 의회의 처녀 연설에서 그는 힘찬 어조로, 그들의 차이에도 불구하고, 여러 정당과 집단들은 '공통의 결정을 내려야 하고 일치를 위하여 나아가야 한다'고 호소하였다. 이것은 타협의 과정을 시작하도록 하였다. 차차 제헌의회의 여러 분과위원회에서 보여준 그의 '매우 유익한' 활동은 의회 지도자들로 하여금 암베드까르의 봉사 없이는 인도 독립의 입법화와 굳히기가 어렵다는 사실을 확신하도록 만들었다.

1947년 7월, 암베드까르 박사는 봄베이에서 제헌의원으로 재선되었다.

1947년 8월 15일, 인도 독립 전야(前夜), 네루(Jawaharlal Nehru) 수상이 그를 앞으로 구성될 내각에 참여하도록 초청하였다. 암베드까르는 내각에 참가할 것에 동의하였다. 그렇게 해서, 국가가 암베드까르 박사에게 수여한 또 하나의 영예인 법무장관에 임명한 직후, 그는 독립의 새벽에 최고의 영광에 도달하였다.

8월 29일, 그는 헌법의 최종 체제를 부여할 임무가 주어진 제헌의회 헌법기초위원장에 만장일치로 선출되었다. 그런 까닭에, 인도 공화국의 헌법은 크게 보아, 암베드까르 박사의 큰마음의 창작인 것이다.

1949년 11월, 3년 간의 마라톤 회기 끝에, 제헌의회는 맡겨진 과업을 성공적으로 완수하였다. 11월 25일 오후의 토론에서, 암베드까르 박사는 응답하였다. 확신에 찬 느낌으로 연설하면서, 그는 헌법의 두드러진 특징을 강조하고, 그리고 조국을 위하여 봉사할 수 있는 기회를 준 의회에 대하여 감사하였다. 1949년 11월 26일, 의회는 헌법을 채택하였다.

헌법의 수석 설계사로서, 암베드까르 박사는 헌법 속에 피압박 카스트들과 피압박 종족들을 위한 안전장치를 만드는 데 큰 책임이 있다. 그는 또한 불가촉천민들에 대한 저주를 폐지하는 데 법적으로 기여하였다. 그는 불교도의 상징인 법륜(法輪, Dharma-Chakra)과 사르나트에 있는 아쇼까 석주의 사자 대문자를 독립 인도의 상징으로서 채택하는 데 크게 책임이 있다.

암베드까르 박사는 또한 여성들의 조건을 개선하는 데도 매우 민감하였다. 1949년 2월 24일, 여성들에게 재산, 결혼관계, 그리고 채용문제에서의 평등권을 주기 위하여, 그는 힌두 성문법전 법안(Hindu Code Bill)을 기초 제출하였다. 힌두 법전을 통합하려는 그의 생각은 진보적이고 현대적 사상과 맞는 것이기 때문에, 많은 진보적 지도자들이 그에게 감사를 표시했다. 그러나 힌두 법전을 성문화하고 자유화하려는 그의 노력은 정통파의 주창자들에 의하여 실제로는 좌절되었다.

1951년 9월 27일, 그는 실망하고 소침해져서, 네루 내각에서 사임하였다. 6개월 뒤, 그는 주 의회에 선출되었다.

1952년 6월 5일, 36년 전 1917년에 박사학위를 받았던 콜럼비아 대학이 '인도 헌법 기초자'로서, '인도의 지도적 시민의 한 사람'으로서, '위대한 사회개혁가'로서, 그리고 영웅적인 인권 옹호자로서, 그의 공을 찬양하며 그에게 명예박사 학위(LL. D)를 수여하였다. 그 이후, 오사마니아 대학(Osmania University), 하이데라바드(Hyderabad)가 암베드까르 박사에게 명예 문학박사 학위를 수여하였다.

4. 불교로 향하여

나라 일에 열중하는 한편, 암베드까르 박사는 인도의 하층민들을 해방시키는 방법들에 관한 생각을 또한 계속하고 있었다.

1942년, 그는 천민연맹을 창설하고, 모든 인도의 기초 위에서 천민들을 조직화하기 시작하였다. 불교에 대한 그의 선호는 1945년부터 언급되기 시작하였다.

1945년 11월, 한 주(州) 의회가 사브라마티(Sabramati)의 제방 위에 있
는 아메다바드(Ahmedabad)에서 개최되었다. 그 넓은 지역은 '붓다나가르
(Buddhanagar)'라고 일컬어졌다. 1945년, '민중교육사회'를 설립하고, 다
음 해 6월, 봄베이에 최초의 대학을 창설하고, '싯다르타 대학(Siddhar-
tha College)'이라고 명명하였다. 이와 같은 상징들이 그의 마음의 경향
을 분명히 암시하고 있고, 그의 동지들을 위하여 벽 위에 씌어지고 있
었다. 그렇게 해서 그들은 거대한 붓다의 담마를 이해하는 최선의 방
법에 관하여 그의 조언을 구하였다.

1948년, 그들의 끈질긴 요구에 답하여, 암베드까르 박사는 1907년에
초간된 나라수 박사(Dr. P.L. Narasu)의 저서 『불교의 정수(The Essence of
Buddhism)』를 재차 인쇄하였다. 그리고 불교도가 되기 위해서 그 책을
공부하도록 추천하였다. 이 책의 서문에서, 그 또한 그 자신이 불교 책
을 저술하고 있다고 언급하였다.

그는 또한 불가촉천민들의 과거를 깊이 탐구하고, 1948년에 『불가
촉천민, 그들은 누구인가? 그리고 왜 그들은 불가촉천민이 되었는
가?(The Untouchables, Who were They and Why They become Untouchables)』라는 그의
저술 속에 그의 연구결과를 발표하였다. 그에 따르면, 현재의 천민들
은 먼 과거에는 불교도였고, A.D. 400년경, 굽타 왕 시대에 불가촉천민
으로 전락되었다. 이 기간 동안 몇몇 주요한 저서들이 속속 간행되었
다. 곧 『누가 수드라였나? 그들은 어떻게 인도―아리안 사회에서 네번
째 계급이 되었는가?』·『의회와 간디는 불가촉천민들에게 무슨 일을
했나?』, 그리고 『파키스탄, 또는 인도의 분할』 등.

1948년 4월 15일, 이 모든 일들의 와중에서, 그는 건강한 조건으로
샤르다 카비르(Miss Sharda Kabir) 양과 재혼하였다.

1950년, 암베드까르 박사가 불교를 안아들이는 것은 단지 시간문제

라는 것이 분명해졌다. 같은 해, 그는 그의 동지들에게 붓다 자반티 (Buddha Javanti)를 축하할 것을 요구하였다. 1950년 5월 3일, 불교가 사라진 지 수천년만에 처음으로, 델리에서는 불교도의 행진을 목격할 수 있었다. 같은 해, 그는 켈커타의 「마하보디 — 저널(Maha Bodhi Journal)」 바이샤까 호에 '붓다와 그 종교의 미래(Buddha and the Future of His Religion)'라는 논설을 최초로 기고하였다. 이 논설에서, 그는 붓다의 종교가 합리적이고 과학적이며, 그리고 자유·평등·자비의 가장 위대한 전형임을 발견하였기 때문에 불교를 좋아하게 되었다고 말하고 있다.

1950년 5월 25일, 암베드까르 박사는 제1회 세계불교도우의회의 (Conference of the World Fellowship of Buddhists)에 참석하기 위하여 콜롬보에 도착하였다. 그리고 같은 날, 캔디에 있는 투스 템플(Tooth Temple)에서 개회된 개막회의에 참석하였다. 스리랑카의 불교청년협회에서, 그는 또한 '인도불교의 흥망(The Rise and Fall of Buddhism in India)'에 관하여 연설하였다. 결론에서 그는 말하였다.

"불교는 인도에서 물질적으로는 사라졌을지 모릅니다. 그러나 정신적으로는 불교는 여전히 존재하고 있습니다."

스리랑카에서 돌아온 암베드까르 박사는, 가는 곳마다 불교의 과거 영광과 미래의 전망에 대해서 말하였다. 1950년 9월 29일, 봄베이 월리에 있는 한 일본 사원의 모임에서, 그는 인도불교의 부흥과 확대를 위하여 자신의 여생을 헌신할 것이라고 선언하였다. 1950년, 다시 그는 유명한 산치(Sanchi) 대탑을 방문하였다. 그 여행에서 동행했던 미국인 빈센트 쉐안(Vincent Shean)은 그 여행에 관해서 이렇게 기록하고 있다.

"어느 때 우리는 산치와 델리를 왕복하는 긴 여행을 함께 하였다. 그리고 그곳 불교 사원, 지금은 제자들의 사리가 안치되어 있는 거대한 스투파에서 나날을 보냈다. 그때(1950년) 그는 이미 불교에 관해서 많이 알고 있었고, 다함 없는 변설로 불교에 관해서 강의하였다."

1951년, 암베드까르 박사는 'Maha Bodhi Society(大覺會)'가 뉴델리에서 개최한 붓다 탄생법회에 참석하였다. 이때 그는 이렇게 선언하였다.

"다른 힌두 사회가 협조하지 않는다면, 그때는 우리 피압박 천민들은 우리 길을 갈 것이고, 그리고 이 나라에서 불교의 옛 영광과 명예를 다시 한번 불러올 것입니다."

같은 해, 그는 또한 그의 동지들의 이익과 안내를 위하여 *Baudh Upasana Path*, 곧 지혜의 보석인 불경 모음집을 간행하였다. 그리고 1951년 *Maha Bodhi*(잡지) 4월~5월호에 '힌두 여성의 흥망(The Rise and Fall of the Hindu Woman. Who was rresponsible for it)'이라는 학문적인 논설을 기고하였다. 여기서 그는 붓다가 여성들의 지위를 남성 수준으로 향상시키기 위하여 진력하고 있다는 것을 결론적으로 보여주고 있다. 같은 해 7월, 그는 불교 홍포를 위하여 '인도불교사회(Indian Buddhist Society)'를 창설하였다.

봄베이에 최초의 대학을 창립하였을 때, 암베드까르 박사는 붓다의 이름을 따서 '싯다르타 대학'이라고 명명하였다. 그러나 기존의 건물들을 이 목적으로 구매했기 때문에, 그는 더 이상 어떤 일을 할 수가 없었다. 그러나 그는 불교 예술과 문명의 영광을 영속시킬 수 있는 기구를 만드는 일에 열중하였다. 이 실험을 위하여, 그는 마라트와다(Marathwada) 지방의 깊숙한 심장부, 불교의 옛 터전인 오랑가바드(Auranga-bad)를 선택하였다, 오랑가바드의 대학은 B.C 2세기 편잡 지방에 왕국을 개척하고 후에 불교를 받아들인 밀린다(Milinda, Menander) 대왕을 따라서 '밀린드 마하 비디야라야(Milind Maha Vidyalaya)'로 명명하였다. 불교도의 전승에서는 밀린다 왕과 나가세나 비구(Bhikkhu Nagasena)의 이름은 항상 함께 간다. 암베드까르 박사 또한 철학 왕(밀린다팡하 왕)과 그의 교사(나가세나 스님)를 찬양하였다. 밀린드 마하 비디야라야 대학의 거대한 캠퍼스는 나가세나─바나에 조성되었다. 1951년 9월 1일, 이 대학의 초석은 인도 대통령 프라사드 박사(Dr. Rajendra Prasad)에 의하여 놓여졌다.

1954년까지, 암베드까르 박사가 불교를 받아들인다는 것이 시간문제라는 사실이 매우 분명해졌다. 그는 자주 불교 승려나 학자들과 어울렸다. 1954년 5월, 그는 미얀마의 붓다 탄생축제에 참가하여 2주일을 보냈다. 6월에, 그는 인도에서의 불교 전파를 위한 전법사 훈련을 위하여 방갈로어(Bangalore) 세미나를 시작하려는 의도를 발표하였다. 1954년 10월 3일의 BBC 방송의 '나의 개인적 철학' 연속 강의에서, 그는 말하였다.

"나의 사회철학은 자유·평등·자비, 이 세 단어에 간직되어 있다고 말할 수 있습니다. 나의 철학은 정치학이 아니라 철학 속에 뿌리를 내리고 있습니다. 나는 그러한 뿌리들을 나의 스승, 붓다로부터 이끌어냈습니다."

1954년 12월 첫째 주, 암베드까르 박사는 랑군에서 개최된 제3차 세계불교도우의회의에 참석하기 위하여 미얀마를 다시 방문하였다. 그

회의에서 연설하면서, 그는 이렇게 말하였다.

"위대한 붓다가 탄생하신 이 땅에서, 나는 크나큰 고뇌로 이것을 말하지 않으면 안 됩니다. 붓다의 종교는 쇠퇴했습니다. 어떻게 그런 일이 생겼는가 하는 것은 도저히 이해할 수 없는 문제입니다."

이렇게 말하면서, 그는 눈물을 흘렸다. 잠시 동안 그는 연설을 계속할 수가 없었다. 이윽고 그는 인도에서 불교를 부흥시키기 위한 그의 계획들을 간략히 말하였다. 그리고 사원들에 대한 조명과 관리에 거대한 예산이 쓰여져야 하고, 이러한 예산들이 인도에서 담마 전파의 부흥을 위하여 유용하게 이용될 수 있다는 것을 강조하였다.

미얀마에 머무는 동안, 암베드까르 박사는 편잡인 소니 박사(Dr. R.L. Soni)의 초청으로 만달레이(Mandalay)에서 일주일을 보냈다. 소니 박사는 1929년 미얀마로 가서 정착하고 뒤에 불교를 받아들이고, 그가 창립한 불교문화기구(Institute of Buddhist Culture)를 통하여 불교 부흥을 위하여 열심히 노력하고 있었다. 1956년, 암베드까르 박사가 공식적으로 불교로 전향하는 역사적인 결정은 만달레이에서 이루어졌다. 공식적으로 불교로 개종하는 문제에 관하여, 그는 소니 박사와 많은 토론을 나눴다. 마침내 그의 체류 5일째, 그는 발표하였다.

"붓다 탄생 2천 5백주년에(보통 달력 1956년), 제가 저의 동지들과 다 함께 공식적으로 불교로 개종하기로 최종적으로 결정한 것은 여러분들을 기쁘게 할 것입니다.

이 기간에 나는 개종의 길을 촉진시키기 위한 여러 문제들을 해결할 수 있을 것입니다."

1955년 6월, 미얀마에서 귀국하면서 그가 한 첫 사업은 인도불교사회를 개혁하고 등록하는 것이었다. 그리고 1955년 12월 25일, 그는 불상을 조성하여 랑군의 뿐나(Poona) 근처 데후 로드(Dehu Road)에 있는 그의 동지들이 새롭게 건축한 사원에 기증하였다. 대중들에게 연설하면서, 그는 일년 이내에 불교를 받아들이려는 그의 계획을 시사하였다.

1956년 5월, BBC 방송의 한 대담에서, 그는 '왜 나는 불교를 좋아하는가? 그리고 불교는 현재 상황에서 세계를 위하여 어떻게 유익한 것인가?'에 관하여 말하였다. 같은 달, 그는 그의 기념비적 작품인 『붓다와 그의 담마(The Buddha and His Dhamma)』를 신문에 보냈다.

5. 대개종(大改宗)의 날 - '나가푸르의 기적'

1956년 5월 24일, 붓다 탄생 2천 5백주년의 날, 봄베이 나르 공원(Nare Park)에서 열린 한 공공집회에서, 그는 10월에 불교로 개종할 것이라고 발표하였다. 그 이후, 그는 심사숙고하여 이 역사적 사건의 날짜를 선택하고, 1956년 10월 14일, 비자야 다스미의 날(Vijaya Dashmi Day), 나가푸르(Nagapur)에서, 자신을 복된 붓다의 종교로 인도해 주도록 가장 존경받는 구시나가라의 찬드라마니 장로(Maha Thera U. Chandra-mani)에게 요청하였다. 이날은 아쇼카 대왕이 B.C. 262년, 불교로 개종하고 이후로는 폭력을 대신하여 자비와 설득으로 그의 백성들을 다스리겠다고 선언한 경건한 정법 통치의 날(Day of Dhamma-Vijaya)이기 때문에 개종의 날로 선택된 것이다.

위대한 대전향(大轉向) 의식의 장소로서 나가푸르를 선택한 이유를 설명하면서, 암베드까르 박사는 말하였다.

"인도 불교역사를 공부하는 사람들은 불교 전파가 시작된 장소가 '나가(Nagas, 龍神)'라는 것을 다 알고 있다. 불교를 전 세계로 전파시킨 자들이 나가들이었다. 이 사람들은 우선적으로 나가푸르의 주민들이다. 이 도시의 토양을 통하여, '나가'라는 이름의 강이 흘러왔다. 나가들은 강의 언덕 위에 살고 있는 것으로 보인다. 이것이 이 위대한 의식의 장소로서 나가푸르가 선택된 이유이다."

이 역사적인 의식을 위하여, 샤르다난드 페드(Shardhanand Peth)에 있는 바신 인스티튜트(Vaccine Institute) 근처의 정부 소유의 땅 14에이커가 통로로 선택되었다. 거대한 장소의 북쪽 가장자리에는 깃발들과 오색 불교기로 고상하게 장식된 거대한 연단이 서 있었다. 이 거대한 연단은 흰 천으로 둘러쳐지고 산치 스투파의 모사품 위에 우뚝 서 있었다.
1956년 10월 14일, 화창한 일요일 아침.
수많은 사람들, 남자들과 여자들이 흰옷을 입고 의식을 준비하고 있었다. 그들은 마하라쉬트라 주의 모든 지방으로부터 기차와 버스로, 또는 수백 마일을 걸어서 나가푸르로 몰려온 사람들이다. 손에 손에 불교기를 든 백의의 남녀들이 줄줄이 행렬을 이루며 딕샤 붐(Deeksha Bhoom)의 입문의식 광장으로 나아갔다. 오전 9시까지, 그들은 광장에 도착해서 거대한 사람의 바다를 이뤘다.
바바사헤브 암베드까르가 부인과 비서 라투(N.C. Rattu)와 함께 식장에 도착했을 때, 거대한 민중들이 열광적으로 그들의 무관(無冠)의 제왕(帝王)을 환호하였다. 흰 실크 돗티(허리천)와 흰 코트를 입고, 그는 인도 승려 중에서 최고령이며 상좌(上座)인 찬드라마니 장로의 뒷자리에 앉았다. 둘째 줄에는 인도 마하보디회 사무총장 발리쉬나(Devapriya Valishna), 스님들, 그리고 바바사헤브(암베드까르)가 창립한 인도불교협

회의 몇몇 지도자들이 앉았다.

오전 9시, 약 40만 명의 민중들이 신성한 의식을 목격하였다. 구시나가라에서 온 80 고령의 찬드라마니 스님이 빠알리어로 암베드까르 박사와 그 부인에게 삼귀의(Tisarana)를 집행하였다. 빛나는 불상 앞에 서서 그들은 외웠다.

"Buddham saranam gacchami
(부처님께 귀의합니다.)
Dhammam saranam gacchami
(담마에 귀의합니다.)
Sangham saranam gacchami
(수행승에게 귀의합니다.)"

삼귀의에 이어 오계(五戒, Panca-Sila)가 뒤따랐다. 그들은 마라티어로 꼭같이 반복하였다. 그 다음 그들은 불상 앞에 합장하고 세 번 절하고, 흰 연꽃을 공양 올렸다. 이로써 개종의식은 끝이 난 것이다. 암베드까르 박사의 개종이 선포되었을 때, 거기에 모여 있던 거대한 사람들이 그를 환호하였고 '붓다 만세' '바바사헤브 암베드까르 만세'를 절규하였다. 그 다음, 암베드까르 박사는 발리쉬나 스님과 거기 있던 귀빈들로부터 꽃다발 세례를 받았다.

역사적인 나가푸르 의식은 긴 순례여행에 종지부를 찍었다. 거대한 민중들에게 연설하면서, 이제 불교도인 암베드까르 박사는 정감 어린 목소리로 말하였다.

"1935년, 나는 힌두교 버리기 운동을 시작하였다. 그리고 그 이후 나는 끝없는 투쟁을 벌여왔습니다. 이번 이 불교개종은 나에게 크나큰 만족과 상상할 수 없는 기쁨을 주고 있습니다. 마치 내가 지옥으로부터 해방된 듯한 느낌입니다."

그때 그는 불교로 개종할 준비가 되어 있는 그들 민중들에게 스탠드에서 일어서기를 요구하였다. 그에 맞춰 거대한 민중들이 한 사람같이 일어섰다. 그리고 바바사헤브를 따라서 환희에 찬 큰 목소리로 삼귀의와 오계를 반복하였다. 이에 더하여, 그는 그들에게 그의 동지들이 오랜 힌두교를 완전히 포기하고 선량한 불교도가 되는 것을 보증하기 위하여 그가 특별히 준비한 22가지 맹세를 집행하였다.

이 특별한 맹세 가운데서, 최초의 8가지 맹세는 힌두의 신(神)들을 숭배하지 않고, 붓다를 비쉬누(Vishnu)의 화신으로 인정하지 않고, 죽은 자들을 위하여 전통적인 힌두 의식을 거행하지 않고, 어떤 의식이나 예식에도 힌두 사제들을 고용하지 않고 불교를 시작할 것을 요구하고 있다. 그 다음 2가지 맹세는 모든 인간 존재들의 평등에 관한 것이다. 11번부터 18번까지는 8정도와 10바라밀을 실천하고 바른 이해와 바른 실천, 그리고 자비로써 조화롭게 짜여진 삶을 이끌어 감으로써 불교를 새롭게 시작할 것을 요구하고 있는 것이다. 마지막 4가지 맹세는 이 모든 맹세를 종합하는 것이다. 이러한 맹세들은 새로운 입문자들에게 힌두교가 불평등에 기초하고 있기 때문에 그것을 포기하고, 그리고 불교를 자신의 종교로서 선택할 것을, 곧 붓다 담마가 참된 종교임을 굳게 믿고 자기 자신이 정신적 재생을 믿으며 이후로는 자기가 붓다의 가르침에 따라서 자신의 삶을 이끌어갈 것임을 엄숙히 선언할 것을 요구하는 것이다.

다음 날, 거대한 민중들은 그들의 해방자의 사자후를 듣기 위하여 같은 장소에 다시 모였다. 암베드까르 박사가 연설하기 전, 어제 늦게 도착하여 입문식에 참석할 수 없었던 약 십만 명 가량의 남녀 민중들의 불교 입문을 인가하기 위하여 또 한번의 입문식이 거행되었다. 그런 다음, 3시간에 걸친 긴 연설에서, 암베드까르 박사는 수세기 간에 걸친 피압박 민중들의 고통의 역사, 그들의 고통을 완화시키기 위한 그의 생애에 걸친 투쟁, 그리고 왜 모든 종교 가운데서 그가 불교를 선택했던가를 되돌아보았다. 이러한 변화의 이유들을 열거하면서, 암베드까르 박사는 말하였다.

"사람은 빵으로만 살 수 없습니다. 사람은 생각을 위하여 음식을 필요로 하는 마음을 가지고 있습니다. 종교는 인간 속에 희망을 불어넣어야 하고 인간을 행동으로 이끌어가야 합니다. 힌두교는 피압박 민중들의 열정에 찬물을 끼얹었습니다. 이것이 내가 종교를 바꾸고 불교를 받아들이는 것이 긴요하다고 깨달은 이유입니다.

힌두 사회는 불평등의 또 다른 이름인 4성제도 위에 서 있습니다. 힌두교에는 억압받는 계층들에게 노예와 농노적 삶만 있을 뿐입니다. 힌두교에 남아 있는 것은 우리들에게 아무 이익이 없습니다. 우리의 구원은 오로지 평등과 우주적 동포애 위에 서 있는 붓다의 종교만이 있을 뿐입니다."

6. 불멸의 불씨〔佛種子〕를 심어 놓고

위대한 사건이 끝나자, 암베드까르 박사는 크게 구원된 것을 느꼈다. 1956년 10월 30일, 그는 캘커타에 있는 인도 마하보디회 사무총장 발리쉬나(Devapriya Valishina)에게 편지를 쓰면서, 자기 감정을 드러냈다. 이 편지에서, 그는 그의 마지막 의지를 이렇게 기록하고 있다.

"1956년 10월 25일 보내주신 당신의 편지에 깊이 감사드립니다. 그 것은 분명 위대한 사건이었습니다. 그리고 개종을 위해서 모여 온 민 중들은 나의 기대를 훨씬 넘어서는 것이었습니다. 모든 일이 잘 진행 된 데 대하여, 붓다께 감사합니다.

우리가 미래에도 계속해서 발전시켜 가지 않으면 안 될 과업이 이제 막 시작되었다는 것을 당신께서 이해하신 것에 대하여 저는 기뻐하고 있습니다. 붓다 담마를 받아들였거나 받아들일 대중들에게 붓다의 지 혜를 전할 방법과 수단을 우리는 깊이 생각하지 않으면 안 됩니다. 민 중들에게 담마를 가르치기 위하여, 우리는 의심의 여지없이 수많은 일 꾼들을 훈련시키지 않으면 안 될 것입니다. 그러나 이 같은 과업을 수 행할 수 있는 최선의 역군들은 비구들입니다. 그들은 재가대중들이 가 질 수 없는 크나큰 감화력을 발휘할 것입니다.

내 판단으로는, 비구들은 매우 큰 과업이 그들을 기다리고 있다는 것을 깨닫고 기뻐해야만 할 것입니다. 비구들의 가장 큰 문제점은 그 들이 민중들의 여러 언어를 배우는 데 유의하지 않는다는 것입니다. 내가 염려하는 것은, 상가(Sangha)가 그들의 외형을 수정해야 하고, 또 은둔자가 되는 대신 그들이 기독교의 선교사들이나 사회적 일꾼, 사회 적 전법사가 되지 않으면 안 된다는 것입니다. 내가 당신에게 이미 말 씀드린 바와 같이, 오늘날 비구들은 아라한도 아니고 유익한 사회의 구성원도 아닙니다. 이러한 사실이 그들에게 인식되지 않으면 안 됩니 다. 그리고 붓다 담마의 전법사로서 그들이 붓다에게 훌륭하게 봉사할 수 있다는 사실이 인식되지 않으면 안 될 것입니다.

비구들이나 비구 아닌 사람들이 함께 불교의 기초를 배울 수 있는 일종의 논리적 세미나를 개최하고, 또 여러 다른 지방으로 파송될 수 있도록 인도의 여러 가지 언어를 배우게 하려는 당신의 생각을 나는 좋아합니다.

봄베이에서의 전향의식이 아마 12월에 개최될 것입니다. 많은 사람들이 달리는 얻을 수 없는 여행 편의를 갖게 하기 위해, 거의 틀림없이 크리스마스 휴가기간 동안에 열리게 될 것입니다. 봄베이의 우리 동지들과 상의한 다음 당신에게 정확한 날짜를 알려드리겠습니다.

당신께서 나가푸르 개종의식에 관한 사항들을 「마하보디」 저널지(Maha Bodhi Journal 誌)에 충분히 발표하시기를 희망합니다. 나는 특히 다음 몇 가지 점을 당신에게 말씀드리고자 합니다.

① (나가푸르 개종식에서) 첫째 날에 대개 38만 명의 민중들이 불교로 개종하였다는 것. 많은 사람들이 의식이 끝난 다음 도착했기 때문에, 다음 날 첫날 프로그램과 꼭같이 둘째 날에도 개종의식이 개최되었다는 점.

② 1956년 10월 16일 저녁, 찬다(Chanda)에서도 회의가 열렸다는 점. 거기서 열린 개종의식에서도 대개 30만 명의 민중들이 개종했다는 점.

③ 나는 지금 모든 방면으로부터 개종에 관한 편지를 받고 있다는 점.

우리들의 여행 계획에 대한 당신의 문의를 참작하여, 이미 동일한 계획 사본을 당신에게 발송했다는 보고를 들었습니다. 그 계획표를 보면, 내가 사르나트(Sarnath)에 체류할 일정을 알게 될 것입니다."

1956년 11월 15~21일, 나가푸르의 역사적인 민중 전향의식이 있은 지 4주 뒤, 카트만두에서 개최된 제4회 세계불교도우의회의에 참석하기 위하여 암베드까르 박사는 네팔을 방문하였다. 이것은 그가 공식적인 불교도로서 국제 모임에 처음으로 모습을 보인 것이다. 그는 회의에서 열렬한 환영을 받았다. 11월 15일 개막회의에서, W.F.B. 총재 말라라세케라 박사(Dr. G. Malalasekera)는 나가푸르 사건을 '기적(a miracle)'으로 묘사하면서, 이렇게 말하였다.

"우리는 많은 종류의 기적의 시대에 살고 있습니다. 우리는 그 기적들을 우리 주변에서 흔히 볼 수 있습니다. 나는 다만 한 가지만을 예로 들어 말씀드리고자 합니다.

몇 년 전까지만 해도, 불교는 붓다의 땅 인도에서 거의 보이질 않았습니다. 그러나 최근에 불교가 살아나고 있다는 전조를 느끼게 되었습니다. 한 달 전 바로 10월 14일, 우리는 나가푸르에서 50만 명의 민중들이 암베드까르 박사의 주도로 불교로 개종하는 기적이 일어나는 것을 보았습니다. 세계 어떤 종교의 역사에서도 50만 명의 민중들이 그들 스스로, 단 한번의 경우에 새로운 종교의 신봉자로 선언하는 사건은 일찍 없었습니다.

그것은 놀라운 사건입니다. 그리고 이미 그 효과가 멀리까지 드러나고 있습니다. 그것은 일련의 연쇄적인 반응을 일으키고 있습니다. 이 대륙의 수많은 남녀 민중들이 이 가슴 설레는 선례를 따르고 있다는 소식이 매일같이 여러 지방으로부터 들어오고 있습니다. 이러한 사건들을 보면서, 우리는 기쁨과 희망을 느끼고 있습니다."

나가푸르의 기적에 자극 받아서, 세계 불교도 공동체는 오늘날 불교가 직면하고 있는 문제들, 특히 공산주의의 도전에 관해서 암베드까르 박사의 견해를 듣기에 열중했다. 1956년 11월 20일, 그들의 요구에 응해서 그는 회의에서 연설했다. 한 시간에 걸친 생각에 잠기게 하는 연설을 끝내면서 그는 말했다.

"공산주의의 성공에 현혹되지 마시오. 만일 우리가 붓다의 십분의 일만큼이라도 깨닫게 된다면, 자비와 정의, 선의(善意)의 방법에 의해서 우리도 그것과 꼭같은 성공을 이룰 수 있다는 것을 나는 확신을 가지고 말합니다."

네팔에서 돌아온 이후 병이 들었지만, 그는 불교 성지에 대한 순례를 계속하였다.

11월 23일, 마하보디 사(Maha Bodhi Temple, 보드가야)를 참배하였다. 보드가야에서 같은 날 저녁 열차 편으로 사르나트로 와서 새로 지은 휴게소에서 사흘간 머물렀다.

11월 25일, 여러 나라에서 온 150명의 승려들에게 연설하면서, 인도에서 보다 심각하게 담마 전파 활동을 전개하도록 촉구하였다. 사르나트 유적들, 다메크-스투파(Dhamek Stupa)를 방문하고, 물라간다꾸띠 사원(Mulagandha-kuti Vihara)을 참배하였다. 그는 또한 사르나트-바라나시의 여러 모임에서 연설하였다.

11월 27일, 그는 구시나가라로 가기 위하여 비행기로 고라크푸르를 떠났다.

11월 29일, 거룩한 붓다 열반사를 참배하고, 그는 델리로 돌아왔다.

11월 30일, 그는 피압박 카스트 연맹의 모임을 주도하였다. 여기서 정치에 대하여 공동의 접근을 도모하고, 평등의 기초 위에서 고통 받는 모든 다른 민중들과 더불어 행진할 것을 결정하였다. 따라서 S.C.F.는 해체되고 모두에게 열려 있는 정당이 조직되었다. 인도 공화당의 창당이 그의 마지막 작업이 된 것이다.

5일 후, 12월 5일 저녁, 그는 그가 쓰기로 되어 있는 『붓다와 그의 담마(The Buddha and His Dhamma)』에 머릿말과 서문을 요구하였다. 그래서 그는 그날 밤 그 작업을 할 수 있었다. 그러나 일이 그렇게 되지 못했다.

1956년 12월 6일, 목요일 이른 시간, 그는 잠자는 가운데 별세하였다. 전 세계에 걸쳐 그의 급서(急逝) 소식은 놀라움과 충격으로 받아들여졌다. 국가는 암베드까르 박사의 불의의 서거를 깊이 애도하였다. 특히 그의 동지들은 어찌할 바를 몰랐다. 그들은 도대체 어떻게 할지를 몰랐다. 고아가 된 것 같은 느낌이었다.

1956년 12월 7일, 심사숙고한 끝에 그의 유해는 거의 정신을 잃은 그의 동지들에 의하여 봄베이로 운구되고, 거기서 불교의식에 따라 다비되었다. 50만 명 이상의 민중들이 봄베이 시에서 일찍이 볼 수 없었던 최대의 장의 행렬에 동참하였다. 그리고 그 행렬은 다다르의 그의 주거지 라자그라하로부터 쉬바지 공원(Shivaji Park) 근처 지방 화장터까지 2마일 거리를 가는데 거의 4시간이나 걸렸다.

1956년 12월 16일, 바바사헤브는 봄베이의 대민중 전향식을 계획하고 있었다. 그의 염원을 실행하기 위하여, 약 십만 명의 민중들이 불교로 개종하기로 인정받고 있었다. 그래서 그의 다비장에서 즉석 개종의식이 조직되고, 그들은 코살야얀(Bhadant Anand Kausalyayan)의 집전으로 3귀의와 5계를 수지하였다.

그러한 것이 암베드까르 박사의 카리스마이다. 그는 위대한 사람이다. 그의 죽음이 그의 삶보다 더 위대하다는 것이 입증되었다.

"Follow The Buddha(붓다를 따르라)."

그의 이 메시지는 그의 동지들에 의하여 잘 실천된 것이다.

〔부록 2〕
성지순례 기도법회 독송문

■ 기도법회 순서 ■

1. 천수경 : ① 한문본 330쪽 · ② 한글본 342쪽

2. 삼귀의 : 352쪽

3. 둥글고 밝은 빛 : 353쪽(헌화시에는 대표자 또는 다함께 헌화함)

4. 예불문 : 354쪽

5. 반야심경 : ① 한문본 356쪽 · ② 한글본 357쪽

6. 청법가 : 358쪽

7. 입정

8. 설법

9. 부처님께 기원합니다 : 359쪽

10. 발원문 낭송 ─ 정근 : 361쪽

    (1편에서 해당 성지의 기도문 찾아서 낭송-대표자 또는 다함께)

11. 사홍서원 : 363쪽

1-① 천수경〔千手大陀羅尼(大悲呪)〕-한문편

【보례게(普禮偈)】

아금일신중　즉현무진신　　我今一身中　卽現無盡身

변재삼보전　일일무수례　　遍在三寶前　一一無數禮

보례진언(普禮眞言)

「옴 바아라 믹」(3)

정구업진언(淨口業眞言)

「수리수리 마하수리 수수리 사바하」(3)

오방내외안위제신진언(五方內外安慰諸神眞言)

「나무 사만다 못다남 옴 도로도로 지미 사바하」(3)

개경게(開經偈)

무상심심미묘법　　無上甚深微妙法

백천만겁난조우   百千萬劫難遭遇

아금문견득수지   我今聞見得受持

원해여래진실의   願解如來眞實意

개법장진언(開法藏眞言)

「옴 아라남 아라다」(3)

천수천안 관자재보살 광대원만 무애대비심 대다라니 계청
千手千眼 觀自在菩薩 廣大圓滿　無碍大悲心 大陀羅尼 啓請

계수관음대비주   稽首觀音大悲呪

원력홍심상호신   願力弘深相好身

천비장엄보호지   千臂莊嚴保護持

천안광명변관조   千眼光明徧觀照

진실어중선밀어   眞實語中宣密語

무위심내기비심   無爲心內起悲心

속령만족제희구   速令滿足諸希求

영사멸제제죄업   永使滅除諸罪業

천룡중성동자호   天龍衆聖同慈護

백천삼매돈훈수   百千三昧頓薰修

수지신시광명당	受持身是光明幢
수지심시신통장	受持心是神通藏
세척진로원제해	洗滌塵勞願濟海
초증보리방편문	超證菩提方便門
아금지송서귀의	我今稱誦誓歸依
소원종심실원만	所願從心悉圓滿
나무대비관세음	南無大悲觀世音
원아속지일체법	願我速知一切法
나무대비관세음	南無大悲觀世音
원아조득지혜안	願我早得智慧眼
나무대비관세음	南無大悲觀世音
원아속도일체중	願我速度一切衆
나무대비관세음	南無大悲觀世音
원아조득선방편	願我早得善方便
나무대비관세음	南無大悲觀世音
원아속승반야선	願我速乘般若船
나무대비관세음	南無大悲觀世音
원아조득월고해	願我早得越苦海
나무대비관세음	南無大悲觀世音

원아속득계정도	願我速得戒定道
나무대비관세음	南無大悲觀世音
원아조등원적산	願我早登圓寂山
나무대비관세음	南無大悲觀世音
원아속회무위사	願我速會無爲舍
나무대비관세음	南無大悲觀世音
원아조동법성신	願我早同法性身

아약향도산	도산자최절	我若向刀山	刀山自催折
아약향화탕	화탕자소멸	我若向火湯	火湯自消滅
아약향지옥	지옥자고갈	我若向地獄	地獄自枯渴
아약향아귀	아귀자포만	我若向餓鬼	餓鬼自飽滿
아약향수라	악심자조복	我若向修羅	惡心自調伏
아약향축생	자득대지혜	我若向畜生	自得大智慧

나무관세음보살마하살	南無觀世音菩薩摩訶薩
나무대세지보살마하살	南無大勢至菩薩摩訶薩
나무천수보살마하살	南無千手菩薩摩訶薩
나무여의륜보살마하살	南無如意輪菩薩摩訶薩
나무대륜보살마하살	南無大輪菩薩摩訶薩

나무관자재보살마하살	南無觀自在菩薩摩訶薩
나무정취보살마하살	南無正趣菩薩摩訶薩
나무만월보살마하살	南無滿月菩薩摩訶薩
나무수월보살마하살	南無水月菩薩摩訶薩
나무군다리보살마하살	南無軍茶利菩薩摩訶薩
나무십일면보살마하살	南無十一面菩薩摩訶薩
나무제대보살마하살	南無諸大菩薩摩訶薩

「나무본사아미타불　　　南無本師阿彌陀佛」(3)

신묘장구대다라니(神妙章句大陀羅尼)

나모라 다나다라 야야 나막알야 바로기제 새바라야 모지
사다바야 마하사다바야 마하가로 니가야 옴 살바 바예수
다라나 가라야 다사명 나막가리다바 이맘 알야 바로기제
새바라 다바 니라칸타 나막하리나야 마발다 이사미 살발
타 사다남 수반아예염 살바보다남 바바마라 미수다감 다
냐탸 옴 아로계 아로가 마지로가 지가란제 혜혜하례 마
하모지 사다바 사마라사마라 하리나야 구로구로 갈마 사
다야 사다야 도로도로 미연제 마하미연제 다라다라 다린
나례 새바라 자라자라 마라 미마라 아마라 몰제예혜혜

로계 새바라 라아 미사미 나사야 나베 사미사미나사야
모하자라 미사미 나사야 호로 호로 마라호로 하례 바나
마 나바 사라사라 시리시리 소로소로 못자 못자 모다야
모다야 메다리야 니라칸타 가마사 날사남 바라하라나야
마낙 사바하 싯다야 사바하 마하싯다야 사바하 싯다유예
새바라야 사바하 니라칸타야 사바하 바라하 목카싱하목
카야 사바하 바나마 하따야 사바하 자가라 욕타야 사바
하 상카섭나녜 모다나야 사바하 마하라 구타다라야 사바
하 바마사간타 이사시체타 가릿나 이나야 사바하 먀가라
잘마 이바사나야 사바하

「나모라 다나다라 야야 나막알야 바로기제 새바라야 사바하」(3)

【사방찬(四方讚)】

일쇄동방결도량   一灑東方潔道場
이쇄남방득청량   二灑南方得淸凉
삼쇄서방구정토   三灑西方俱淨土
사쇄북방영안강   四灑北方永安康

【도량찬(道場讚)】

도량청정무하예　　道場淸淨無瑕穢
삼보천룡강차지　　三寶天龍降此地
아금지송묘진언　　我今持誦妙眞言
원사자비밀가호　　願賜慈悲密加護

【참회게(懺悔偈)】
아석소조제악업　　我昔所造諸惡業
개유무시탐진치　　皆由無始貪嗔癡
종신구의지소생　　從身口意之所生
일체아금개참회　　一切我今皆懺悔

참제업장십이존불(懺除業障十二尊佛)
나무참제업장보승장불　　南無懺除業障寶勝藏佛
보광왕화염조불　　寶光王火炎照佛
일체향화자재력왕불　　一切香火自在力王佛
백억항하사결정불　　百億恒河沙決定佛
진위덕불　　振威德佛
금강견강소복괴산불　　金剛堅强消伏壞散佛
보광월전묘음존왕불　　普光月殿妙音尊王佛
환희장마니보적불　　歡喜藏摩尼寶積佛

무진향승왕불	無盡香勝王佛
사자월불	獅子月佛
환희장엄주왕불	歡喜莊嚴珠王佛
제보당마니승광불	帝寶幢摩尼勝光佛

십악참회(十惡懺悔)

살생중죄금일참회	殺生重罪今日懺悔
투도중죄금일참회	偸盜重罪今日懺悔
사음중죄금일참회	邪淫重罪今日懺悔
망어중죄금일참회	妄語重罪今日懺悔
기어중죄금일참회	綺語重罪今日懺悔
양설중죄금일참회	兩舌重罪今日懺悔
악구중죄금일참회	惡口重罪今日懺悔
탐애중죄금일참회	貪愛重罪今日懺悔
진에중죄금일참회	瞋恚重罪今日懺悔
치암중죄금일참회	癡暗重罪今日懺悔

백겁적집죄	百劫積集罪
일념돈탕제	一念頓蕩除
여화분고초	如火焚枯草

| 멸진무유여 | 滅盡無有餘 |

죄무자성종심기	罪無自性從心起
심약멸시죄역망	心若滅時罪亦亡
죄망심멸양구공	罪亡心滅兩俱空
시즉명위진참회	是卽名爲眞懺悔

참회진언(懺悔眞言)
「옴 살바 못자 모지 사다야 사바하」(3)

준제공덕취	准提功德聚
적정심상송	寂靜心常誦
일체제대난	一切諸大難
무능침시인	無能侵是人
천상급인간	天上及人間
수복여불등	受福如佛等
우차여의주	遇此如意珠
정획무등등	定獲無等等

나무칠구지불모대준제보살(南無七俱胝佛母大准提菩薩)(3)

정법계진언(淨法界眞言)
「옴 남」(3)

호신진언(護身眞言)
「옴 치림」(3)

관세음보살본심미묘육자대명왕진언
(觀世音菩薩本心微妙六字大明王眞言)
「옴 마니 반메 훔」(3)

준제진언(准提眞言)
나무 사다남 삼먁삼못다 구치남 다냐타
「옴 자례주례 준제 사바하 부림」(3)

아금지송대준제	我今持誦大准提
즉발보리광대원	卽發菩提廣大願
원아정혜속원명	願我定慧速圓明
원아공덕개성취	願我功德皆成就
원아승복변장엄	願我勝福遍莊嚴
원공중생성불도	願共衆生成佛道

여래십대발원문(如來十大發願文)

원아영리삼악도	願我永離三惡道
원아속단탐진치	願我速斷貪瞋痴
원아상문불법승	願我常聞佛法僧
원아근수계정혜	願我勤修戒定慧
원아항수제불학	願我恒隨諸佛學
원아불퇴보리심	願我不退菩提心
원아결정생안양	願我決定生安養
원아속견아미타	願我速見阿彌陀
원아분신변진찰	願我分身遍塵刹
원아광도제중생	願我廣度諸衆生

발사홍서원(發四弘誓願)

중생무변서원도	衆生無邊誓願度
번뇌무진서원단	煩惱無盡誓願斷
법문무량서원학	法門無量誓願學
불도무상서원성	佛道無上誓願成
자성중생서원도	自性衆生誓願度
자성번뇌서원단	自性煩惱誓願斷
자성법문서원학	自性法門誓願學

자성불도서원성 自性佛道誓願成

발원이귀명례삼보(發願已歸命禮三寶)
「나무상주시방불 南無常住十方佛
　나무상주시방법 南無常住十方法
　나무상주시방승 南無常住十方僧」(3)

1-② 천수경〔천수대다라니(大悲呪)〕-한글편

【보례게(普禮偈)】

저희이제　일심으로　염하온중에
이몸으로　무량한몸　나타내어서
시방세계　두루계신　삼보님전에
빠짐없이　한이없이　절하옵니다.

보례진언(普禮眞言)
「옴 바아라 믹」(3)

정구업진언(淨口業眞言)
「수리수리 마하수리 수수리 사바하」(3)

오방내외안위제신진언(五方內外安慰諸神眞言)
「나무 사만다 못다남 옴 도로도로 지미 사바하」(3)

342

개경게(開經偈)

위−없이	심히깊은	미묘법이여
백−천−	만겁인들	어찌만나리
내−이제	보고듣고	받아지니니
부처님의	진실한뜻	알아지이다.

개법장진언(開法藏眞言)
「옴 아라남 아라다」(3)

【대비주계청(大悲呪啓請)】
천수천안 관음보살 광대하고 원만하고
걸림없는 대비심의 신묘법문 열리소서.

관음보살	대비주께	계수합니다.
자비원력	넓고깊고	상호갖추고
일천팔로	장엄하고	중생거두며
천눈으로	광명놓아	두루비추고
진실하온	말씀중에	비밀설하며
함이없는	마음중에	자비심내어
온갖소원	지체없이	이뤄주셔라

온갖죄업   길이길이   멸해없애고
천룡들과   성현들이   감싸주시사
백천삼매   순식간에   이루게하니
이다라니   가진몸은   광명당이요
이다라니   지닌마음   신통장이라
모든번뇌   맑혀지고   삼계를벗고
대-보리   방편문을   얻어지이다.
제가이제   지송하고   귀의하오니
원하는바   원만하게   이뤄지이다.

대자대비   관세음께   귀의합니다.
일체법을   어서속히   알아지이다.
대자대비   관세음께   귀의합니다.
지혜의눈   어서어서   얻어지이다.
대자대비   관세음께   귀의합니다.
일체중생   어서속히   건네지이다.
대자대비   관세음께   귀의합니다.
좋은방편   어서어서   얻어지이다.
대자대비   관세음께   귀의합니다.
반야선에   어서속히   올라지이다.

대자대비	관세음께	귀의합니다.
고통바다	어서어서	건네지이다.
대자대비	관세음께	귀의합니다.
계정도를	어서속히	얻어지이다.
대자대비	관세음께	귀의합니다.
원적산에	어서어서	올라지이다.
대자대비	관세음께	귀의합니다.
무위사를	어서속히	만나지이다.
대자대비	관세음께	귀의합니다.
법성신을	어서어서	이뤄지이다.

제가만약	도산지옥	향하올지면
칼산이―	스스로―	꺾어지오며
제가만약	화탕지옥	향하올지면
화탕이―	스스로―	소멸되오며
제가만약	다른지옥	향하올지면
지옥이―	스스로―	없어지이다.
제가만약	아귀도를	향하올지면
아귀들이	저절로―	배가부르고
제가만약	수라도를	향하올지면

악한마음   스스로-   사그러지며
제가만약   축생도를   향하올지면
스스로-   큰지혜를   얻어지이다.

나무관세음보살마하살
나무대세지보살마하살
나무천수보살마하살
나무여의륜보살마하살
나무대륜보살마하살
나무관자재보살마하살
나무정취보살마하살
나무만월보살마하살
나무수월보살마하살
나무군다리보살마하살
나무십일면보살마하살
나무제대보살마하살
「나무본사아미타불」(3)

신묘장구대다라니(神妙章句大陀羅尼)
나모라 다나다라 야야 나막알야 바로기제 새바라야 모지

346

사다바야 마하사다바야 마하가로 니가야 옴 살바 바예수
다라나 가라야 다사명 나막가리다바 이맘 알야 바로기제
새바라 다바 니라칸타 나막하리나야 마발다 이사미 살발
타 사다남 수반아예염 살바보다남 바바마라 미수다감 다
냐타 옴 아로계 아로가 마지로가 지가란제 혜혜하례 마
하모지 사다바 사마라사마라 하리나야 구로구로 갈마 사
다야 사다야 도로도로 미연제 마하미연제 다라다라 다린
나례 새바라 자라자라 마라 미마라 아마라 몰제예혜혜
로계 새바라 라아 미사미 나사야 나베 사미사미나사야
모하자라 미사미 나사야 호로 호로 마라호로 하례 바나
마 나바 사라사라 시리시리 소로소로 못자 못자 모다야
모다야 메다리야 니라칸타 가마사 날사남 바라하라나야
마낙 사바하 싯다야 사바하 마하싯다야 사바하 싯다유예
새바라야 사바하 니라칸타야 사바하 바라하 목카싱하목
카야 사바하 바나마 하따야 사바하 자가라 욕타야 사바
하 상카섭나녜 모다나야 사바하 마하라 구타다라야 사바
하 바마사간타 이사시체타 가릿나 이나야 사바하 먀가라
잘마 이바사나야 사바하
「나모라 다나다라 야야 나막알야 바로기제 새바라야 사바하」(3)

【사방찬(四方讚)】

동쪽에   물뿌리니   도량정하고

남쪽에   물뿌리니   청량얻으며

서쪽에   물뿌리니   정토갖추고

북쪽에   물뿌리니   길이편하리.

【도량찬(道場讚)】

도량이-   청정하여   티끌없으니

삼보님과   팔부성중   강림하소서.

제가이제   미묘진언   외우옵나니

크신자비   베푸시어   가호하소서.

【참회게(懺悔偈)】

지난동안   지은바-   모든악업은

무시이래   탐진치로   말미암아서

몸과말과   뜻으로-   지었사오니

제가이제   그모두를   참회합니다.

참회진언(懺悔眞言)

「옴 살바 못자 모지 사다야 사바하」(3)

【준제찬(准提讚)】

준제주는　온갖공덕　무더기러라
고요한—　마음으로　항상외우면
이세상—　온갖재난　범접못하리
하늘이나　사람이나　모든중생이
부처님과　다름없는　복을받으니
여의주를　얻음과—　같으리로다.
「나무 칠구지불모 대준제보살」(3)

정법계진언(淨法界眞言)
「옴　남」(3)

호신진언(護身眞言)
「옴 치림」(3)

관세음보살본심미묘육자대명왕진언
(觀世音菩薩本心微妙六字大明王眞言)
「옴 마니 반메 훔」(3)

준제진언(准提眞言)

나무 사다남 삼먁삼못다 구치남 다냐타

「옴 자례주례 준제 사바하 부림」(3)

내-이제   준제주를   지송하옵고

보리심-   발하오며   큰원세우니

정과혜가   뚜렷이-   밝아지오며

모든공덕   남김없이   성취하옵고

수승한복   두루두루   장엄하오며

중생모두   불도를-   이뤄지이다.

여래십대발원문(如來十大發願文)

바랍노니   삼악도를   길이여의고

탐심진심   삼독심-   속히끊으며

어느때나   삼보이름   항상듣고서

계정혜-   삼학을-   힘써닦으며

부처님을   따라서-   항상배우고

위-없는   보리심에   항상머물며

어김없이   안양국에   태어나-서

아미타-   부처님을   친견하옵고

미진세계   국토에-   몸을나투어

모든중생   남김없이   건네지이다.

발사홍서원(發四弘誓願)

중―생― 가없지만 기어코 건지리다.

번―뇌― 끝없지만 기어코 끊으리다.

법―문― 한없지만 기어코 배우리다.

불―도― 끝없지만 기어코 이루리다.

자―성― 중생을― 기어코 건지리다.

자―성― 번뇌를― 기어코 끊으리다.

자―성― 법문을― 기어코 배우리다.

자―성― 불도를― 기어코 이루리다.

「나무 상주시방불

 나무 상주시방법

 나무 상주시방승」(3)

■ 이 한글 천수경은 광덕스님이 우리말로 옮긴 것임.

2. 삼귀의
삼귀의

최영철 곡

거 룩 한 　 부—처 님 께 　 귀 의 합 니

다 　 거 룩 한 　 가—르 침 에

귀 의 합 니 다 　 거 룩 한

스—님 들 께 　 귀 의 합 니 다

3. 둥글고 밝은 빛

둥글고 밝은 빛

서창업 곡

둥 글고 또 한 밝 은 — 빛 은
저 모든 하 늘 가 운 — 데 서

우 — 주를싸 — — — 고 고 르고다 시
가 — 장 — 높 — — — 고 이 넓은세 상

넓 은 — 덕 은 만 — 물을길 — — — 러
만 류 — 중 에 제 — 일 — 귀 — 하 사

억 만겁토 — 록 변 함 — 없 — 는
지 혜와복 — 덕 구 족 — 하 — 신

부 처 님 전 에 한 마음함 께

기 — 우 — 려 — 서 찬 양 합 니 다

찬 양 합 니 다 찬 양 합 니 다

4. 예불문(禮佛文)

계향 정향 혜향 해탈향 해탈지견향
戒香 定香 慧香 解脫香 解脫知見香
온―누리 광명구름 시방세계 두루하여(光明雲臺 周徧法界)
한량없는 삼보님전 공양합니다(供養十方 無量佛法僧).

헌향진언(獻香眞言)
옴 바아라 도비야 훔(3)

지심귀명례   삼계대사 사생자부 시아본사 석가모니불
至心歸命禮   三界大師 四生慈父 是我本師 釋迦牟尼佛
지심귀명례   시방삼세 제망찰해 상주일체 불타야중
至心歸命禮   十方三世 帝網刹海 常住一切 佛陀耶衆
지심귀명례   시방삼세 제망찰해 상주일체 달마야중
至心歸命禮   十方三世 帝網刹海 常住一切 達摩耶衆
지심귀명례   대지문수사리보살 대행보현보살
至心歸命禮   大智文殊舍利菩薩 大行普賢菩薩

대비관세음보살 대원본존지장보살마하살
大悲觀世音菩薩 大願本尊地藏菩薩摩訶薩

지심귀명례　영산당시 수불부촉 십대제자 십육성 오백성
至心歸命禮　靈山當時 受佛付囑 十大弟子 十六聖 五百聖

독수성 내지 천이백제대아라한 무량자비성중
獨修聖 乃至 千二百諸大阿羅漢 無量慈悲聖衆

지심귀명례　서건동진 급아해동 역대전등 제대조사
至心歸命禮　西乾東晉 及我海東 歷代傳燈 諸大祖師

천하종사 일체미진수 제대선지식
天下宗師 一切微塵數 諸大善知識

지심귀명례　시방삼세 제망찰해 상주일체 승가야중
至心歸命禮　十方三世 帝網刹海 常住一切 僧伽耶衆

원합노니　다함없는　삼보이시여(惟願 無盡三寶)

대자비로　저희예경　받아주소서(大慈大悲 受我頂禮)

걸림없는　위덕으로　감싸주시사(冥熏加被力)

모든중생　함께성불　하여지이다.

(願共法界諸衆生 自他一時成佛道)

5-① 반야심경(般若心經) 합송-한문편

마하반야바라밀다심경(摩訶般若波羅蜜多心經)

관자재보살 행심반야바라밀다시 조견오온개공 도일체고액
觀自在菩薩 行深般若波羅蜜多時 照見五蘊皆空 度一切苦厄

사리자 색불이공 공불이색 색즉시공 공즉시색 수상행식 역
舍利子 色不異空 空不異色 色卽是空 空卽是色 受想行識 亦

부여시 사리자 시제법공상 불생불멸 불구부정 부증불감 시고
復如是 舍利子 是諸法空相 不生不滅 不垢不淨 不增不減 是故

공중무색 무수상행식 무안이비설신의 무색성향미촉법 무안
空中無色 無受想行識 無眼耳鼻舌身意 無色聲香味觸法 無眼

계 내지 무의식계 무무명 역무무명진 내지 무노사 역무노사
界 乃至 無意識界 無無明 亦無無明盡 乃至 無老死 亦無老死

진 무고집멸도 무지역무득 이무소득고 보리살타 의반야바라
盡 無苦集滅道 無智亦無得 以無所得故 菩提薩埵 依般若波羅

밀다고 심무가애 무가애고 무유공포 원리전도몽상 구경열반
蜜多故 心無罣碍 無罣碍故 無有恐怖 遠離顚倒夢想 究竟涅槃

삼세제불 의반야바라밀다 고득아뇩다라삼먁삼보리 고지 반
三世諸佛 依般若波羅蜜多 故得阿耨多羅三藐三菩提 故知 般

야바라밀다 시대신주 시대명주 시무상주 시무등등주 능제일
若波羅蜜多 是大神呪 是大明呪 是無上呪 是無等等呪 能除一

체고 진실불허 고설 반야바라밀다주 즉설주왈
切苦 眞實不虛 故說 般若波羅蜜多呪 卽說呪曰

「아제아제 바라아제 바라승아제 모지사바하」(3)

5-② 반야심경(般若心經) 합송 — 한글편

마하반야바라밀다심경

관자재보살 깊은 반야바라밀다 할 적 오온공함 비춰봐 일체고
액 건너라. 사리자여 색이 공과 다르지 않고 공이 색과 다르지
않아, 색 곧 공이요 공 곧 색이니, 수상행식 역시 이럴러라. 사
리자여 이 모든 법 공한 상은 나지도 않고 멸하지도 않고, 더
럽지도 않고 깨끗하지도 않고, 늘지도 않고 줄지도 않나니, 이
까닭에 공 가운데 색 없어 수상행식 없고 안이비설신의 없어
색성향미촉법 없되 안계 없고 의식계까지 없다. 무명 없되 무
명 다됨 역시 없으며 노사까지도 없되 노사 다됨 역시 없고 고
집멸도 없으며 슬기 없고 얻음 없나니, 얻을바 없으므로 보리
살타는 반야바라밀다 의지하는 까닭에 마음걸림 없고 걸림없
는 까닭에 두려움 없어 휘둘린생각 멀리떠나 구경열반이며 삼
세제불도 반야바라밀다 의지한 까닭에 아뇩다라삼먁삼보리 얻
었나니, 이 까닭에 반야바라밀다는 이 큰 신기로운 주며 이 큰
밝은 주며 이 위없는 주며 이 등에 등없는 주임을 알라. 능히
일체 고액을 없애고 진실하여 헛되지 않기에, 짐짓 반야바라밀
다주를 설하노니, 이르되

「아제아제 바라아제 바라승아제 모지사바하」(3)

■ 이 한글 반야심경은 광덕스님이 우리말로 옮긴 것임.

6. 청법가
청법가

이광수 글
이찬우 곡

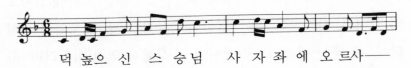

덕 높으 신 스 승님 사 자 좌 에 오 르사——

사 자후 를 합—소서 감 로법을 주 소서

옛 인연 을 잇 도록 새 인연 을 맺 도록

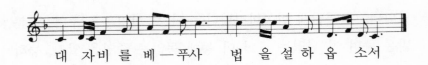

대 자비 를 베—푸사 법 을 설하옵 소서

7. 입정 / 8. 설법
9. 부처님께 기원합니다

부처님께 기원합니다

김재영 글
서창업 곡

항상 함 께 계시 는 자비 하 신부 처
항상 함 께 계시 는 영원 하 신부 처

님 지극 한 정성으 로 귀의
님 간절 한 마음으 로 귀의

하 옵고 — 부처 님 높으신
하 옵고 — 이땅 에 부처님

덕 지키 기 위하여 서 온 갖
나라 이룩 할 그날까 지 회 망

고 난 기 어 이　　이 기 오 리 다
과 큰 용 기 를　베 푸 옵 소 서

ㅡ　　부 처 님　저 희 들 의　　뜨 거
ㅡ　　부 처 님　저 희 들 의　　티 없

운 합 장 을　바 치 옵 니 다 ㅡ 나 무
는 합 장 을　바 치 옵 니 다 ㅡ

석 가 모 니 불　나 무 석 가 모 니 불

10. 발원문 낭송－정근

■ 헌공 찬불이 끝난 후 1편에 있는 해당 성지의 기도문을 찾아
 낭송함.(대표자 또는 대중이 함께 낭송해도 좋음.)
■ 이어서 아래의 의식에 맞춰 석가모니불 정근(설법이 없을 때는
 반야심경 합송 후에 아래의 정법계진언부터 시작하여 석가모니불
 정근과 회향게까지 끝내고 발원문을 낭송함.)

정법계진언(淨法界眞言)
「옴 남」(7)

【헌향게(獻香偈)】   【헌다게(獻茶偈)】
일－심－ 향한대   일－심－ 청정수
끝없는－ 향운개   감로다－ 삼아서
삼보님전 올리오니   삼보님전 올리오니
「자비로서 거두소서.」(3)   「자비로서 거두소서.」(3)

(향을 올리고 기도할 때는 헌향게를 하고, 청정수를 올리고 기도할 때
는 헌다게를 낭송함.)

【정근】

나무 삼계대사 사생자부 시아본사 석가모니불…(백천만번)

나무 영산불멸 학수쌍존 시아본사 석가모니불…(백천만번)

【탄백】

빛나올사   거룩하신   석가모니불(天上天下 無如佛)

시방세계   무엇으로   견주어보리(十方世界 亦無比)

이ー세간   모든것을   다보았지만(世間所有 我盡見)

부처님만   하온어른   다시없어라(一切無有 如佛者).

【육도참】

원합노니   사생육도   모든중생이(願滅 四生六道 法界有情)

다생동안   지은ー죄   참회하오니(多劫生來罪業障 我今懺悔稽首禮)

온갖장애   남김없이   소멸되옵고(願諸罪障悉消除)

세세생생   보살도를   닦아지이다(世世常行菩薩道)

【회향게】

저희들이   지은바ー   이ー공덕이(願以此功德)

일체의ー   중생들의   공덕이되어(普及於一切)

모든중생   빠짐없이   성불하옵고(我等與衆生)

위ー없는   불국토를   이뤄지이다(當生極樂國).

362

11. 사홍서원

사홍서원

최영철 곡

중 생을 다 건 지오 리 다

번 뇌를 다 끊 으오 리 다

법 문을 다 배 우오 리 다

불 도를 다 이 루오 리 다

참고문헌

1. 경전 · 논서

Digha-Nikaya(DN) ; *The Long Discourses of The Buddha*
      (tr. Maurice Walshe, Wisdom Pub. Somerville, Mass).

Majjhima-Nikaya(MN) ; *The Collection of The Middle Length Sayings*
      (P.T.S. tr. I. B. Horner, M. A.).

Sangyutta-Nikaya(SN) ; *The Book of The Kindred Sayings*
      (P.T.S. tr. F. L. Woodward, M. A.).

Anguttara-Nikaya(AN) ; *The Book of The Gradual Sayings*
      (P.T.S. tr. E. M. Hare).

Udana(Ud)(P.T.S. tr. Peter Masefield).

Dhammapada-Commentry(Buddhist Legends)(Dhp-Com)(tr. E.W. Burlingame,
      Munshiram Manoharlal Pub. Pvt. New Delhi, 1999).

『숫타니파타』(Sn)(법정 역, 정음사, 1989).

『마하박가』1-3(Mv)(최봉수 역, 시공사, 1999).

『법구경』(Dhp)1-2(거해 역, 고려원, 1992).

『法句經』(김달진 역, 현암사, 1965).

『비구 비구니의 고백』(Thag, Thig, 長老偈經, 長老尼經)(민족사, 1991).

2. 저술·번역

中村 元·김지견 역, 『佛陀의 世界』(김영사, 1984).

정각, 『인도와 네팔의 불교성지』(불광출판부, 1992).

김규현, 『티베트의 신비와 명상』(도피안사, 2000).

玄奘·권덕주 역, 『大唐西域記』(우리출판사, 1990).

김재영, 『룸비니에서 구시나가라까지』(불광출판부, 1999).

김재영, 『붓다의 대중견성운동』(도피안사, 2001).

김재영, 『초기불교개척사』(도피안사, 2001).

D. C. Ahir, *The pioneers of Buddhist Revival in India*(Sri Satguru Pub., Delhi, India, 1989).

3. 기타(신문)

「현대불교」 335호(불기 2545년 9월 19일).

─────, 342호(불기 2545년 11월 7일).

─────, 347호(불기 2545년 12월 12일).

「불교신문」(불기 2545년 10월 23일).

「법보신문」, 643호(2002년 2월 6일).

후기

"My Life is My Message"

델리의 간디 박물관 현관에 들어서 2층 계단으로 올라가면, 간디 선생이 이렇게 말하며 우리를 맞이하고 있다.

"My Life is My Message."
내 삶이 곧 나의 가르침이다.

이 말을 듣는 순간, 나는 지금까지의 내 불교 공부가 크게 잘못되어 왔다는 사실을 깨닫고 몹시 당황하였다. 한참 동안 그 자리를 떠날 수가 없었다. 그동안 우리는 불교를 공부한다면서 얼마나 심각한 허위의식에 빠져 있었던가? 경전 자구(字句)에 매달리고, 교리 체계화에 급급하고, 토굴 참선을 금과옥조인 양 내세우고, 깨달음—견성 열반을 사변(思辨)의 늪으로 몰아넣고—

뭄바이(봄베이) 역 광장에 시신처럼 널부러진 노숙자들
데칸 고원 기나긴 숲속에 귀신 그림자처럼 버려진 칸다하르(khanda-har)—불가촉천민들
강가 강(갠지스) 새벽바람을 쐬며 "모두 다 텐 달러—"를 유창하게

366

외치는 상인들

거루와 마을에서 작은 배지 하나를 선물 받고 눈물을 쏟아내는 어린 소녀들—

이들을 버려두고 붓다가 어디 있을까? 이들을 떠나서 경전이 무슨 의미가 있고, 참선이 무슨 의미 있을까? 이들을 살려내지 못하는 깨달음—견성 열반이 무슨 소용 있을까? 2천 6백년 전 붓다는 바로 이들 속에서 살았고 낡은 수레처럼 허물어져 가며, 죽어 뼛가루까지 던져 이들을 살려냈다. 이것이 붓다—담마(Buddha-Dhamma)이다. 붓다의 가르침이다. 피땀 흘리는 치열한 붓다의 삶을 잃어버린 불교, 그것은 이미 허위(虛僞)이며 잔해(殘骸)인 것이다.

2000년 1월, 20일 간의 인도 순례는 내게 있어 충격이며 환희였다. 삼십여 년 불교 공부의 묵은 찌꺼기[習]를 한순간에 잘라내는 고통 속에 나는 진실로 부처님을 친견하는 기쁨으로 얼이 빠져 있었다. 보드가야 헌 책방에서 암베드까르 박사를 만난 것은 부처님의 가피였고, 열정에 넘치는 현지 불교도들과 대화를 나눈 것은 실로 행운이었다.

송암스님을 비롯한 도피안사 보살님들, 지헌당 김기철 선생 내외분,

룸메이트 원광 거사와 친구들, 실크로드의 이(李)부장, 현지인 가이드 아비쉐크 군, 운전기사 꾸마르 선생, 조수 라메쉬 군, 나시크 행 열차에서 만난 렐리 씨 가족들, 처갓집 할아버지를 닮은 메인푸라의 일흔다섯 된 어르신, 나가푸르의 하늘 아이들, 열일곱 살 난 친구 문년 꾸마르 군- 지금도 나는 이 이름들, 모습들을 보석처럼 소중히 간직하고 있다. 쉴 틈도 없이 산고를 겪고 있는 편집인 이상옥 보살, '함께 가는 붓다-예수-간디'를 아름다운 꿈의 색깔로 살려내신 이규경 화백, 표지화를 보내주신 관조 스님-

이 책은 모두 이분들의 작품임을 어찌 잊으랴.

2002년 12월 10일 오후
죽산 도솔산 도피안사 玉川山房에서 無圓 김재영